北大版预科汉语教材

A Foundation Course of
Academic Chinese
Comprehensive Simplified Edition
（Second Edition）

预科专业汉语教程

综合简本（第二版）

王若江 / 主编

赵延风 姚骏 赵长征 章琼 王若江 / 编著

图书在版编目(CIP)数据

预科专业汉语教程:综合简本 / 王若江主编. —2版. —北京:北京大学出版社,2019.2

北大版预科汉语教材

ISBN 978-7-301-30163-0

Ⅰ.①预… Ⅱ.①王… Ⅲ.①汉语－对外汉语教学－教材 Ⅳ.①H195.4

中国版本图书馆CIP数据核字（2018）第 293853 号

书　　　名	预科专业汉语教程（综合简本）（第二版） YUKE ZHUANYE HANYU JIAOCHENG (ZONGHE JIANBEN)　(DI-ER BAN)
著作责任者	王若江　主编
责任编辑	孙艳玲　沈浦娜
标准书号	ISBN 978-7-301-30163-0
出版发行	北京大学出版社
地　　　址	北京市海淀区成府路 205 号　100871
网　　　址	http://www.pup.cn　　新浪微博:@北京大学出版社
电子信箱	zpup@pup.cn
电　　　话	邮购部 010-62752015　发行部 010-62750672　编辑部 010-62753374
印　刷　者	北京富生印刷厂
经　销　者	新华书店 787 毫米 × 1092 毫米　16 开本　23.25 印张　346 千字 2004 年 9 月第 1 版 2019 年 2 月第 2 版　2019 年 2 月第 1 次印刷
定　　　价	68.00 元

未经许可，不得以任何方式复制或抄袭本书之部分或全部内容。
版权所有，侵权必究
举报电话: 010-62752024　电子信箱: fd@pup.pku.edu.cn
图书如有印装质量问题，请与出版部联系，电话: 010-62756370

编写者名录

王若江　主编

章　琼　　第一单元语言部分（1—2课）

赵长征　　第一单元文学部分（3—5课）

赵延风　　第二单元（6—10课）

王若江　　第三单元（11—15课）

姚　骏　　第四单元（16—20课）

第二版前言

2004年出版的《预科专业汉语教程（综合简本）》已经使用了十几年。在此期间，它受到来华准备进入大学本科（文科）学习的外国人和其他汉语学习者的欢迎，"专业汉语"已成为大学预科班的必修课。从学习者反馈的信息看，这本教材为他们进入本科学习奠定了一定的基础。对此，我们感到十分欣慰。

本教材以专业性内容为主题，以提高汉语水平为主要目的，以接触中国一般性文科专业知识、积累专业词汇、训练专业学习基本方法为次要目的，以实现语言学习与专业学习的直接连通为预期目标。本教材力图做到：语言知识与专业基础知识相结合，知识学习与技能训练相结合；课程循序渐进；引导学习者逐步适应大学本科教育的教学方法。

本教材在对外汉语教材中具有独创性。它为学习者在语言学习与本科专业起点之间添加了一个台阶，建立了留学生的基础语言教育与本科学历教育贯通一体的一种形式，能够有效扶助学习者稳步登堂入室。十几年的教学实践证明本教材的基本思想、体例、方法，都是合适的。但是时代发展了，有些内容（特别是经济、法律）需要更新。本次修订的原则是基本保持第一版教材编写的指导思想、教学目标、编写框架与风格，在原有基础上适当更新内容，以适应今天的需要。

参加这次修订的人员，主要是第一版教材的编写者，也增加了一直使用这本教材开设专业汉语课的教师。这些编者既了解现在学习者的水平，又明晰大学本科教育对学生的要求，因此教材更具针对性和时代性。

本教材为北京大学2016年教材建设规划教材，此次修订得到北京大学教务部和北京大学出版社的大力支持，我们在此表示衷心的感谢！我们还特别要向给本教材提出宝贵意见和建议的教师及学习者致以最诚挚的谢意！

编者

2019年1月

第一版前言

"预科专业汉语教程"系列教材适合中级以上汉语水平、准备在中国大学本科（文科）进行专业学习的外国学生使用。

随着对外汉语教学事业的发展，学习汉语的人越来越多，其中有相当一部分人希望到中国高等院校接受学历教育。我们知道，语言学习和专业学习不同，无论是学习内容还是学习方法都存在着很大的差异，而实现二者的连通也并非轻而易举的事情。教材编写组的成员长期从事对外汉语教学，近年来，又专门为准备在中国大学学习的预科班学生授课。我们熟悉学习者的情况，了解他们的需求，并感到有责任帮助这些有志于研究学问的外国学生踏上更高一级台阶。因此，我们在充分调查研究的基础上编写了这套教材，希望能够使学习者尽快走过过渡期和适应期，顺利地进入专业学习阶段。

本教材以专业性内容为主题，以提高汉语水平为主要目的，以接触一般性专业知识、积累专业词汇、训练专业学习基本方法为次要目的，以实现语言学习与专业学习的直接连通为预期目标。本教材力图体现以下特点：突出两个结合，即语言知识与专业基础知识的结合，知识学习与技能训练的结合；课程安排循序渐进；注重引导学习方法的转型。

我们根据外国学生报考中国大学学习专业的志趣意向，设计了这套教材。"预科专业汉语教程"系列教材共有九册，各自相对独立，学习者可以根据自己的兴趣或需求，选择不同的分册。分册目录如下：

1. 综合简本（含汉语言文学、历史、法律、经济）；
2. 中国语言专业汉语教程；
3. 中国文学专业汉语教程；
4. 中国历史专业汉语教程；
5. 中国哲学专业汉语教程；
6. 中国法律专业汉语教程；

7. 中国外交专业汉语教程；
8. 中国政治专业汉语教程；
9. 中国经济专业汉语教程。

"预科专业汉语教程"系列教材，每册各有20课，每一课设七个栏目：专题报告、专业词语、常见句型、专业知识、阅读材料、讨论题和综合练习。课程安排如果周学时为4小时，每册可供两学期使用；如果周学时为6—8小时，每册可供一学期使用。

教材编写期间得到了各方面的支持和帮助。北京大学教材建设委员会批准此教材为2004年度北京大学教材建设项目；北京大学对外汉语教育学院对教材的编写与试用给予了全力支持；北京大学出版社郭力副总编一直关心此教材，给予了有力的帮助；责任编辑沈浦娜女士付出了艰辛的劳动，提出了许多宝贵的意见，我们在此一并致以最诚挚的谢意。

编者
2004年7月20日

第一版编写者名录

王若江　主编

章　琼　第一单元（1—3课）

赵长征　第一单元（4—5课）

赵延风　第二单元（6—10课）

王若江　第三单元（11—15课）

邰文元　第四单元（16—20课）

使用说明

《预科专业汉语教程（综合简本）》是一个新的教材类型，与常见的汉语教材有一定的区别。

一、教材性质与教学对象

《预科专业汉语教程（综合简本）》，从教材题目看，我们做了三方面的界定。首先是"预科"，预科是相对于"本科"而言的，这里强调的是语言学习的目的性。预科本来没有严格的时间与水平限制，从零起点到读大学本科之前，只要以升学为直接目的的学习都可以叫作预科，而本教材在语言程度方面做了特别的界定，即中级以上汉语水平到中国大学本科（文科）一年级之间。其次是"专业"，这是讲教材的内容，不同于一般的语言教材，它将内容限定在大学相关专业知识的范围内，学习方法也有别于一般汉语课。再次是"汉语"，这是对教材的基本定性，尽管教材讲"专业内容"，但不是专业教材，使用这本教材的课程仍是一个工具课，在学习中，语言内容仍占主导地位，不过是为专业学习奠定语言基础的，要积累专业词汇，完成从语言学习到专业学习的过渡。因此，本教材不主张宽口径、大适应面，而强调针对性。教材的适用对象是明确的：具有汉语中级水平准备进入中国大学本科学习的外国人；已经进入大学本科，还需要提升专业汉语的外国人；已经具有中级以上汉语水平，希望在提高汉语的同时了解一些专业知识的第二语言学习者。

二、教材特点

本教材在编写过程中，力图体现以下三个特点：

1. 两结合原则。首先是语言知识与专业知识的结合，汉语教材通常是以现代人的生活为内容学习语言，本教材则针对专业性内容学习语言，这本身提升了教材的难度。我们希望在总体把握专业知识的前提下，将其中的语言点和词汇作为教学重点，使二者有机地结合起来。其次是知识学习与技能训练的结合。这里所说的技能主要指语言的四种基本技能，即听、说、读、写。我们所采取的办法是：听——听专题报告，说——讨论专业性问题，读——阅读一般性专业文献，写——写专题报告。我们希望本教材能够成为一座扶梯，帮助学习者从基础语言学习阶段顺利地进入专业学习阶段。

2. 循序渐进原则。《预科专业汉语教程（综合简本）》的课程内容涉及四个大的专业，语言文学、历史、法律、经济。每个专业的课程各自独立，教材不追求系统性，强调基础性、常识性。循序渐进原则主要体现在以下三个方面：对于四个单元的排序，我们的做法是与基础汉语学习距离近的专业放在前面，距离远的专业放在后面。在教材语言难易程度的把握上，第一、二单元的主课文（即"专题报告"）均是教材编写者在充分考虑学习者语言水平的前提下改写或直接写作的；第三单元选择的是实录材料，但是材料内容具有一定情节，文字是接近口语的说讲材料；第四单元是纯书面语的原文。在对学习者的要求上，采取渐次提高的做法。以写作为例，从改写短文开始，逐渐过渡到专题评论。我们希望通过这样的安排，能够有效地实现语言学习与专业学习的连接。

3. 引导学习方法转型。从高中生到大学生，学习方法需要有一个转型过程；从一个外国高中生的语言学习到中国大学生的专业学习，转型任务就更加艰巨了。我们从对北京大学已经入系学习学生的跟踪调查了解到，在第一个学期，甚至整个第一学年，许多留学生都处在被动中，不适应大学的学习方法。本教材以改变学生学习方法为目标，引导学生逐步适应大学的学习方法，包括听课、记笔记、阅读、写读书报告、进行专业问题讨论等，从学习方法上为专业学习奠定基础。

三、教材体例

《预科专业汉语教程（综合简本）》共涉及四个专业领域。这是从教学实际出发，为适度满足不同学习者需求而编写的一本教材。因为选择这门课时学习者可能还没有完全确定自己的专业方向，需要将涉猎面放宽一些，以便进一步定向；或同一个班级的学生选择了不同的专业方向，教学需要兼顾不同学生的需求。

◎ **本书共有四个单元：**
    中国语言文学
    中国历史
    中国法律案例
    中国经济贸易

◎ **每课下设七个栏目：**
    专题报告：安排一篇涉及一般性专业内容的报告；报告中出现的生词，在平行的小栏框中注出，每一课不再设生词表，目的是使学生适应大学的授课方法；
    专业词语：将报告中出现的专业术语单独提出，进行注释，目的是积累专业词汇；
    常见句型：讲解专题报告中出现的、专业性文献中常见的句型，或一般常见句型在专业性文献中的运用，目的是让学生熟悉这类句型，并能直接运用于专业性谈话和写作；
    专业知识：介绍与该专题有关的专业知识，目的是让学生了解一些最基础的专业知识；
    阅读材料：提供与专题报告有关的一般性文字材料，目的是扩大知识面，训练学生快速阅读的能力；在中国历史专题中，设有问答题，以拓展专业知识；
    讨 论 题：根据专题内容提出讨论题目，引导学生思考并供课堂讨论之用，目的是训练学生思考和表达专业问题的能力；
    综合练习：进行以语言为主的综合训练，包括专业性词语的搭配、书面语与口语转换、句型练习、专业术语解释、写作等多项内容，目的是将所学知识落实到汉语上，全面提高语言能力。

    每一单元后附有三个词汇总表：专题报告词汇表、专业词汇表以及阅读材料词汇表。

    四个单元之后附全书"常见句型一览表"。

四、教学建议

每课有七个栏目，建议教学时分为五个步骤：课前预习；以听课为主的课堂教学，包括"专题报告""专业词语"和"常见句型"；以扩大知识面为目的的阅读教学，包括"专业知识"和"阅读材料"；以表达为主的口语教学，包括"讨论题"；以语言知识为主的语言训练，包括"综合练习"。总体教学方法是，先大学专业式授课，后以语言课授课方法进行补充。具体建议如下：

1. 课前准备：课前要求学生简单预习"专题报告"内容（课下1课时）；

2. 第一段教学（5课时）：

（1）上课时由老师讲授"专题报告"内容，同时就授课内容做纲目式板书；老师讲授时，学生不看书，只是听讲并做听课笔记；在老师讲过之后，学生课下或者老师在课堂上带领学生再阅读疏通"专题报告"；课程开始阶段老师应该指导学生学习做课堂笔记的方法，并检查学生的笔记。在教学方法上与纯语言教学的主要区别是：开讲前没有热身话题导入，授课直奔主题；讲授时不是先疏通课文字句，再讲内容，而是通过听课先把握总体思想，再找补语言点，重点为词汇问题。目的在于训练学生适应大学本科教师的授课方法、掌握大学生的学习方法，同时学习语言。

（2）教师讲授"专题报告"之后，讲授"专业词语"，也可以在疏通"专题报告"时随文讲解。教材为了保证专业词语的准确性，专业词语的解释一般是根据专业词典做出的，因此学生在阅读时会有一定的难度，讲授时教师需要适当地通俗化。

（3）"常见句型"部分。所谓常见句型，是指在专业文献中常见的句型，有些是专业文献特有的，有的句型在一般文献中也常见，而教材中的例句内容尽量是专业性的。教学中，希望尽量在专业性内容的语境中讲解句型，切忌浮泛化、一般化，使学生熟悉句型，学会使用常见句型表达专业内容。

3. 第二阶段教学（课堂0.5课时，课下2课时）：

（1）我们建议，在课堂上安排一定的时间让学生快速阅读"专业知识"，读后由学生根据自己的理解介绍说明专业知识，教师进行必要的补充，讲解不必深，掌握基本思想即可。

（2）建议将"阅读材料"作为作业布置给学生，课下阅读。由于内容较多，可以根据学生语言水平适量安排；同时布置讨论题，要求学生带着问题阅读；在阅读中以把握思想为主，学习语言为辅。

4. 第三阶段教学（课堂 0.5—1 课时）：

根据"讨论题"组织课堂讨论，分组进行；讨论题较多，可以选择 1—2 个题目集中讨论。要求学生根据"专题报告"和"阅读材料"提供的内容，在课下准备好发言提纲；分组讨论后，全班总结，由各组代表概括说明本组意见。

5. 第四阶段教学（课堂 1—1.5 课时，课下 3 课时）：

进行综合训练，课前要求学生做准备，课上将全部练习过一遍；专业词语搭配和句型练习是练习的重点，应适当地留笔头作业，交老师批改；每课都有写作的题目，在实际操作中，每个单元做 1—2 篇写作练习即可。

教材每个单元配有二维码，使用者可通过扫描二维码获取"专题报告"课文和生词录音、部分自测题答案及其他配套资源。

《预科专业汉语教程（综合简本）》是一种独特的教材类型，教材从编写到出版历经两年时间，后经过十几年的使用，本次进行了全面的修订。但是其间肯定还存在着各种问题，我们诚恳地欢迎来自广大教材使用者的批评指正，在此我们预先向您表示感谢。

编者

目 录

第一单元 中国语言文学 ... 1

第一课　汉字的造字方法 ... 3
第二课　古今词义的异同 ... 18
第三课　中国现当代散文 ... 33
第四课　中国古代小说 ... 49
第五课　中国古典诗歌的形式 ... 66
专题报告词汇表 ... 82
专业词汇表 ... 88
阅读材料词汇表 ... 90

第二单元 中国历史 ... 97

第六课　历史的线索 ... 99
第七课　统一的国度——秦和汉 ... 112
第八课　兴盛的王朝——唐 ... 124
第九课　承前启后的时期——两宋 ... 136
第十课　最后的三代王朝——元明清 ... 146
专题报告词汇表 ... 157
专业词汇表 ... 162
阅读材料词汇表 ... 163
附录：历史知识自测题 ... 166

第三单元　中国法律案例 ... 171

第十一课　交通事故案 ... 173
第十二课　继承权案 ... 186
第十三课　电信诈骗案 ... 203
第十四课　环境保护案 ... 216
第十五课　古代诬告案 ... 231
专题报告词汇表 ... 246
专业词汇表 ... 253
阅读材料词汇表 ... 255

第四单元　中国经济贸易 ... 261

第十六课　社会主义市场经济之路 ... 263
第十七课　中国对外贸易结构的变化 ... 278
第十八课　中国经济的产业升级 ... 293
第十九课　人民币汇率改革新政 ... 308
第二十课　中国经济发展与环境污染 ... 323
专题报告词汇表 ... 339
专业词汇表 ... 345
阅读材料词汇表 ... 348

常见句型一览表 ... 353

第一单元 中国语言文学

配套资源

第一课　汉字的造字方法

【专题报告】

一般认为，汉字是遵照"六书"的方法来构造的。所谓"六书"，是汉代学者从小篆[1]字体中归纳总结出来的古人造字、用字的方法，即：象形、指事、会意、形声、转注[2]、假借[3]。

实际上，在"六书"中，只有象形、指事、会意、形声四者才是造字之法，它们反映了汉字形体的结构特征，而转注、假借则是用字之法，跟汉字的形体结构没有关系。这就是**所谓**的"四体二用"说。

象形、指事、会意、形声反映了汉字形体结构特征（尤其是小篆），了解这四种造字法的特点，**有助于**我们深入理解汉字的结构以及字形和字义之间的关系。

象形即是描绘事物的整体轮廓（lúnkuò）或描绘其具有特征的部分，用这种方法造出来的字就是象形字。象形字数量不是很多，但它能很直观地反映字形与字义之间的联系，同时它也是构成形声字和会意字的基础部件[4]。象形字记录的一般都是名词，如（第二行是甲骨文的写法）：

| 人 | 目 | 水 | 木 | 月 | 牛 | 羊 | 马 |

指事即是在象形字或象形符号上加一个或几个记号来指出事物的特点，用这种方法造出来的字就是指事字。指事字记录的多是些抽象概念，这些字不容易画出来，无

轮廓：构成图形或物体的外缘的线条。

直观：直接观察的。

抽象：不具体的；笼统的。

法用象形的方法来造。如：

上　下　本　末　刃　亦　一　三

会意字**由**两个或两个以上的义符**构成**，整字的意义即是由这些义符的意义组合而成或者由义符之间的位置关系来表示。如：

休　见　林　牧　从　北　岩　歪

形声字由声符（也称声旁）和义符（也称形旁、形符）两个部分构成，义符标明该形声字的意义范畴（fànchóu），声符则提示该形声字的读音。如：

范畴：类型；范围。

远　枝　湖　闻　病　钙　孩　爸

象形字、指事字一般都是独体字[5]（早期的古文字中，也有一些象形字为多体象形，它们不是独体字），会意字、形声字则是合体字[6]。汉字楷书的象形字、指事字基本上都是由古文字字形演变而来，后起的字形很少；而会意字、形声字即使到了楷书阶段，也仍然有着相当的能产量，特别是形声字，有着很强的生命力。

汉字中，形声字的数量最多，小篆里形声字的比例已经达到了80%以上，到了楷书阶段更是达到了90%以上。可以说，掌握了形声字的特点就掌握了绝大多数汉字的特点。

前面我们说过，会意字由两个或两个以上的义符构成，形声字则由声符和义符两个部分构成。构成合体字的这些声符、义符也称偏旁。汉字的数量很多，但构成汉字的偏旁却是有限的（傅永和先生对1979年版《辞海》所收的11834字做过全面的分析、统计，发现这11834字中所包含的单一偏旁只有648个。参见傅永和《汉字结构及其构成成分的分析和统计》，载《中国语文》1985年第4期），因而，古人很早就开始根据偏旁来给汉字分类了。东汉许慎的《说文解字》是中国的第一本字典，他根据偏旁的不同，把9353个汉字分成了540部，每一部的共同偏旁便是各部的首字，因而也称部首。一般来说，作为部首的偏旁，常常有表示义类的作用。从那时起，中国历代的字典都按照部首来编排汉字，极大地方便了人们查检汉字。在古代字书中，形声字的部首便是它的形符，而会意字的部首则常常是它的主义符。

许慎（58—147）：东汉著名经学家、文字学家。所著《说文解字》是中国第一部系统分析汉字字形的字典，对后世的字书编纂产生了深远的影响。

【专业词语】

1. **小篆**：汉字字体发展的一个阶段，是秦代官方所使用的规范字体。

2. **转注**：许慎《说文解字·叙》为"转注"下的定义是："转注者，建类一首，同意相受，考、老是也。"这一说解不够清楚，后人对"转注"的理解也不尽一致。从字面意思上看，"建类一首，同意相受"的意思就是：归于同一部类的字，它们的字义可以互为训释。

3. **假借**：借用一个已有的字来记录与该字同音或音近的字，这就是假借。如：其（簸箕——语气词"其"）、自（鼻子——自己的"自"）等。

4. **部件**：部件是构成合体字的最小笔画结构单位，其下限必须大于笔画。如合体字"打"就是由部件"扌"和"丁"构成的。

5. **独体字**：与合体字相对，指结构上不可再拆分的字，如"人""上"等。从造字法上看，独体字大多为象形字、指事字。

6. **合体字**：与独体字相对，指由两个或两个以上的部件构成的字，如"信""湖"等。合体字基本上都是形声字和会意字。

【常见句型】

一、所谓

◎ 这就是所谓的"四体二用"说。

▲ 说明:"所谓"即人们所说的。在"所谓+名词"的结构中,其前边或后边的句子通常是对这个名词加以说明、解释的。

1. EQ 是指人在情绪、意志、耐受挫折等方面的品质,也就是所谓的情商。

2. 形声字、会意字都是由两个或两个以上的部件构成的,也就是所谓的合体字。

▲ "所谓……是……"句型,"是"后面的句子对"所谓"后面的词、短语进行解释、说明。

1. 所谓梅雨,是指中国长江中下游地区每年6、7月份江南梅子成熟时期出现的持续的阴雨天气。

2. 所谓啃老族,是指有谋生能力却依然靠父母供养的成年人。

二、有助于……

◎ 了解这四种造字法的特点,有助于我们深入理解汉字的结构以及字形和字义之间的关系。

▲ 说明:"有助于……"即对……有帮助、有好处。

1. 学习汉字"六书"有助于我们了解汉字的特点。

2. 学习和掌握古今词义的异同,有助于我们正确地阅读、理解古代文献。

三、由……构成

◎ 会意字由两个或两个以上的义符构成。

▲ 说明:"由……构成"用于介绍、说明某一整体的两个或几个组成

部分。

1. 太阳系由八大行星及其卫星、矮行星和数以亿计的小天体构成。
2. 形声字是由义符和声符两个部分构成的。

【专业知识】

错别字

一般来说，错字是指写得不成字、在字典上找不到的字；别字是指把甲字写成了乙字。不管错字还是别字，总之都是写错了，因而可以统称错别字。

产生错别字的原因，有主观的，也有客观的。主观原因是书写者在书写时不认真，不细心；客观原因，则是因为汉字本身复杂，难写、难认。

学习汉字时注意汉字形、音、义之间的关系，注意辨别形近字、义近字、音近字在形体上的差别，可以有效地帮助我们纠正和减少错别字。特别是形声字，规律性较强，我们可以利用形声字义符、声符的特点来掌握汉字，减少、避免错字。

如"狐、孤、弧"这几个形近字是声符相同、义符不同的形声字，我们在学习时应注意辨别这几个字的义符在意义上的不同：狐狸属于兽类，所以"狐"字的义符是"犭"；丧失了双亲的孩子是孤儿，所以"孤"字的义符是"子"；"弧"的本义是木弓，引申指圆周的一部分，所以它的义符是"弓"。

同样，我们也可以利用形声字的声符来纠正、减少错别字。如：用"段"作声符的字，一般都读 duàn，如"锻缎椴煅"等；而用"叚"作声符的字，韵母一般都是 ia，如"假葭瘕暇遐瑕霞"等。了解了这一点，我们就不会把声符为"段"的字和声符为"叚"的字弄混，从而避免了写错别字。

（据黄伯荣、廖序东主编《现代汉语》"第三章 文字"的相关部分改写。下所附《常见错别字表》系转引自该书）

附：常见错别字表

（黑体字是正确的字，本表按正字的音序排列；括弧里的是别字。）

A

和**蔼**（霭）可亲
唉（哀）声叹气
安（按）装机器
黯（暗）然销魂
意义深**奥**（粤）

B

飞扬**跋**（拔）扈
纵横**捭**（俾）阖
稗（裨）官野史
坂（板）上走丸
以见一**斑**（般）
班（搬）门弄斧
洋泾**浜**（滨）
英雄**辈**（倍）出
并行不**悖**（背）
民生凋**敝**（蔽）
遮天**蔽**（避）日
大有**裨**（稗）益
原物**璧**（壁）还
刚**愎**（腹）自用
明**辨**（辩）是非
辩（辨）证法
脉**搏**（膊）微弱
赤**膊**（博）上阵
按**部**（步）就班
部（布）署已定
令人恐**怖**（布）

C

惨（残）无人道
残（惨）酷无情
酒中**掺**（渗）水
为虎作**伥**（帐）
天崩地**坼**（折）
清**澈**（彻）见底
瞋（填）目叱之
称（趁）心如意
计日程（成）功
驰**骋**（聘）疆场
故作矜持（恃）
鞭**笞**（苔）三百
一张一**弛**（驰）
一**筹**（愁）莫展
相形见**绌**（拙）
川（穿）流不息
戳（戮）穿阴谋
义不容**辞**（词）
喋喋（刺）不休
出类拔**萃**（粹）
鞠躬尽**瘁**（粹）

D

披星**戴**（带）月
以逸**待**（代）劳
殚（惮）精竭虑
肆无忌**惮**（弹）
虎视**眈眈**（耽）
稍事**耽**（担）搁
管理档（挡）案
循规蹈（导）矩
中流**砥**（抵）柱

玷（沾）污清白
掉（调）以轻心
横渡（度）长江
欢度（渡）春节
段（叚）落分明
堕（坠）落腐化
咄咄（拙）逼人

F

三**番**（翻）两次
反（翻）复无常
翻（反）云覆雨
妨（防）碍交通
冷不防（妨）
浪费（废）金钱
发**愤**（奋）图强
治丝益**棼**（纷）
破**釜**（斧）沉舟
原子**辐**（幅）射
入不**敷**（付）出
认识肤（浮）浅
感人肺**腑**（府）

G

言简意**赅**（该）
英雄气**概**（慨）
亘（互）古未有
卑**躬**（恭）屈膝
贡（供）献巨大
辜（姑）负好意
一**鼓**（股）作气
明知**故**（固）犯

第一单元 中国语言文学

第一课 汉字的造字方法

灌（贯）输知识
羽扇纶（伦）巾
发扬光（广）大
性格粗犷（旷）
步入正轨（规）
行踪诡（鬼）秘
阴谋诡（鬼）计

H
短小精悍（干）
随声附和（合）
和（合）盘托出
万事亨（享）通
宽宏（洪）大量
声音洪（宏）亮
哄（轰）堂大笑
侯（候）门如海
青瓷茶壶（壸）
精神涣（焕）散
丢掉幻（幼）想
惨绝人寰（环）
荒（谎）谬绝伦
病入膏肓（盲）
富丽堂皇（黄）
张皇（慌）失措
心灰（恢）意懒
言谈诙（恢）谐
风雨如晦（海）
鱼鲜荤（晕）腥
浑（混）身是胆

J
迫不及（急）待
既（即）往不咎
召之即（既）来
杯盘狼藉（籍）

土地贫瘠（脊）
丰功伟绩（迹）
模范事迹（绩）
不计（记）其数
绝代佳（嘉）人
嘉（佳）宾满座
缄（箴）口不言
艰（坚）难困苦
草菅（管）人命
直截（接）了当
截（接）长补短
情不自禁（尽）
事过境（景）迁
兢兢（竞）业业
不胫（颈）而走
针灸（炙）疗法
赳赳（纠）武夫
前倨（踞）后恭
龙盘虎踞（据）
相距（矩）不远
面面俱（具）到
性格倔（崛）强
绝（决）对服从
千钧（钓）一发
工程竣（峻）工

K
热炕（坑）头
不卑不亢（坑）
刻（克）苦耐劳
颗（棵）粒归仓
坑（吭）害好人
空（恐）前绝后
脍（烩）炙人口
功亏一篑（匮）

L
腊（蜡）肉
味同嚼蜡（腊）
心狠手辣（棘）
陈词滥（烂）调
无耻谰（滥）言
可做蓝（篮）本
篮（兰）球健将
身体羸（赢）弱
大多雷（类）同
利（厉）害得失
变本加厉（利）
再接再厉（励）
厉（励）行节约
风声鹤唳（泪）
史无前例（列）
火中取栗（粟）
劳动锻炼（练）
军事训练（炼）
一枕黄粱（梁）
寥寥（廖）无几
书写潦（了）草
一一列（例）举
浏（流）览一遍
流（浏）连忘返
惨遭屠戮（戳）
戮（戳）力同心
优待俘虏（掳）
高官厚禄（录）
庸庸碌碌（录）
语无伦（仑）次
脉络（胳）分明

M
漫（满）山遍野

9

无礼谩（漫）骂
风靡（糜）一时
望风披靡（糜）
甜言蜜（密）语
勉（免）强答应
模（糢）糊不清
墨（默）守成规
观摩（磨）教学
碑帖临摹（摩）

N
自寻烦恼（脑）
罪不及孥（奴）
强弩（努）之末

O
呕（沤）心沥血
打架斗殴（欧）
金瓯（殴）无缺
无独有偶（隅）

P
翘首盼（盻）望
坚如磐（盘）石
如法炮（泡）制
蓬（篷）荜生辉
披（批）沙拣金
嗜酒成癖（僻）
纰（批）漏百出
心怀叵（巨）测
抔（杯）土未干
艰苦朴（扑）素
前仆（扑）后继
风尘仆仆（扑）

Q
星罗棋（旗）布
修葺（茸）一新

感情融洽（恰）
恰（洽）如其分
乔（巧）装打扮
一窍（窍）不通
提纲挈（携）领
顷（倾）刻之间
罄（磬）竹难书
卑躬屈（曲）膝
怙恶不悛（俊）
入场券（卷）
尚待商榷（确）
却（缺）之不恭

R
熙熙攘攘（让）
当仁（人）不让
任（忍）劳任（忍）怨
矫揉（柔）造作
孺（儒）子可教
耳濡（儒）目染
含辛茹（如）苦
方枘（柄）圆凿

S
煞（杀）费苦心
歃（插）血为盟
潸（潜）然泪下
赡（瞻）养父母
礼尚（上）往来
喜上眉梢（捎）
稍（少）纵即逝
海市蜃（唇）楼
有恃（持）无恐
挑拨是（事）非
手不释（失）卷
首（手）屈一指

授（受）予奖章
军事部署（暑）
不辨菽（寂）麦
肆（肄）无忌惮
到处传诵（颂）
毛骨悚（耸）然
鬼鬼祟祟（崇）

T
蹚（淌）水过河
恬（括）不知耻
义愤填（添）膺
铤（挺）而走险
如火如荼（茶）

W
深为惋（婉）惜
枉（妄）费心机
委（痿）靡不振
甘冒不韪（讳）
唯（为）命是听
从中斡（干）旋
运筹帷幄（握）
戊（戍）戌政变
定期会晤（悟）

X
希（惜）世之珍
雨声淅（浙）沥
条分缕析（拆）
瑕（暇）瑜互见
自顾不暇（遐）
声闻遐（暇）迩
举止安详（祥）
向（想）往光明
骁（饶）勇善战
通宵（霄）不眠

第一单元 中国语言文学

第一课 汉字的造字方法

直上重霄（宵）	一劳永逸（易）	改弦更张（章）
报销（消）车费	贻（遗）笑大方	通货膨胀（涨）
胁（协）从不问	大学肆（肆）业	动辄（辙）得咎
歪风邪（斜）气	绿树成阴（荫）	计划缜（慎）密
不屑（宵）一顾	绿草如茵（荫）	举世震（振）惊
睡眼惺（醒）松	一望无垠（银）	仗义执（直）言
学识修（休）养	化学反应（映）	抵（抵）掌而谈
休（修）养生息	反映（应）意见	出奇制（致）胜
气喘吁吁（嘘）	式样新颖（颖）	掷（抛）地有声
申酉戌（戍）亥	优（忧）柔寡断	幼稚（雅）可笑
一切就绪（序）	良莠（秀）不齐	莫衷（中）一是
栩栩（诩）如生	记忆犹（尤）新	接踵（踪）而来
寒暄（喧）客套	怨天尤（由）人	捉襟见肘（胄）
喧（宣）宾夺主	手头宽裕（余）	满脸皱（绉）纹
徇（殉）私舞弊	向隅（偶）而泣	高瞻远瞩（属）
循（寻）序渐进	始终不渝（逾）	孤注（柱）一掷
Y	逾（渝）期作废	土著（着）居民
揠（偃）苗助长	阿谀（谀）奉承	招摇撞（装）骗
雅（鸦）俗共赏	元（原）气大伤	梳妆（装）打扮
偃（揠）旗息鼓	世外桃源（园）	惴惴（揣）不安
举行宴（晏）会	断壁颓垣（桓）	缀（掇）句成文
湮（淹）没不闻	缘（沿）木求鱼	呱呱坠（堕）地
此系赝（膺）品	**Z**	心劳日拙（绌）
敷衍（演）塞责	销赃（脏）灭迹	真知灼（卓）见
杳（沓）无音信	口干舌燥（躁）	擢（捉）发难数
专程谒（竭）见	鼓噪（躁）而进	恣（姿）意胡为
异（一）口同声	人言啧啧（责）	胡作姿（恣）态
演绎（译）归纳	读书札（扎）记	恶意诅（咀）咒
不可思议（义）	不眨（贬）眼	编纂（篡）字典
苦心孤诣（旨）	敲诈（榨）勒索	有所遵（尊）循
巍然屹（圪）立	压榨（诈）平民	

11

【阅读材料】

合文为字说会意

若 雄

象形、指事以模仿实物为基础结构文字，而语言中一些表示抽象概念的词却无形可象，于是，便有了会意字的出现。

所谓会意，就是一种会合两个或两个以上的象形类的独体字（传统上称为"文"）组成新字的构字方法。如"及"，甲骨文作"🐾"，左为人，右为手，表示"赶上抓住"义；"林"，甲骨文作"🌳🌳"，用双木表示树木丛生义；"集"，小篆体作"🐦"，以三鸟集于树的形象表示"集合""聚集"义。

分析会意字的结构及基本义是一项比较复杂的工作。首先，会意字不同于象形字，象形字通常只要比较实物便可了解本义；也不同于指事字，指事字可以根据指示符号的位置得出本义。其次，会意字虽与形声字相近，但形声字大多可从形旁找到其义类，其本义比较容易识别，而会意字的本义则要从各组合成分的关系上去分辨，有很大的模糊性。

会意字因其成型时代的差异而有两种类型。早期会意字（即在古文字阶段产生的会意字）一般是会合两个或两个以上构件的形象而表义的，如上述（shàngshù）"及""林""集"等字都是如此；而隶变（由隶书替代古文字）后产生的会意字则多为会合两个构件语义而表示字义的。如"大耳为聋""山石为岩""小大为尖"等。

本义： 字的本义是指与文字的形体结构相符合的、有文献资料作参证的初始意义。

模糊： 不清楚，不分明。

上述： 上面所说的。

会意字中比较特殊的情况，是有些会意字的会意构件还有表音功能。如"娶"，《说文解字》分析其结构为"从女从取，取亦声"。也就是说，"娶"字中的"取"，既与"女"会合起来表"娶"字之义，又可兼表"娶"字之音。

从汉字形成过程来看，在形声字大量使用之前，会意无疑是一种主要的造字方法，所以它在甲骨文中所占比重较大；在有标音成分的形声字出现之后，会意的构字功能才逐渐相形见绌（xiāngxíng-jiànchù）。

（选自《咬文嚼字》1995年第5期）

无疑：没有疑问的。

相形见绌：跟另一个人或事物比较起来显得远远不如。

音义兼备的形声字

俞水生

在象形、指事、会意字产生之后，汉字已有了一定的记词功能。但由于这三种构字法都只诉诸所记词的意义，在实际记词中还是显得很不完善。比如"水"表水域（shuǐyù），仅此无从分别"江""河""湖""海"；"木"表树木，也无法区分"松""柏""杨""柳"。于是，一种新的构字方法——形声便应运而生。

形声是一种把表示字义的形符与表示字音的声符加以合成的构字方法。如"江"以"氵（水）"为形符，"工"为声符；"握"以"扌（手）"为形符，"屋"为声符。

形声字形符和声符的构成方式相当灵活，例如：

左形右声：醒、板、洋、模；

右形左声：功、都、期、刊；

诉诸：诉，求、求助；诸，"之于"的合音。文中的意思是这三种构字法都是根据所记词的意义来造字的。

水域：指河、湖、海的一定范围。

应运而生：顺应时机而产生、出现。

上形下声：室、窦、草、符；
下形上声：想、唇、烹、妄；
内形外声：闷、闻、闽、辩；
外形内声：闺、固、街、衷。

在这些组合方式中，左形右声是最常见的。与象形、指事、会意这些单纯表意字相比，形声这种结构方式由于同时与其所记词的音、义都发生联系，所以成为最能产的造字方式。可以说，一切抽象的概念和新事物，都能用它记录下来、标示出来。因此，形声字数量极多，《说文解字》中形声字便占了 80% 以上，至今已占汉字总数的 90% 左右。形声字的形符一般只表示字义的范畴，也就是说，它所表示的意义具有某种笼统性；而形声字的声符，由于古今语音的变化，现在已往往不能准确标示字音，所以对很多形声字我们不能只凭借声符去望文生"音"，否则，就会闹出"秀才识字读半边"的笑话。

形声字还有"省形""省声"现象，如"瓢"的形符本应是"瓠"（hù）而省作"瓜"；"產"的声符本是"彦"而省作"产"。显然，这种省略都是为适应字形组合匀称的要求而产生的，在形声字中并不太多见。

（选自《咬文嚼字》1995 年第 5 期）

笼统：缺乏具体分析；不明确。

秀才：明清时称进入府、州、县学的生员为秀才，也泛指读书人。

瓠：瓠子（一种植物的名称。其果实也叫瓠子）。

第一单元　中国语言文学

第一课　汉字的造字方法

【讨论题】

1. 为什么汉字中形声字的比例高达90%？谈谈你的看法。
2. 结合自己的体会，谈谈你是怎样学习、记忆汉字的。
3. 应该如何纠正、减少错别字？你是怎么做的？

【综合练习】

一、熟读下列短语

抽象概念　　结构特征　　表音功能　　总结归纳
深入理解　　相形见绌　　望文生义　　纠正错误

二、指出下列各句中的错别字

1. 他每天锻练身体，所以他的身体特别好。
2. 当我勿勿忙忙赶到机场时才发现我的护照落在房间里了。
3. 我爷爷退休后常跟朋友们一起去打高尔夫球，每天生活得很开心，身体也很建康。
4. 她今天一句话都不说，好象有什么心事。
5. 昨天老师表杨了考试成绩好的同学。
6. 这本书他在美国以经学过了。
7. 受到了不公正的待遇，他觉得十分委曲。
8. 爸爸说："即然你想学汉语，那就去中国学吧。"
9. 人和人不一样，每个人都有自己的价直。

三、分别写出10个你所知道的形声字、会意字

四、解释下列专业词语

小篆　　部件　　假借　　独体字　　合体字

五、句型练习

1. 所谓 ……………………………………………

- 所谓"六书"_____。
- _____，这就是所谓的部首。
- 所谓独体字_____。
- _____，这就是所谓的_____。

2. 有助于…… ……………………………………………

- 学习、掌握形声字声符、义符的特点有助于_____错别字。
- _____有助于我们深入理解汉字字形与字义之间的关系。
- 了解古今词义的异同有助于_____。
- _____有助于_____。

3. 由……构成 ……………………………………………

- 形声字是由_____和_____两个部分构成的。
- _____是由两个或两个以上的义符构成的。
- 由_____构成的合体字是_____。
- _____由_____构成。

六、形声字义符和声符的构成方式有哪几种？请举例说明。

七、下面这篇短文中，有些地方有错别字，请予以改正；有些地方有语法错误或用词不当，请在不改变原句意思的前提下，将它们改写成语言通顺的句子。

第一单元　中国语言文学

第一课　汉字的造字方法

我的爱好

　　我的爱好是散步和拍照片。

　　其实以前我对拍照片一穷不通。大概两年前，我在日本的大学参加了照片俱乐部，然后自己买了中意的照相机。在日本的日常生活中，想拍的东西不多，所以一般只是在去旅行的时候带那个照相机去拍照片。我拍的照片中风景显然多，以前去内蒙古的时候拍的照片特别好看。一看那些照片，就自己简直在诗情画意。

　　还有就是散步。在日本的时候很少去散步，因为对我来说在那儿不适合散步。一来大家都匆匆忙忙的，二来环境也不好，我的心情也不能放松，反而疲倦。来中国以后，附近有公圆，环境很宽阔，可以轻轻松松地散步。一般来说，发生不好的事情或者有烦恼的时候我常去散步，换而言之，我去散步的时候一定有什么不好的情况。有时候吃饭吃得太多，觉得不舒服的时候也去，可是有烦恼的时候去的更多。以前心情沉重的时候跟朋友一起去喝酒，但喝酒要花钱，而散步对身体好，而且不用花钱。

第二课　古今词义的异同

【专题报告】

语言是不断发展变化的，而词汇的发展演变更为突出，社会的发展变化，在语言中总是首先反映在一般词汇[1]上。有些在古代较为常用的词，随着社会的发展变化，逐渐远离了我们的日常生活，在今天一般的交际中已不再使用，如尚书、耜（sì）、刖（yuè）、祓（fú）、钺（yuè）等；另一方面，随着社会生活日益进步、科学技术不断发展，新的事物不断出现，用于指称它们的新词也因而不断产生，如电脑、网络、软件、信息、彩电、空调等。

除了旧词的日渐消亡、新词的不断产生外，词汇的发展演变还表现在词义的发展变化上。随着社会的发展、人类认识的进步，除了少数基本词汇[2]外，大多数词的意义都发生了程度不同的变化，**致使**古今词义有所不同。古今词义的不同大致有以下几种情况。

一、词的义项增加或者减少

我们先看两个词义减少的例子。

爱：古代"爱"的常用义有两个，一个是喜欢、喜爱，如：

《左传·隐公元年》："爱共叔段（Gōngshūduàn），欲立之。"

另一个意义是吝惜（lìnxī）、舍不得。如：

《孟子·梁惠王上》："齐国虽褊（biǎn）小，吾何爱一牛？"

尚书：古代官名。

耜：古代的一种农具，形状像现在的锹。

刖：古代砍掉脚的酷刑。

祓：古代一种除灾求福的祭祀。

钺：古代的一种兵器，形状像斧，较大。

共叔段：人名，郑庄公的弟弟。

吝惜：过分爱惜，舍不得拿出（自己的东西或力量）。

褊：书面语。狭小；狭隘。

现代汉语中,"爱"没有吝惜、舍不得的意思,因而"爱"的词义是减少了。

国:古代"国"有"国家"的意思,又有"国都"的意思:

《孟子·梁惠王上》:"寡人之于国也,尽心焉耳矣。"
《左传·隐公元年》:"先王之制,大都(dū)不过参(sān)国之一。"

寡人:古代君主自称。

现代汉语里,"国"只指"国家",词义减少了。

再看词义增加的例子。上面说的"爱",今天还有"常常发生某种行为""容易发生某种变化"义,这是后来产生的,古代没有。如:

这孩子爱哭。
铁爱生锈。

再如"池",古代有"护城河"(城门失火,殃及池鱼)、"池塘"(《孟子·梁惠王上》:"虽有台池鸟兽,岂能独乐哉?")二义;发展到现代汉语,"护城河"义消失了,另外又增加了"旁边高中间洼的地方"义,如花池、乐池、舞池等。

城门失火,殃及池鱼:城门着了火,大家都用护城河的水救火,水用尽了,鱼也就干死了。比喻因牵连而受祸害或损失。

二、词义范围扩大、缩小或转移

所谓词义范围扩大是指今义大于古义,古义包括在今义之中。如"江"在古代汉语中专指长江,"河"在古代汉语中专指黄河,**但在现代汉语中,"江""河"则**泛指河流。又如"睡",在古代指坐着打瞌睡(kēshuì),《说文解字》:"睡,坐寐(mèi)也。"但在现代汉语中"睡"则不限于坐着打瞌睡。

瞌睡:由于困倦而进入睡眠或半睡眠状态;想睡觉。
寐:睡。

所谓词义范围缩小则是指古义大于今义，今义包括在古义之中。如"子"在古代汉语中包括儿子和女儿，在现代汉语中则只指儿子；"臭"（xiù）在古代汉语中指气味，在现代汉语中读 chòu，专指难闻的气味；"丈夫"在古代汉语中是男子的通称，在现代汉语中则指夫妻关系中男性一方。

所谓词义转移是指词义中心转移，词义由指甲事物变为指乙事物，而甲事物和乙事物之间往往存在着一定的联系。如"走"，在古代汉语中义为"跑"（成语"走马观花"中的"走"就保留了这一用法），但在现代汉语中则是"行走"的意思；"汤"在古代汉语中义为"热水"（成语"赴汤蹈火"中的"汤"即保留了这一用法），但在现代汉语中则指喝的"汤"（如菜汤、米汤、鸡蛋汤等）；"狱"在古代汉语中指"诉讼、官司"（如文字狱、冤狱），在现代汉语中则指"监狱"。

三、词义感情色彩的变化

所谓感情色彩[3]的变化，是指词义在古代是褒义到现代变成了贬义，或者在古代是贬义到现代则变成了褒义、在古代是中性的到现代变成了褒义或者贬义等。下面我们举例说明。

爪牙：古代用于人时指得力的帮手、助手，是褒义：

《汉书·李广传》："将军者，国之爪牙也。"

今天则指恶势力的党羽或坏人的帮凶，变成了贬义词。

锻炼：古代有玩弄法律陷害人的意思，是贬义的：

《后汉书·韦彪传》："忠孝之人，持心近厚；锻炼之

走马观花：比喻粗略地观察事物。现在也作走马看花。

赴汤蹈火：比喻不避艰险。

文字狱：统治者故意从作者的诗文中摘取字句，编造罪状所造成的冤案。

冤狱：冤屈的案件。

党羽：指某个派系或集团首领下面的追随者（含贬义）。

帮凶：帮助行凶或作恶的人。

陷害：设计害人。

吏，持心近薄。"

而今天则用于"锻炼身体""锻炼意志"等，变成了褒义。

下流：古代指地位卑微或处境不好，是个中性词：

《报任安书》："负下未易居，下流多谤议。"

但在现代汉语中则指道德品质恶劣，变成了贬义。

学习和掌握古今词义的异同，可以帮助我们正确地阅读、理解古代文献。同时，由于现代汉语中的某些复音词[4]、成语、惯用语[5]保留了一些古义，因而学习和掌握古今词义的异同，还可以帮助我们更好地理解、掌握现代汉语词汇。

【专业词语】

1. **一般词汇**：语言中基本词汇以外的词汇就是一般词汇。一般词汇处在经常变化之中，社会的急剧变化，在语言中首先反映在一般词汇上。一般词汇数量众多，不一定为全民族的成员所普遍掌握。
2. **基本词汇**：词汇中最主要的部分，和语法一起构成了语言的基础。基本词汇包含的词比较少，但非常重要，使用频率高，生命力强，为全民所共同理解。如：大、小、你、我、风、雨、爸爸、妈妈、手、脚、十、百、吃、走等等。基本词汇具有三大特点，即稳固性（较为稳定，不像一般词汇那样经常变动）、能产性（构词能力强，是构造新词的基础）和全民常用性（流行地域广，使用频率高，为全民族所共同理解）。

3. **感情色彩**：词的附属色彩之一，指蕴涵（yùnhán）在词义里的对客观事物的感情态度。一般来说，词的感情色彩可以分为褒义、贬义和中性三类。
4. **复音词**：由两个或两个以上音节构成的词，也称多音节词。
5. **惯用语**：表达一种习惯含义的固定词组。惯用语简明生动、通俗有趣，应用很广泛。其语言形式多为三音节，述宾结构占多数，中间可以插入别的词，如：穿小鞋、打退堂鼓、摸着石头过河等等。

【常见句型】

一、除了……外，还……

◎ 除了旧词的日渐消亡、新词的不断产生外，词汇的发展演变还表现在词义的发展变化上。

▲说明：表示除此以外，还有别的。也可以说"除了……以外，还……"，"外"和"以外"也可以不说。

1. 词义的感情色彩，除了褒义的和贬义的外，还有中性的。
2. 古今词义的不同，除了表现在义项的增减、词义范围的变化等方面外，还表现在词义感情色彩的变化上。

二、致使

◎ 随着社会的发展、人类认识的进步，除了少数基本词汇外，大多数词的意义都发生了程度不同的变化，致使古今词义有所不同。

▲说明：表示由于某种原因而使得。"致使"句型常表示因为某种原因而造成某种后果。

1. 社会的发展变化和人类认识水平的不断提高，也影响到了日常用词，致使词义发生变化。
2. 这两个字声符相同、义符写法接近，致使初学者常常弄混。

三、(但)……则……

◎"江"在古代汉语中专指长江,"河"在古代汉语中专指黄河,但在现代汉语中,"江""河"则泛指河流。

▲说明:"(但)……则……"句型中的"则"为连词,常用于第二个分句中,表示与第一个分句对比。第二个分句前常用"但"或"而"等(也可不用)与句中的"则"相呼应。

1. 每年孩子过生日的时候妈妈都要为他准备很多好吃的东西,但孩子则没意识到妈妈也有生日,从来没为妈妈过过生日。
2. 中国南方炎热湿润,而北方则寒冷干燥。

【专业知识】

汉语中的外来词

一 得

由于在书面上使用方块字,许多以汉语为母语的人对汉语中的外来词不那么敏感。事实上,无论是过去还是现在,汉语都从其他语言中借用了大量词语,下列词语即在不同的时代借自不同的民族:葡萄(古大宛 dàyuān 语或大夏语)、玻璃(梵语 fànyǔ)、夜叉(梵语)、狮子(古伊兰语或波斯语等)、苜蓿(mùxu 古伊兰语或大宛语)、阿訇(āhōng 古波斯语)、胭脂(匈奴语)、猩猩(匈奴语)、菠薐[即菠菜](bōléng 尼泊尔语)、[车站的]站(蒙古语)、喇嘛(lǎma 藏语)、槟榔(bīngláng 马来语)、沙龙(法语)、纳粹(nàcuì 德语)。

近代以来,汉语从英语中借用的外来词尤多,比如:吐司、雷达、拷贝、休克、的确良、敌敌畏、幽默、香波、啤酒、T恤、迷你裙、保龄球、拉力赛。此外,汉语还采用照录汉字的方式从日语中借进了大量的词语,比如:哲学、科学、企业、历史、政党、意识、积极、调整、原子、分子。有意思的是，这类词不少本是过去日语从汉语中借去的短语或词，但今天意义已经更新，又重回娘家效力。除上述以外，革命、文化、经济、机械、同志、社会、劳动、博士等也属这一类。

　　由于方言不同，常会产生同义异音的外来词。比如日本产的照相机Pentax，香港、台湾取方言音，译为"宾得士"，大陆则按普通话发音译作"潘太克斯"，后因受港台的影响，现在大陆也有称之为"宾得"的。又如英语词 laser，六十年代大陆译作"来塞"，后来意译词"激光"广泛使用，"来塞"便被淘汰。近年来大陆和港台交往日盛，laser 的港台方言音译词"镭（léi）射"在大陆通行，大有与"激光"平分秋色之势。"激光镭射唱片"的冗赘（rǒngzhuì）说法正是这一状况的反映。种种现象表明，外来词的使用不仅出于吸收外来新概念的需要，而且和人们的心理状态有密切关系。

　　现在市场上的不少商品都用音译外来词做品牌名称，商标上中外文并用，如饮料瓶上"雪碧"和 Sprite 共存，"伯龙"香水的瓶贴上赫然印着 Baron（贵族之意）。可是也有别出心裁的。上海出产一种柠檬味的糖果，糖纸上既有"莱檬求斯糖"的汉字，又有几行拉丁字母。显然，"莱檬"是英语 lemon（柠檬）的音译，"求斯"是英语 juice（果汁）的音译。所以不取"柠檬"而取"莱檬"，不选"果汁"而选"求斯"，想必是为了显示洋派（老的外来词"柠檬"已洋味散尽），这种做法如今并不罕见。更奇的是这种糖的注册名称原来就是"求斯糖"。"求斯糖"者，果汁糖也。但如果当初不作这一番洋文音译的包装，径直以"果汁"的名称注册，能够得到批准吗？看来厂家既要让自己的产品沾染洋味，又不愿意或不能让洋名直接露面，可谓动足了脑筋。这既是一种商业现象，也是一种文化现象，是一种社会心理的折射。对这种现象究竟如何评价，实在是颇堪玩味的。

（选自《咬文嚼字》1995 年第 4 期，有改动）

第一单元　中国语言文学

第二课　古今词义的异同

【阅读材料】

"工夫"和"功夫"

汪兆龙

最近，我教高中语文第四册（人民教育出版社）中的《好的语言和坏的语言》一文时，让学生遵照作者的指点，对语言用"心的锤来锤炼它们"。不料，经过一番"锤炼"后，竟发现课文中"工夫"和"功夫"这两个词用得不合规范。

经统计，这篇课文中，一共用了三个"工夫"和三个"功夫"，现将有关句子摘录如下：

第四自然段："我想还是那个和尚在言语上有工夫，才能如此引人入胜。"

第五自然段："也是《西游记》的语言工夫好，能引人入胜。"

第六自然段："因为作者没有语言上的功夫，弄的语言生硬起来……"

第八自然段：①"倘若（tǎngruò）不是低能，几年的工夫，普通的话也就会说了。"②"这当然是对他的语言功夫的一次试练……"③"语言功夫，从写作的实践上修养。"

学生们经过仔细分析研究，觉得第四自然段、第五自然段中的两个"工夫"，与第六自然段、第八自然段②③句中的三个"功夫"，意思完全相同，且都与"语言"搭配，那么，为什么前者用"工夫"，而后者用"功夫"呢？

于是，我让学生带着疑问去查《现代汉语词典》（第2版）。词典上这两个词并排在一起，说明它们的意思是相

锤炼： 刻苦钻研，反复琢磨使艺术等精炼、纯熟。
规范： 明文规定的标准。

引人入胜： 引人进入佳境（指风景或文章等）
《西游记》： 中国古代小说。
生硬： 不自然；不纯熟。
倘若： 如果。
低能： 能力低下。

同的。它们共有四个义项：①时间（指占用的时间）；②空闲时间；③〈方〉时候；④本领，造诣（zàoyì）。但是，在释义的后面，还有一个不可忽视的"注意"：①②③多作"工夫"，④多作"功夫"。这个"注意"告诉我们，这两个词尽管意义相同，但在习惯用法上还是有区别的，就是有关时间方面的，该用"工夫"，有关本领、造诣方面的，则该用"功夫"。以此检验课文中这两个词的用法，我们发觉有些混乱，第四、第五自然段中的两个"工夫"，都是指使用语言的本领、造诣，应该改用"功夫"，这样才与第六、第八自然段中的三个"功夫"一致。

（选自《咬文嚼字》1995年第6期）

造诣：学问、艺术等所达到的程度。

忽视：不注意；不重视。

新词新语汇释

菜鸟 指刚学飞行的小鸟，飞得很不熟练，有时甚至还会掉到地上。现在常用来指对业务操作不熟悉或是刚刚进入该领域（lǐngyù）的人，即新手。与菜鸟相对的是老鸟，指的是在某方面水平较高、拥有较为完善的专业知识和丰富经验的人。

马甲 网络流行语。一个人在同一个论坛注册两个或两个以上ID并同时使用时，常用的或知名度较高的那个称为主ID，其他的称为马甲ID，简称马甲。马甲可用来做一些不方便或者不能用主ID做的事情，比如顶自己或朋友的帖子，造成拥护者众多的假象，扩大己方观点的影响，或是用于攻击对手的帖子，给他们造成心理压力。

领域：学术思想或社会活动的范围。

吐槽 来源于日本的ツッコミ（日本的一种站台喜剧，类似于中国的相声），是指从对方的语言、行为中找到一个漏洞或关键词作为切入点，发出带有调侃（tiáokǎn）意味的感慨或疑问。因闽南语"吐槽"一词意思与之相近，台湾将"ツッコミ"翻译作"吐槽"。普通话中"吐槽"也常用于表示抱怨、找茬、吐苦水等意思。	调侃：用言语戏弄；嘲笑。
颜值 颜，容颜、外貌；值，数值、指数。颜值就是人物容颜的英俊或靓丽（liànglì）指数、数值，用来评价人物的容貌、外表，如颜值爆表、颜值高。	靓丽：漂亮；美丽。
打酱油 本来指拿着瓶子到商店去买零售的酱油。现在常用来表示路过而已，与自己无关或自己什么都不知道，只是凑数的。	
老司机 本来指在游戏、贴吧、论坛等各种网络社区中待得久、资历老的用户，后来广泛用于指资历老、见识广、经验足，对相关领域的各种规则、技术非常熟悉的行家里手。常带有褒义。	行家里手：里手，内行人。指精通业务的人。
养眼 指看起来很舒服，给人以美的享受，视觉效果和谐而不妖艳。可以用于人，如：阳光帅气的男孩、靓丽清新的女孩很养眼；也可用于其他事物，如：美丽的风景、市容很养眼。	
雪藏 故意把某人掩藏起来，使其不被注意，如：为保存实力，确保决赛万无一失，本场比赛球队雪藏了部分主力队员。此外，雪藏还有搁置不用的意思，如：某演员与其经纪公司闹翻，经纪公司为了维护自身利益，不与其解除合约，但也不安排他演出，将其雪藏，使之淡出公众视线。	淡出：比喻逐渐退出（某一领域、范围）。

"即""既"有别

戴梦霞

"即"和"既"这两个字，字形相近，读音相差不大，又都可以作副词用，所以在行文中往往容易混淆（hùnxiáo）。

"即"，音jí，既可以作动词又可以作副词。作动词用时有两个义项。一个是"靠近""到"的意思，如：若即若离、成功在即、可望而不可即等。另一个是"就是"的意思，表示判断；往往在前后有两个名词性成分出现时，"即"插入其间，用后面的名词性成分来解释或说明前面的名词性成分。如：

暹罗（Xiānluó）即今之泰国。
改革开放后的头一年，即1979年。

有时候为行文流畅，也可说成"即是"。如：

山后即是我军驻地。

"即"的这一义项还有一个"非……即……"的固定结构，用来表示选择，中间往往嵌（qiàn）入单音节词，相当于"不是……就是……"，如：非此即彼、非打即骂等。

"即"作副词时是"就"的意思，表示动作在很短的时间内发生或者后一个动作紧接着前一个动作发生。如：知错即改、招之即来。这里"即"还可套用"一……即……"的格式，相当于"一……就……"。如：一触即发、一击即溃、一说即要。

"即使"是个连词，往往与"也"或"还"搭配，组

混淆：混杂；界限模糊。

若即若离：好像接近，又好像不接近。

可望而不可即：只能够望见而不能够接近，形容看起来可以实现而实际难以实现。"即"也作"及"。

嵌：把较小的东西卡进较大东西上面的凹（āo）处。

一触即发：比喻形势非常紧张，马上会发生严重的事情。

一击即溃：一被攻击就崩溃了。

成表示假设兼让步的结构。"即使"假设一种情况,"也（还）"表示结果不受这种假设的影响。如：

即使下雨也去。
即使与我无关，我还要管。

"即使"可与"即便"互换着用。

"既"，读 jì，作副词时有"已经"的意思，如：既成事实、既往不咎（jìwǎng-bújiù）。"既"常常跟"又、且、也"配合起来连接并列成分，表示不止一个方面。如：既生动又活泼；既高且大；既肯定成绩，也指出缺点。这里的"既……也……"要注意跟"即使……也……"区分开来。

"既"作连词时，相当于"既然"。前一小句用"既（然）"提出一个既定的事实，后一小句用"就、也、还"来呼应，推出结论。例如：

你既有病，就好好休息吧。
既然时间还早，我们何不再跑一趟？

从以上的分析可以得出结论：要区别"即"和"既"，应当从它们各自不同的意义和用法入手。

（选自《咬文嚼字》1995年第8期）

既往不咎：对过去的错误不再责备。

【讨论题】

1. 古今词义不同对我们学习汉语、使用汉语有什么影响？
2. 请找出几个你所知道的古今词义不同的例子。

【综合练习】

一、写出下列划线词语的反义词

品德恶劣（　　　　）　　范围扩大（　　　　　）

语言生硬（　　　　）　　贬义词（　　　　　）

二、熟读下列短语

不可忽视　　容易混淆　　打瞌睡　　行家里手

万无一失　　日益发展　　造成假象　　陷害别人

锤炼语言　　造诣高深　　解除合约　　得出结论

三、写出下列各成语中所缺的字

城门失火，殃及____鱼　　既____不咎　　____马观花

可望而不可____　　非此____彼　　引人____胜

若即若____　　一____即发　　赴____蹈火

四、解释下列专业词语

惯用语　　复音词　　基本词汇　　一般词汇

五、句型练习

1. 除了……外，还……

- 我每天除了学习写汉字外，还_____。
- 除了_____，古今词义的不同还表现在_____。
- 词义的感情色彩除了褒义外，还_____。
- _____除了_____外，还_____。

2. 致使

- "己""已""巳"三字形体非常接近，致使_____。
- _____致使词义的感情色彩发生了变化。

- 他不了解古今词义的不同，致使_____。
- _____致使_____。

3.（但）……则……
- 有些词今义大于古义，而另外一些词则_____。
- "下流"在古代指地位卑微或处境不好，是个中性词，但_____ _____则_____。
- "丈夫"_____，_____则是指夫妻关系中男性一方。
- _____，_____则_____。

六、写出下列各词古义与今义的差异

爱：_____　　国：_____

江：_____　　河：_____

睡：_____　　臭：_____

子：_____　　狱：_____

丈夫：_____

七、《中国的环境污染》是一位留学生写的作文，有些地方有错别字，请予以改正；有些地方有语法错误或用词不当，请在不改变原句意思的前提下，将它们改写成语言通顺的句子。

中国的环境污染

如今中国的环境问题很严重。来北京以后我最受不了的环境问题是沙尘报。春天出去外边的时候天下都是黄色的。睁不了眼睛，也不能呼吸。这沙尘报刮到韩国和日本这些亚洲国家是不言而喻的，甚致在美国也发现了从中国刮来的沙子。出现沙尘报主要有下面几个方面的原因。首先，春天的时

候蒙古沙模常常刮起风来,这是自然现象的。其次,内蒙那边森林的砍伐严重,原来那边的森林有预防沙尘报的作用,现在没了。再次,沙模化严重,沙模越来越广大。

另外,就是中国的河水污染问题也相当严重。君不见北大府近河水很脏吗?尽管给你100块钱,你一定也不想喝。过去那边的时候很臭,别说人,可能水里蚊子幼虫以外什么都活不下去。

这沙尘报、河水污染,个人是没办法预防的,应该在国家政策下进行措施才能慢慢控制,希望这个问题尽快得到解决。

第三课　中国现当代散文

【专题报告】

在中国古代，文章都是用文言文写的。随着最后一个封建王朝——清朝的崩溃（bēngkuì）和覆灭（fùmiè），这个情况也发生了改变。从1915年开始的"新文化运动"，尤其是从1917年初开始的"文学革命"，提倡白话文，反对继续用文言文写作。新文化运动取得了极大的成果，从此中国的白话文便兴盛起来，并占据了文坛的主要阵地。现代的白话散文，也就由此诞生了。

散文，是与诗歌、小说和戏剧并列的一种文学体裁[1]。简单地说，散文就是以自由、优美的文笔记人、叙事、写景、状物，并借此抒发情感、发表议论、表现作家个性的散体短文。关于散文的特点，有一句非常有名的话："形散而神不散。"意思是说，散文的形式是非常自由随意的，没有一定的格式，时间、空间、人物、事件都可以随着作者的思路有很大的跳跃性，风格多样，题材[2]广泛，篇幅的长短也没有限制；但是这种表面上的"散"，却并不是真的散乱，而是有着一个很确定的中心的。一篇文章总有一个中心思想，也就是文章的"神"，不管形式多么自由，都还是围绕着这个中心思想来展开的。

散文又可以分成很多小的类别。有的散文是记叙性的，或叙事，或写人，并在这个过程中，将人类美好真挚（zhēnzhì）的感情展现于读者面前，以情动人，让读者受到感染。但是散文中的叙事写人，必须是真实的，

崩溃：彻底破坏或垮台。
覆灭：全部被消灭；毁灭。

真挚：真诚恳切。
感染：通过语言文字或其他形式引起别人相同的思想感情。

这与小说的虚构是不一样的。有的散文则是抒情性的，往往**通过**写物或写景，来**抒发**作者的个人抱负，表现他的生活情操。有的散文以议论为主，以理服人，具有极强的逻辑（luóji）力量。还有些散文，是科学普及类的，向读者介绍自然界某一方面的知识。另外，还有一种比较特殊的类型，那就是杂文。杂文是由鲁迅[3]等人开创的一种新型的散文体裁，它**介于**抒情叙事的散文**和**议论文**之间**，既有形象性，又有逻辑性；既以议论为主，又是以形象的方式去议论的。杂文生动、泼辣，而且往往是就现实政治问题而写的，所以极有战斗性。还有一些作品，以散文的形式表现诗意的题材，介于散文与诗歌之间，我们叫它散文诗。这种形式也是由鲁迅首创的。散文涵盖（hángài）面广泛，种类繁多，要做出非常具体的分类是很困难的，而要对每一篇作品都做具体归类则更难，因为一般情况下，一篇散文作品往往同时具有上面提到的好几方面的特点，只是偏重的方面有所不同罢了。

　　优秀的散文，能够充分地表现出文字的美感和魅力（mèilì）。中国现代就出现了许多优秀的散文作品和著名的散文家。鲁迅的杂文非常有名，他的杂文就像"匕首（bǐshǒu）和投枪"，"锋利而切实"，在激烈变幻动荡的社会风云中闪耀着不屈的战斗光芒。梁实秋[4]和周作人[5]也都是杂文名家。朱自清[6]、郁达夫[7]的散文，文笔优美，格调清新，具有非常高的审美[8]价值，其中一些写景、抒情的作品，如朱自清《春》《温州的踪迹·绿》《荷塘月色》，郁达夫《故都的秋》等，尤其脍炙人口（kuàizhìrénkǒu）。此外还有林语堂、巴金[9]、俞平伯、沈从文[10]等，都是各有特色的散文家。

　　学术界一般把从1917年初"文学革命"到1949年

虚构：凭想象编造出来。

抱负：志向，愿望。

逻辑：思维的规律。

泼辣：办事或写文章厉害、痛快。

涵盖：包容、覆盖。

魅力：很能吸引人的力量。

匕首：短剑或狭长的短刀。

名家：在某种艺术、学术或技能方面有特殊贡献的著名人物。

脍炙人口：切细的烤肉人人都爱吃。比喻好的诗文为众人所称赞。

第一单元 中国语言文学
第三课 中国现当代散文

之间的文学称为现代文学，把从1949年中华人民共和国成立至今的文学称为当代文学。在这个新的历史时期里，中国的散文进一步发展，形式更加多样，佳作迭出（diéchū），涌现了孙犁、汪曾祺、贾平凹、余秋雨等一大批散文名家。柏杨、李敖、余光中、三毛等作家的散文也都非常出色。随着媒体的发达，散文也越来越发达，其影响也越来越深广。散文的篇幅一般不太长，又能够迅速反映现实生活，对于生活节奏快的当代人来说，它是一种非常适合阅读的文体。今天，它已经成为我们精神生活中一个不可或缺的组成部分了。无怪乎有人说，现在是散文的世界了。	**迭出**：多次出现。 **媒体**：指人们传递、获取信息的工具、渠道、载体、中介物或技术手段。 **不可或缺**：不能缺少。 **无怪乎**：难怪。

【专业词语】

1. **体裁**：文学作品的分类。可以用多种标准来划分。我们一般把文学体裁分为诗歌、小说、散文、戏剧四大类。
2. **题材**：为表现文学、艺术作品的内容主题所用的材料。
3. **鲁迅（1881—1936）**：本名周樟寿，字豫才，后又取名周树人，浙江绍兴人。中国现代的伟大作家。
4. **梁实秋（1903—1987）**：原名梁治华，字实秋，北京人。现代著名作家。
5. **周作人（1885—1967）**：浙江绍兴人，鲁迅的弟弟。现代著名作家。
6. **朱自清（1898—1948）**：字佩弦，祖籍浙江绍兴。现代著名作家、学者。
7. **郁达夫（1896—1945）**：原名郁文，字达夫，浙江富阳人。现代著名作家。

8. **审美**：领会事物或艺术品的美。与审美相关的学问叫美学。美学，就是研究自然界、社会和艺术领域中美的一般规律与原则的科学，主要探讨美的本质、艺术和现实的关系、艺术创作的一般规律等。

9. **巴金（1904—2005）**：原名李尧棠，字芾甘，四川成都人。现代著名作家。

10. **沈从文（1902—1988）**：原名沈岳焕，湖南凤凰人。现代著名作家。

【常见句型】

一、围绕……（来）展开

◎ 一篇文章总有一个中心思想，也就是文章的"神"，不管形式多么自由，都还是围绕着这个中心思想来展开的。

▲ 说明：表示文章、会议等以某一个话题为中心来进行写作或讨论。后面可以加动词，也可以不加。

1. 小说的情节围绕一个农民的命运来展开。
2. 文章围绕着贾平凹的乡土情结来展开论证。
3. 这次会议将围绕最近发生的流感疫情展开讨论。

二、通过……抒发/表达……

◎ 有的散文是抒情性的，往往通过写物或写景，来抒发作者的个人抱负，表现他的生活情操。

▲ 说明：指出用什么样的艺术手法或方式，来表达某种感情。

1. 这篇散文通过对旅途风光的描写，抒发了作者对祖国壮美山川的热爱之情。
2. 李白的《静夜思》，通过对月光的吟咏，来表达自己对故乡深深的思念。
3. 美国电影《后天》通过对未来世界由于温室效应而产生大灾难的幻想，深刻表达了对人类破坏环境可能带来的严重后果的担心。

三、介于……和/与……之间

◎ 杂文是由鲁迅等人开创的一种新型的散文体裁，它介于抒情叙事的散文和议论文之间。

▲ 说明：表示一种事物就其性质、程度、数量、位置等处于同一类型的另外两种事物中间的状态。

1. 英格兰足球队的实力，介于巴西队和日本队之间。
2. 那个人的年纪介于40岁和50岁之间。
3. 蒙古介于中国与俄罗斯之间。

【专业知识】

朱自清早期的散文

朱自清是极少数能用白话写出脍炙人口名篇〔可与古典散文名著媲美（pìměi）〕的散文家。他擅长写一种漂亮精致的抒情散文，无论是朴素动人如《背影》，还是明净淡雅如《荷塘月色》，委婉真挚如《儿女》，从中都能感到他的诚挚和正直。他写作态度严肃不苟，始终执著地表现人生。《桨声灯影里的秦淮河》《温州的踪迹·绿》《荷塘月色》是他写景抒情的名篇，都体现出他对自然景物的精确观察，对声音、色彩的敏锐感觉，通过千姿百态、或动或静的鲜明形象，巧妙的比喻、联想，融入自己的感情色彩，构成细密、幽远、浑圆的意境。他的散文结构缜密（zhěnmì），脉络清晰，宛转曲折的思绪中保持着一种温柔敦厚的气氛。文字几乎全用口语，清秀、朴素而又精到，在20年代就被看作是娴熟（xiánshú）使用白话文字的典范。《背影》只是质朴地叙说父亲送别儿子的一段场景，可他捕捉到一二不可言说的典型细节，注入了一股对劳碌奔波的老父的至亲深情，表现出小资产者在旧世界一生颠簸挣扎的可悲命运。这样就很容易打动无数身受飘零之苦的人，不难解释为什么此篇能那样长久地激起读者的心潮了。

（节选自钱理群、温儒敏、吴福辉《中国现代文学三十年（修订本）》北京大学出版社，1998年7月，第153—154页，有删节，题目是编者所加）

【阅读材料】

爱

张爱玲

这是真的。

有个村庄的小康之家的女孩子，生得美，有许多人来做媒，但都没有说成。那年她不过十五六岁吧，是春天的晚上，她立在后门口，手扶着桃树。她记得她穿的是一件月白的衫子。对门住的年青人，同她见过面，可是从来没有打过招呼的，他走了过来，离得不远，站定了，轻轻地说了一声："噢，你也在这里吗？"她没有说什么，他也没有再说什么，站了一会儿，各自走开了。

就这样完了。

后来这个女人被亲眷（qīnjuàn）拐了，卖到他乡外县去做妾（qiè），又几次三番地被转卖，经过无数的惊险的风波，老了的时候她还记得从前那一回事，常常说起，在那春天的晚上，在后门的桃树下，那年轻人。

于千万人之中遇见你所要遇见的人，于千万年之中，时间的无涯的荒野里，没有早一步，也没有晚一步，刚巧赶上了，那也没有别的话可说，惟有轻轻地问一声："噢，你也在这里吗？"

张爱玲（1920—1995）：祖籍河北丰润，生于上海，现代著名作家。

亲眷：亲戚。
拐：诱骗；把妇女或儿童拐骗带走。
妾：妻子之外另娶的女人。

立 论

鲁 迅

我梦见自己正在小学校的讲堂上预备作文,向老师请教立论的方法。

"难!"老师从眼镜圈外斜射出眼光来,看着我,说,"我告诉你一件事——

"一家人家生了一个男孩,合家高兴透顶了。满月的时候,抱出来给客人看,

——大概自然是想得一点好兆头。

"一个说:'这孩子将来要发财的。'他于是得到一番感谢。

"一个说:'这孩子将来要做官的。'他于是收回几句恭维。

"一个说:'这孩子将来是要死的。'他于是得到一顿大家合力的痛打。

"说要死的必然,说富贵的许谎。但说谎的得好报,说必然的遭打。你……"

"我愿意既不说谎,也不遭打。那么,老师,我得怎么说呢?"

"那么,你得说:'啊呀!这孩子呵!您瞧!多么……。阿唷!哈哈!Hehe!He,hehehehe!'"

兆头:事先显现出来的迹象。

许谎:说谎。

春

朱自清

盼望着，盼望着，东风来了，春天的脚步近了。

一切都像刚睡醒的样子，欣欣然张开了眼。山朗润起来了，水长起来了，太阳的脸红起来了。

小草偷偷地从土里钻出来，嫩嫩的，绿绿的。园子里，田野里，瞧去，一大片一大片满是的。坐着，躺着，打两个滚儿，踢几脚球，赛几趟跑，捉几回迷藏。风轻悄悄的，草绵软软的。

桃树、杏树、梨树，你不让我，我不让你，都开满了花赶趟儿。红的像火，粉的像霞（xiá），白的像雪。花里带着甜味，闭了眼，树上仿佛已经满是桃儿、杏儿、梨儿！花下成千成百的蜜蜂嗡嗡地闹着，大小的蝴蝶飞来飞去。野花遍地是：杂样儿，有名字的，没名字的，散在草丛里，像眼睛，像星星，还眨呀眨的。

"吹面不寒杨柳风"，不错的，像母亲的手抚摸着你。风里带来些新翻的泥土的气息，混着青草味，还有各种花的香，都在微微润湿的空气里酝酿（yùnniàng）。鸟儿将窠巢（kēcháo）安在繁花嫩叶当中，高兴起来了，呼朋引伴地卖弄清脆的喉咙，唱出宛转的曲子，与轻风流水应和着。牛背上牧童（mùtóng）的短笛，这时候也成天在嘹亮（liáoliàng）地响。

雨是最寻常的，一下就是三两天。可别恼，看，像牛毛，像花针，像细丝，密密地斜织着，人家屋顶上全笼着一层薄烟。树叶子却绿得发亮，小草也青得逼你的眼。傍晚时候，上灯了，一点点黄晕的光，烘托出一片安静而和平的夜。在乡下，小路上，石桥边，撑起伞慢慢走着的

朗润：明朗润泽。

捉迷藏：蒙着眼睛捉或寻找躲藏者的游戏。

赶趟儿：这里指凑热闹。

霞：早晨、傍晚的彩云。

杂样儿：各种各样。

酝酿：造酒的发酵过程，比喻做准备工作。

窠巢：鸟窝。

牧童：放牧牛羊的小孩。

嘹亮：声音圆润而响亮。

人;还有地里工作的农夫,披着蓑(suō),戴着笠(lì)的。他们的草屋,稀稀疏疏的,在雨里静默着。

天上风筝渐渐多了,地上孩子也多了。城里乡下,家家户户,老老小小,他们也赶趟儿似的,一个个都出来了。舒活舒活筋骨,抖擞(dǒusǒu)抖擞精神,各做各的一份事去。"一年之计在于春";刚起头儿,有的是工夫,有的是希望。

春天像刚落地的娃娃,从头到脚都是新的,它生长着。

春天像小姑娘,花枝招展的,笑着,走着。

春天像健壮的青年,有铁一般的胳膊和腰脚,他领着我们上前去。

蓑:用棕榈皮编成的雨衣。
笠:用竹篾(zhú-miè)夹油纸、竹叶等制成的宽边帽子,用以遮太阳或雨。
舒活:舒展、活动。
抖擞:振作。

丑 石

贾平凹

我常常遗憾我家门前的那块丑石呢:它黑黝黝地卧在那里,牛似的模样;谁也不知道是什么时候留在这里的,谁也不去理会它。只是麦收时节,门前摊了麦子,奶奶总是要说:这块丑石,多碍(ài)地面哟,多时把它搬走吧。

于是,伯父家盖房,想以它垒(lěi)山墙,但苦于它极不规则,没棱角儿,也没平面儿;用錾(zàn)破开吧,又懒得花那么大气力,因为河滩并不甚远,随便去掮(qián)一块回来,哪一块也比它强。房盖起来,压铺台阶,伯父也没有看上它。有一年,来了一个石匠,为我家洗一台石磨,奶奶又说:用这块丑石吧,省得从远处搬动。石匠看了看,摇着头,嫌它石质太细,也不采用。

碍:妨碍,阻挡。
垒:把砖、石等重叠砌起来。
山墙:支承人字形屋顶两头的墙。
錾:一种雕凿金石的工具。
掮:把东西放在肩上运走。

它不像汉白玉那样的细腻（xìnì），可以凿下刻字雕花，也不像大青石那样的光滑，可以供来浣（huàn）纱捶（chuí）布；它静静地卧在那里，院边的槐荫没有庇覆（bìfù）它，花儿也不再在它身边生长。荒草便繁衍出来，枝蔓上下，慢慢地，竟锈上了绿苔、黑斑。我们这些做孩子的，也讨厌起它来，曾合伙要搬走它，但力气又不足；虽时时咒（zhòu）骂它，嫌弃它，也无可奈何，只好任它留在那里去了。

　　稍稍能安慰我们的，是在那石上有一个不大不小的坑凹儿，雨天就盛满了水。常常雨过三天了，地上已经干燥，那石凹儿里水还有，鸡儿便去那里渴饮。每每到了十五的夜晚，我们盼着满月出来，就爬到其上，翘望天边；奶奶总是要骂的，害怕我们摔下来。果然那一次就摔了下来，磕破了我的膝盖呢。

　　人都骂它是丑石，它真是丑得不能再丑的丑石了。

　　终有一日，村子里来了一个天文学家。他在我家门前路过，突然发现了这块石头，眼光立即就拉直了。他再没有走去，就住了下来；后来又来了好些人，说这是一块陨石（yǔnshí），从天上落下来已经有二三百年了，是一件了不起的东西。不久便来了车，小心翼翼地将它运走了。

　　这使我们都很惊奇！这又怪又丑的石头，原来是天上的呢！它补过天，在天上发过热，闪过光，我们的先祖或许仰望过它，它给了他们光明、向往、憧憬（chōngjǐng）；而它落下来了，在污土里，荒草里，一躺就是几百年了？

　　奶奶说："真看不出！它那么不一般，却怎么连墙也垒不成，台阶也垒不成呢？"

　　"它是太丑了。"天文学家说。

　　"真的，是太丑了。"

细腻：细致。

浣：洗。

捶布：洗衣服。捶，打。

庇覆：保护，覆盖。

咒：骂。

陨石：从天上掉下来的石头。

憧憬：向往。

"可这正是它的美，"天文学家说，"它是以丑为美的。"

"以丑为美？"

"是的，丑到极处，便是美到极处。正因为它不是一般的顽石，当然不能去做墙、做台阶，不能去雕刻、捶布。它不是做这些玩意儿的，所以常常就遭到一般世俗的讥讽。"

奶奶脸红了，我也脸红了。

我感到自己的可耻，也感到了丑石的伟大；我甚至怨恨它这么多年竟会默默地忍受着这一切？而我又立即深深地感到它那种不屈于误解、寂寞的生存的伟大。

玩意儿：事物，东西。

我与地坛（节选）

史铁生

现在我才想到，当年我总是独自跑到地坛去，曾经给母亲出了一个怎样的难题。

她不是那种光会疼爱儿子而不懂得理解儿子的母亲。她知道我心里的苦闷，知道不该阻止我出去走走，知道我要是老呆在家里结果会更糟，但她又担心我一个人在那荒僻的园子里整天都想些什么。我那时脾气坏到极点，经常是发了疯一样地离开家，从那园子里回来又中了魔似的什么话都不说。母亲知道有些事不宜问，便犹犹豫豫地想问而终于不敢问，因为她自己心里也没有答案。她料想我不会愿意她跟我一同去，所以她从未这样要求过，她知道得给我一点儿独处的时间，得有这样一段过程。她只是不知道这过程得要多久，和这过程的尽头究竟是什么。每次我要动身时，她便无言地帮我准备，帮助我上了轮椅车，看着我摇车拐出小院；这以后她会怎样，当年我不曾想过。

　　有一回我摇车出了小院，想起一件什么事又返身回来，看见母亲仍站在原地，还是送我走时的姿势，望着我拐出小院去的那处墙角，对我的回来竟一时没有反应。待她再次送我出门的时候，她说："出去活动活动，去地坛看看书，我说这挺好。"许多年以后我才渐渐听出，母亲这话实际上是自我安慰，是暗自的祷告（dǎogào），是给我的提示，是恳求与嘱咐。只是在她猝然（cùrán）去世之后，我才有余暇（yúxiá）设想。当我不在家里的那些漫长的时间，她是怎样心神不定坐卧难宁，兼着痛苦与惊恐与一个母亲最低限度的祈求。现在我可以断定，以她的聪慧和坚忍，在那些空落的白天后的黑夜，在那不眠的黑夜后的白天，她思来想去最后准是对自己说："反正我不能不让他出去，未来的日子是他自己的，如果他真的要在那园子里出了什么事，这苦难也只好我来承担。"在那段日子里——那是好几年长的一段日子，我想我一定使母亲做过了最坏的准备了，但她从来没有对我说过："你为我想想"。事实上我也真的没为她想过。那时她的儿子，还太年轻，还来不及为母亲想，他被命运击昏了头，一心以为自己是世上最不幸的一个，不知道儿子的不幸在母亲那儿总是要加倍的。她有一个长到二十岁上忽然截瘫（jiétān）了的儿子，这是她唯一的儿子；她情愿截瘫的是自己而不是儿子，可这事无法代替；她想，只要儿子能活下去哪怕自己去死呢也行，可她又确信一个人不能仅仅是活着，儿子得有一条路走向自己的幸福；而这条路呢，没有谁能保证她的儿子终于能找到。——这样一个母亲，注定是活得最苦的母亲。

　　在我的头一篇小说发表的时候，在我的小说第一次

祷告：向神祈求保佑。
猝然：突然地，出乎意料。
余暇：空闲的时间。

截瘫：身体下半部包括双腿全部或部分的瘫痪（huàn）。

第一单元 中国语言文学

第三课 中国现当代散文

获奖的那些日子里，我真是多么希望我的母亲还活着。我便又不能在家里呆了，又整天整天独自跑到地坛去，心里是没头没尾的沉郁（chényù）和哀怨，走遍整个园子却怎么也想不通：母亲为什么就不能再多活两年？为什么在她儿子就快要碰撞开一条路的时候，她却忽然熬（áo）不住了？莫非她来此世上只是为了替儿子担忧，却不该分享我的一点点快乐？她匆匆离我去时才只有四十九呀！	沉郁：沉闷忧愁。 熬：忍受，忍耐，坚持。
摇着轮椅在园中慢慢走，又是雾罩的清晨，又是骄阳高悬的白昼，我只想着一件事：母亲已经不在了。在老柏树旁停下，在草地上在颓（tuí）墙边停下，又是处处虫鸣的午后，又是鸟儿归巢的傍晚，我心里只默念着一句话：可是母亲已经不在了。把椅背放倒，躺下，似睡非睡挨到日没，坐起来，心神恍惚（huǎnghū），呆呆地直坐到古祭坛上落满黑暗然后再渐渐浮起月光，心里才有点儿明白，母亲不能再来这园中找我了。	颓：塌坏的。 恍惚：精神不集中，神志不清。
曾有过好多回，我在这园子里呆得太久了，母亲就来找我。她来找我又不想让我发觉，只要见我还好好地在这园子里，她就悄悄转身回去，我看见过几次她的背影。我也看见过几回她四处张望的情景，她视力不好，端着眼镜像在寻找海上的一条船，她没看见我时我已经看见她了，待我看见她也看见我了我就不去看她，过一会儿我再抬头看她就又看见她缓缓离去的背影。我单是无法知道有多少回她没有找到我。有一回我坐在矮树丛中，树丛很密，我看见她没有找到我；她一个人在园子里走，走过我的身旁，走过我经常呆的一些地方，步履（bùlǚ）茫然又急迫。我不知道她已经找了多久还要找多久，我不知道为什么我决意不喊她——但这绝不是小时候的捉迷藏，这也许是出于长大了的男孩子的倔强（juéjiàng）	步履：脚步。 倔强：刚强，不屈服。

45

或羞涩（xiūsè）？但这倔强只留给我痛悔，丝毫也没有骄傲。我真想告诫（gàojiè）所有长大了的男孩子，千万不要跟母亲来这套倔强，羞涩就更不必，我已经懂了可我已经来不及了。

儿子想使母亲骄傲，这心情毕竟是太真实了，以致使"想出名"这一声名狼藉（lángjí）的念头也多少改变了一点儿形象。这是个复杂的问题，且不去管它了罢。随着小说获奖的激动逐日暗淡，我开始相信，至少有一点我是想错了：我用纸笔在报刊上碰撞开的一条路，并不就是母亲盼望我找到的那条路。年年月月我都到这园子里来，年年月月我都要想，母亲盼望我找到的那条路到底是什么。母亲生前没给我留下过什么隽永（juànyǒng）的哲言，或要我恪守（kèshǒu）的教诲（jiàohuì），只是在她去世之后，她艰难的命运、坚忍的意志和毫不张扬的爱，随光阴流转，在我的印象中愈加鲜明深刻。

有一年，十月的风又翻动起安详的落叶，我在园中读书，听见两个散步的老人说："没想到这园子有这么大。"我放下书，想，这么大一座园子，要在其中找到她的儿子，母亲走过了多少焦灼（jiāozhuó）的路。多年来我头一次意识到，这园中不单是处处都有过我的车辙（zhé），有过我的车辙的地方也都有过母亲的脚印。

羞涩：心里害羞而举动拘束不自然。
告诫：劝某人不要做某事。

声名狼藉：形容名声极坏。

隽永：言辞、诗文或其他事物意味深长、引人入胜。
恪守：谨慎而恭顺地遵守。
教诲：教导训诫。

焦灼：非常着急。
辙：车轮轧出的痕迹。

【讨论题】

1. 以"阅读材料"中的几篇散文为例子，说说散文的特点，以及它和诗歌、小说有什么不同。
2. 朱自清的散文《春》，在语言上有什么特点？
3. 你喜欢史铁生的散文《我与地坛》吗？为什么？

第一单元　中国语言文学

第三课　中国现当代散文

【综合练习】

一、熟读下列短语

文学体裁　写景状物　抒发情感　发表议论　形式自由
风格多样　中心思想　叙事写人　生活情操　逻辑力量
生动泼辣　种类繁多　文笔优美　格调清新　审美价值
影响深广　反映现实生活

二、选择合适的词语填空

> 崩溃　真挚　感染　虚构　逻辑　脍炙人口
> 泼辣　魅力　朗润　酝酿　告诫　不可或缺

1.《三国演义》在中国是一部家喻户晓、（　　　）的小说。

2. 他的快乐（　　　）了大家，人们打开录音机，随着轻快的音乐一起跳起舞来。

3. 在电影中，间谍007是一个很有（　　　）的男人。

4. 他安静地坐在绿色的草地上，望着远处的山峦和蓝天，开始（　　　）一篇抒情散文。

5. 她办事作风（　　　），同事们都很敬畏她，连领导也让她三分。

6. 进行文学创作，对美的感受力和表现力都是（　　　）的。

7. 你刚才说的话，前面和后面自相矛盾，（　　　）有问题。

8. 听到女儿不幸去世的消息，她的精神彻底（　　　）了。

9. 爸爸（　　　）她不要与那些坏孩子一起玩儿。

10. 这部电视连续剧的故事完全是（　　　）的，不要对号入座。

三、句型练习

1. 围绕……（来）展开

- 他的博士论文，围绕_____来展开论述。
- 他上任以后，紧紧围绕_____展开工作，

- 终于在两年以后_____。
- 与会人员围绕如何加强网络安全的问题展开了热烈的_____。
- _____围绕_____展开_____。

2. 通过……抒发/表达……

- 这首诗通过对月色下的长江景色的描写，表达了_____的感情。
- 朱自清的散文《春》，通过对春天美好景物的描写，_____。
- 史铁生的散文《我与地坛》，通过_____，表达了_____。
- _____通过_____，抒发/表达_____。

3. 介于……和/与……之间

- 还有一些作品，以散文的形式表现诗意的题材，介于_____和_____之间，我们叫它散文诗。
- 对于这件事情，爸爸和妈妈的意见正好相反，而他的态度则介于爸爸与_____之间。
- 这种水果的颜色，介于_____和_____之间。
- _____，介于_____与_____之间。

四、解释下列专业词语

体裁　题材　杂文　朱自清　审美

五、在"阅读材料"中选一篇散文，写一篇读后感，不少于300字。

第四课　中国古代小说

【专题报告】

中国古代的小说，起源于先秦时候的神话传说、寓言[1]（yùyán）故事和历史传记。但是小说的真正形成，还是在魏晋南北朝时期。

魏晋南北朝小说可以分为志怪小说和志人小说两类。志怪小说记述神仙方术、鬼魅（guǐmèi）妖怪、佛法灵异，如干宝的《搜神记》、王嘉的《拾遗记》等。志人小说记述人物的逸闻（yìwén）轶事（yìshì）、言谈举止，从中可以窥见（kuījiàn）当时社会生活的一些面貌，如葛洪的《西京杂记》、裴启的《语林》等，其中南朝宋刘义庆的《世说新语》是成就和影响最大的一部。《世说新语》的内容主要是记录魏晋名士的轶事和清谈，也可以说是一部魏晋风流的故事集。它注重表现人物的特点，通过独特的言谈举止写出人物的独特性格，使之活灵活现、跃然纸上。

唐代流行的文言小说，称为"传奇"。唐传奇的出现，**标志着**我国文言小说发展到了成熟的阶段。比较有名的作品有白行简《李娃传》、元稹《莺莺传》、李朝威《柳毅传》、蒋防《霍小玉传》、沈既济《枕中记》等。唐传奇的作者们已经是有意识地去创作小说、虚构故事了，而且比六朝时代的作者们更加注重作品的审美价值。

以听众为对象的"说话"艺术，最迟在唐代就已经出现了。"说话"的本义是口传故事。到了宋、金、元

鬼魅：鬼怪。
灵异：这里指神怪。
逸闻：世人不大知道的传说。
轶事：世人不大知道的关于某人的事迹。
窥见：看出来或觉察到。
清谈：空谈哲理。
风流：才华出众而不拘泥于礼教。
活灵活现：形容神态生动逼真。
跃然纸上：形容活跃地呈现在作品里。

时代,"说话"活动越来越兴盛,在书场中流传的故事越来越多,而以口传故事为蓝本的文字记录本,以及受说话体式影响而衍生(yǎnshēng)的其他故事文本等,也日见其多。后世统称之为"话本"。宋元话本中有许多优秀之作,如《碾玉观音》《闹樊楼多情周胜仙》等。另外还有一些讲史话本,又称"平话",如《三国志平话》《武王伐纣平话》《宣和遗事》等。

元末明初,罗贯中[2]用浅近的文言写出了我国第一部长篇章回小说《三国志通俗演义》,简称《三国演义》,它也是历史演义小说的开山之作。《三国演义》描写了从黄巾起义到西晋统一的近百年历史,"七分事实,三分虚构",借三国史实的基干和框架(kuàngjià),另描了一幅波澜壮阔(bōlánzhuàngkuò)、气势恢弘(huīhóng)的历史画卷。这部小说将众多的人物和繁杂的事件组织得有条不紊(yǒutiáobùwěn)、主次分明,充分地显示了作者的叙事才能。它还创造了一批具有特征化性格的典型人物形象,如奸诈(jiānzhà)雄豪的曹操、忠义勇武的关羽、仁爱宽厚的刘备、谋略超人的诸葛亮、浑身是胆的赵云、心胸狭窄的周瑜……他们的性格特征,一般都显得比较单一和稳定,给读者以强烈、鲜明的印象。

施耐庵[3](Shī Nài'ān)、罗贯中的白话小说《水浒传》,属于英雄传奇小说。这类小说和历史演义不同的是,虽然也有一定的历史根据,却主要是出于虚构。它写的是北宋时期宋江等人在梁山起义的故事,深刻地揭露了官逼民反的事实,热情讴歌(ōugē)了不畏强暴、勇于反抗的梁山好汉们。小说赞美"忠义"的品德,强调"替天行道"。《水浒传》成功地塑造了一系列武艺超群而又神态各异的英雄形象,如鲁智深、武松、林冲、

蓝本:著作所根据的底本。
衍生:演变而产生。

框架:比喻事物的组织、结构。
波澜壮阔:比喻声势浩大。
恢弘:宽阔;广大。
有条不紊:形容做事、说话有条有理,丝毫不乱。
奸诈:虚伪、诡诈、狡猾。
浑身是胆:全身都是胆,形容胆量极大。

讴歌:歌颂;用歌唱、言辞等赞美。
替天行道:代替上天主持公道。

杨志、宋江等，注意多层次地刻画人物性格，写出人物性格的复杂性和变化。同时，又把这些超凡的人物放在现实生活的背景上，增强了作品的生活气息和真实感。

明代后期，在通俗小说领域中兴起了编著神怪小说的热潮，吴承恩⁴的《西游记》是其中最优秀的代表。这部小说以唐代玄奘（Xuánzàng）大师前往天竺（Tiānzhú）取经的历史事件为原型⁵，讲述了一个充满浪漫色彩的神魔故事。小说的主人公孙悟空本领高强，桀骜不驯（jié'ào-búxùn），极富反抗精神，他先是大闹天宫，失败后随唐僧西行取经，一路降妖伏魔（xiángyāo-fúmó），最终修成正果。小说以诡异的想象、极度的夸张，突破时空，突破生死，突破神、人、物的界限，创造了一个光怪陆离、神异奇幻的境界。而那些神魔人物，又都写得有人情、通世故，在极幻之文中，又包含有极真之情，极真之理。

明代后期的神魔小说，还有许仲琳编辑的《封神演义》等。

三国、水浒、西游等故事，都有一个在民间长期流传、逐渐成形的过程，最后由作家加以写定。而明代晚期出现的世情小说《金瓶梅》则没有经过这个过程，它是中国第一部文人独立创作的白话长篇小说。它的作者是兰陵笑笑生，具体情况不详。《金瓶梅》以西门庆的暴发和暴亡，以及以潘金莲、李瓶儿为主的妻妾间争宠妒恨的故事为主线，全面暴露了封建社会的黑暗丑恶。《金瓶梅》的语言，非常口语化、俚俗（lǐsú）化，同时又不乏文采，形象而传神，给整部作品带来了浓郁的俗世情味和鲜明的时代特征。它为以后不论在数量上还是在质量上都占压倒优势的世情小说的发展奠定了基础。

除了长篇小说的成就，明代的短篇小说也有了很大

超凡： 超出平常。

兴起： 兴盛起来。

玄奘（602—664）： 唐代高僧，通称三藏法师。

天竺： 我国古代称印度为天竺。

桀骜不驯： 性情倔强不驯顺。

降妖伏魔： 用强力使妖精和恶魔驯服。

修成正果： 佛教指修行得道。

光怪陆离： 形容现象奇异，色彩繁杂。

暴发： 突然发财或得势。

暴亡： 突然死亡。

争宠： 用手段争取别人对自己的宠爱。

俚俗： 粗俗。

的发展。以"三言""二拍"为代表，出现了一大批色彩各异的短篇小说集。"三言"是冯梦龙[6]编著的《喻世明言》《警世通言》《醒世恒言》三部小说集的总称，它们标志着古代白话短篇小说整理和创作高潮的到来。"三言"里的《蒋兴哥重会珍珠衫》《卖油郎独占花魁（huākuí）》《玉堂春落难逢夫》《杜十娘怒沉百宝箱》等篇目，都是脍炙人口的名篇。"二拍"是指凌濛初（Líng Méngchū）编著的《初刻拍案惊奇》和《二刻拍案惊奇》。"三言""二拍"主要的篇幅是写世俗社会的人生百态，展开了一幅完整细致的市民生活的风情画卷，尤其是反映了当时商人力量的兴起。主题思想方面，倡导婚恋自主，张扬女性意识，抨击（pēngjī）贪官污吏，表现了那个时代的许多新的思潮。

  清代初年的白话小说中，比较优秀的有西周生的长篇世情小说《醒世姻缘传》，以及李渔的短篇小说集《无声戏》《十二楼》。才子佳人小说数量很多，代表作家是天花藏主人，他的《玉娇梨》《平山冷燕》比较有名。

  中国最早的文言小说是非常粗略的，在后来的发展中，叙事技巧越来越成熟。到了清代初年，蒲松龄[7]的文言志怪小说集《聊斋志异》就达到了一个很高的境界，文笔优美简洁，记叙详尽委曲，有的篇章还特别以情节曲折、有起伏跌宕之致取胜。《聊斋志异》里绝大部分篇章叙写的是神仙狐鬼精魅故事，这些花妖狐鬼多数是美的、善的，给人带来温馨（wēnxīn）、欢乐、幸福。在他们的身上，寄托了作者的理想。许多故事还深刻地嘲讽（cháofěng）了社会的黑暗，尤其是科举制度[8]的弊端（bìduān）。

  清代比较优秀的文言小说集，还有袁枚的《子不语》、

花魁： 绝色佳人，旧时也比喻有名的妓女。

落难： 遭到不幸；遭遇灾祸。

抨击： 用言语或评论来攻击。

致： 情致，兴趣。

温馨： 温柔甜美；温暖馨香。

嘲讽： 嘲弄讥讽。

弊端： 由于制度上或工作上的漏洞而发生的损害公益的事情。

纪昀的《阅微草堂笔记》等。

吴敬梓[9]（Wú Jìngzǐ）的《儒林外史》以知识分子的生活和精神状态为题材，对封建制度下知识分子的命运进行了深刻的思考和探索。小说把几代知识分子放在长达百年的历史背景中去描写，深刻揭示了科举制度对儒林士人的毒害。作者在 辛辣 地讽刺那些道德 堕落（duòluò）、精神荒谬、才华枯萎、丧失了独立人格的士人的同时，又描写了一批体现着作者改造社会的理想的优秀人物，如杜少卿等。《儒林外史》将中国讽刺小说提升到与世界讽刺名著并列而无愧的地步。

在明清小说中，最为后人称道的莫过于《红楼梦》。它本名《石头记》，前80回的作者是曹雪芹[10]（Cáo Xuěqín），后40回是高鹗（Gāo È）续补的。小说以封建贵族青年贾宝玉、林黛玉（Lín Dàiyù）、薛宝钗（Xuē Bǎochāi）之间的恋爱、婚姻悲剧为中心，写出了当时具有代表性的贾、王、史、薛四大家族的兴衰，其中又以贾府为中心，揭露了封建社会后期的种种黑暗和罪恶，客观上显示了封建社会走向没落的历史趋势。《红楼梦》塑造了大批 有血有肉 的个性化的人物形象，而贾宝玉、林黛玉、薛宝钗、王熙凤则成为了千古 不朽（bùxiǔ）的典型形象。在叙事技巧上，曹雪芹比较彻底地突破了中国古代小说单线结构的方式，采取了多条 线索（xiànsuǒ）齐头并进、交相连结又互相制约的网状结构。《红楼梦》的艺术魅力是说不尽的，对于它的研究已经成了一门专门的学问——"红学"。《红楼梦》与《三国演义》《水浒传》《西游记》一道，称为"中国四大古典名著"。

在清朝中期的小说中，李汝珍的《镜花缘》也算是优秀之作。清朝后期，比较有名的有石玉昆《三侠五义》、

辛辣：味辣，比喻文章风格或人的性格厉害。
堕落：道德方面下落至可耻或可鄙的程度。

有血有肉：比喻文艺作品描写生动、内容充实。
不朽：永不磨灭。
线索：比喻事物发展的脉络或探求问题的途径。
齐头并进：不分先后地一齐前进或同时进行。

文康《儿女英雄传》等侠义公案小说和陈森《品花宝鉴》、魏秀仁《花月痕》、韩邦庆《海上花列传》等人情世态小说。

到了晚清时期，出现了四大谴责（qiǎnzé）小说：李宝嘉《官场现形记》、吴沃尧《二十年目睹（mùdǔ）之怪现状》、刘鹗《老残游记》、曾朴《孽海（nièhǎi）花》。它们从不同的方面对晚清社会的黑暗腐朽、病入膏肓（bìngrùgāohuāng）作了深刻揭露，具有极强的批判性。

1902 年，梁启超在《新小说》创刊号上发表《论小说与群治之关系》，宣传"小说界革命"，得到了广泛的响应。在这些新小说的创作中，人们已经可以嗅（xiù）到现代小说的气息了。

世态：指社会上人与人相处的人情世故。
谴责：斥责；责备。
现形：把本来的样子显露出来。
目睹：眼见；亲眼所见。
孽海：罪恶的世界。
病入膏肓：病已危重到无法救治的地步或事情已发展到不可挽救的程度。
创刊号：报刊开始刊行的第一期。
响应：回声相应，比喻用言语或行动表示赞同、支持某种号召或倡议。
嗅：闻。

【专业词语】

1. 寓言：文学作品的一种体裁。常带有讽刺或劝诫的性质，用假托的故事或拟人手法说明某个道理或教训。
2. 罗贯中：名本，字贯中，号湖海散人，祖籍东原（今山东东平），长期住在杭州。生平不详。大概生活在元末明初。著名小说家。

3. 施耐庵：杭州人，生平不详，大概生活在元代。著名小说家。

4. 吴承恩（约1500—约1582）：字汝忠，号射阳居士，淮安山阳（今江苏淮安）人。明代著名小说家。

5. 原型：原始的类型或模型，特指文学艺术作品中塑造人物形象、构造故事情节所依据的现实生活中的人和事件。

6. 冯梦龙（1574—1646）：字犹龙，号龙子犹、墨憨斋主人、顾曲散人等，长洲（今江苏苏州）人。明代著名文学家。

7. 蒲松龄（1640—1715）：字留仙，一字剑臣，号柳泉居士，山东淄川县（今山东淄博市淄川区）人。清初著名小说家。

8. 科举制度：科举是中国古代读书人所参加的人才选拔考试，由于采用分科取士的办法，所以叫作科举。科举制度是中国古代朝廷通过考试选拔官吏的一种制度，从隋代开始实行，到清光绪年间最后一科进士考试为止，经历了一千三百多年。

9. 吴敬梓（1701—1754）：字敏轩，号粒民，安徽全椒人。移家南京后自号秦淮寓客，因其书斋署"文木山房"，晚年又自号文木老人。清代著名小说家。

10. 曹雪芹（约1715—约1763）：名霑，字梦阮，号雪芹，又号芹圃、芹溪。祖籍辽阳，先世原是汉人，明末入满洲籍，属满洲正白旗。清代伟大文学家。

【常见句型】

一、标志着

◎ 唐传奇的出现，标志着我国文言小说发展到了成熟的阶段。

▲ 说明：表明某个事件具有重要特征或重要意义。

1. 这两个国家实现了元首互访，标志着两国关系完全正常化了。
2. 青藏铁路建成通车，标志着我国各省、自治区、直辖市全部有了铁路。

3. 青霉素的发现标志着医药发展的重大突破，标志着使用抗生素治疗疾病的开始。

二、称之为

◎ 在书场中流传的故事越来越多，而以口传故事为蓝本的文字记录本，以及受说话体式影响而衍生的其他故事文本等，也日见其多。后世统称之为"话本"。

▲ 说明：相当于"把他/她/它（们）称作"。

1. 从907年唐代灭亡到960年宋代建立之间的这段历史时期，历史学家称之为"五代十国"。

2. 杜甫当过工部员外郎，所以后人常常称之为"杜工部"。

3. 直到中唐韩愈和柳宗元配合儒学复古思潮，大力提倡古文，并写出许多优秀的作品，才改变了文坛的局面，一般文学史著作都称之为"古文运动"。

三、莫过于

◎ 在明清小说中，最为后人称道的莫过于《红楼梦》。

▲ 说明：不会超过。用来指出在某一方面水平或程度最高的人或物。

1. 曾经有一份真挚的爱情放在我面前，我没有珍惜，等到失去的时候才后悔莫及，人世间最痛苦的事莫过于此。

2. 解决英法两国之间交通问题的最好办法，莫过于修建英吉利海峡的海底隧道了。

3. 对这个问题最有研究的，莫过于小刘了。

第一单元　中国语言文学

第四课　中国古代小说

【专业知识】

章回体

　　章回体小说是中国古典长篇小说的主要形式，一般都有几十回至上百回，每一回都有回目，概括该回的主要内容。回目有单句的，更多则是以对偶句的形式出现的。下面举几部小说的第一回回目为例。《封神演义》是"纣王（Zhòuwáng）女娲（Nǚwā）宫进香"，是单句。《三国演义》是"宴桃园豪杰三结义　斩黄巾英雄首立功"，《水浒传》是"张天师祈（qí）禳（ráng）瘟疫（wēnyì）洪太尉误走妖魔"，《西游记》是"灵根育孕源流出　心性修持大道生"，《红楼梦》是"甄士隐（Zhēn Shìyǐn）梦幻识通灵　贾雨村风尘怀闺秀"，都是双句。

　　章回体小说是由宋元时期的"讲史话本"发展而来的。"讲史"就是说书的艺人们讲述历代的兴亡和战争的故事。讲史一般都很长，艺人在表演时必须分为若干次才能讲完。每讲一次，就等于后来章回体小说中的一回。在每次讲说以前，艺人要用题目向听众揭示主要内容，这就是章回体小说回目的起源。章回体小说中经常出现的"话说"和"看官"等字样，正可以明确看出它与话本之间的继承关系。

　　经过长期的孕育，在明代初年出现了首批章回体小说，其中著名的有《三国演义》《水浒传》等。这些小说都是在民间长期流传，经过说话艺人补充内容，逐渐丰富，最后由作家加工改写而成的。明代中叶以后，章回体小说的发展更加成熟，出现了《西游记》《金瓶梅》等著名作品。由于社会生活日益丰富，这些章回体小说的故事情节更趋复杂，描写也更为细腻，它们在内容上和讲史已没有多少联系，只是在体裁上还保留着讲史的痕迹。

【阅读材料】

景阳冈武松打虎

　　武松在路上行了几日，来到阳谷县地面。此去离县治还远。当日晌午（shǎngwǔ）时分，走得肚中饥渴，望见前面有一个酒店，挑着一面招旗在门前，上头写着五个字道："三碗不过冈"。

　　武松入到里面坐下，把梢棒倚了，叫道："主人家，快把酒来吃。"只见店主人把三只碗、一双箸（zhù）、一碟热菜，放在武松面前，满满筛（shāi）一碗酒来。武松拿起碗，一饮而尽，叫道："这酒好生有气力！主人家，有饱肚的买些吃酒。"酒家道："只有熟牛肉。"武松道："好的切二三斤来吃酒。"

　　店家去里面切出二斤熟牛肉，做一大盘子将来，放在武松面前，随即再筛一碗酒。武松吃了道："好酒！"又筛下一碗，恰好吃了三碗酒，再也不来筛。武松敲着桌子叫道："主人家，怎的不来筛酒？"酒家道："客官要肉便添来。"武松道："我也要酒，也再切些肉来。"酒家道："肉便切来，添与客官吃，酒却不添了。"武松道："却又作怪。"便问主人家道："你如何不肯卖酒与我吃？"酒家道："客官，你须见我门前招旗，上面明明写道：'三碗不过冈'。"武松道："怎地唤作三碗不过冈？"酒家道："俺（ǎn）家的酒，虽是村酒，却比老酒的滋味。但凡客人来我店中吃了三碗的，便醉了，过不得前面的山冈去。因此唤作'三碗不过冈'。若是过往客人到此，只吃三碗，便不再问。"武松笑道："原来恁地（nèndì）。我却吃了三碗，如何不醉？"酒家道："我这酒，叫做'透瓶香'，又唤作'出

县治：旧指县政府的所在地。
晌午：正午。
冈：较低而平的山脊（jǐ）。
梢棒：亦作"哨棒"。一种兵器，木棒。
箸：筷子。
筛：斟（zhēn）酒。
好生：很，极。
气力：力气，这里指酒力。

客官：旧时店家、船家等对顾客、旅客的尊称。

如何：这里相当于"为何"，为什么。
与：给。
俺：我。

恁地：这样；这么。

门倒'。初入口时，醇浓（chúnnóng）好吃，少刻时便倒。"武松道："休要胡说！没地不还你钱！再筛三碗来我吃！"

酒家见武松全然不动，又筛三碗。武松吃道："端的（duāndì）好酒！主人家，我吃一碗，还你一碗酒钱，只顾筛来。"酒家道："客官休只管要饮，这酒端的要醉倒人，没药医。"武松道："休得胡鸟（diǎo）说！便是你使蒙汗药在里面，我也有鼻子！"店家被他发话不过，一连又筛了三碗。武松道："肉便再把二斤来吃。"酒家又切了二斤熟牛肉，再筛了三碗酒。

武松吃得口滑，只顾要吃，去身边取出些碎银子，叫道："主人家，你且来看我银子！还你酒肉钱勾么？"酒家看了道："有余，还有些贴钱与你。"武松道："不要你贴钱，只将酒来筛。"酒家道："客官，你要吃酒时，还有五六碗酒哩，只怕你吃不的了。"武松道："就有五六碗多时，你尽数筛将来。"酒家道："你这条长汉，倘或（tǎnghuò）醉倒了时，怎扶的你住？"武松答道："要你扶的不算好汉。"酒家那里（现代汉语中为"哪里"，下同）肯将酒来筛。武松焦躁道："我又不白吃你的，休要引老爹性发，通教你屋里粉碎，把你这鸟店子倒翻转来！"酒家道："这厮醉了，休惹他。"再筛了六碗酒与武松吃了，前后共吃了十五碗。绰（chāo）了梢棒，立起身来道："我却又不曾醉！"走出门前来，笑道："却不说'三碗不过冈'！"手提梢棒便走。

酒家赶出来叫道："客官那里去？"武松立住了，问道："叫我做甚么？我又不少你酒钱，唤我怎地？"酒家叫道："我是好意。你且回来我家看官司榜文。"武松道："甚么榜文？"酒家道："如今前面景阳冈上，有只吊睛白额大虫，晚了出来伤人，坏了三二十条大汉性命。官司如

醇浓：气味、滋味、韵味等纯正浓厚。

休：不要。

端的：果真；确实；果然。

只顾：只管。

鸟：骂人的粗话。

蒙汗药：旧戏曲小说中指能使人暂时失去知觉的药。

勾：够。

贴钱：找钱。

尽数：全部；全数。

倘或：如果。

绰：抓取。

甚么：什么。

官司：官府。

榜文：公告。

大虫：老虎。

今杖限猎户，擒捉发落。冈子路口两边人民，都有榜文。可教往来客人，结伙成队，于巳（sì）、午、未三个时辰过冈，其余寅（yín）、卯（mǎo）、申、酉（yǒu）、戌（xū）、亥（hài）六个时辰不许过冈。更兼单身客人，务要等伴结伙而过。这早晚正是未末申初时分，我见你走都不问人，枉送了自家性命。不如就我此间歇（xiē）了，等明日慢慢凑的三二十人，一齐好过冈子。"

  武松听了，笑道："我是清河县人氏，这条景阳冈上少也走过了一二十遭。几时见说有大虫！你休说这般鸟话来吓我！便有大虫，我也不怕。"酒家道："我是好意救你，你不信时，进来看官司榜文。"武松道："你鸟子声！便真个有虎，老爷也不怕。你留我在家里歇，莫不半夜三更要谋我财，害我性命，却把鸟大虫唬吓我？"酒家道："你看么！我是一片好心，反做恶意，倒落得你怎地说。你不信我时，请尊便自行！"

  那酒店里主人摇着头，自进店里去了。这武松提了梢棒，大着步自过景阳冈来。约行了四五里路，来到冈子下，见一大树，刮去了皮，一片白，上写两行字。武松也颇识几字，抬头看时，上面写道："近因景阳冈大虫伤人，但有过往客商，可于巳、午、未三个时辰，结伙成队过冈。请勿自误。"

  武松看了，笑道："这是酒家诡诈，惊吓那等客人，便去那厮（sī）家里歇宿。我却怕甚么鸟！"横拖着梢棒，便上冈子来。那时已有申牌时分，这轮红日，厌厌地相傍下山。武松乘着酒兴，只管走上冈子来。走不到半里多路，见一个败落的山神庙。行到庙前，见这庙门上贴着一张印信榜文。武松住了脚读时，上面写道：

  "阳谷县示：为这景阳冈上新有一只大虫，近来伤害

发落：处置；惩治。
时辰：古代计时单位，古人把一天划分为十二个时辰，每个时辰等于现在的两小时。
枉：徒然，白费。
歇：休息。

厮：对人轻蔑的称呼。

败落：破落；由盛而衰。

第一单元 中国语言文学

第四课 中国古代小说

人命。见今杖限各乡里正并猎户人等，打捕未获。如有过往客商人等，可于巳、午、未三个时辰，结伴过冈。其余时分及单身客人，白日不许过冈，恐被伤害性命不便。各宜知悉。"

　　武松读了印信榜文，方知端的有虎。欲待发步再回酒店里来，寻思道："我回去时，须吃他耻笑不是好汉，难以转去。"存想了一回，说道："怕甚么鸟！且只顾上去，看怎地！"武松正走，看看酒涌上来，便把毡笠儿背在脊梁（jǐliang）上，将梢棒绾在肋下，一步步上那冈子来。回头看这日色时，渐渐地坠（zhuì）下去了。此时正是十月间天气，日短夜长，容易得晚，武松自言自说道："那得甚么大虫！人自怕了，不敢上山。"武松走了一直，酒力发作，焦热起来，一只手提着梢棒，一只手把胸膛前袒（tǎn）开，踉踉跄跄（liàngliàngqiàngqiàng），直奔过乱树林来。见一块光挞挞大青石，把那梢棒倚在一边，放翻身体，却待要睡，只见发起一阵狂风来。

　　原来但凡世上云生从龙，风生从虎。那一阵风过处，只听得乱树背后扑地一声响，跳出一只吊睛白额大虫来。武松见了，叫声"呵呀！"从青石上翻将下来，便拿那条梢棒在手里，闪在青石边。那个大虫又饥又渴，把两只爪在地上略按一按，和身望上一扑，从半空里撺（cuān）将下来。武松被那一惊，酒都作冷汗出了。

　　说时迟，那时快。武松见大虫扑来，只一闪，闪在大虫背后。那大虫背后看人最难，便把前爪搭在地下，把腰胯（kuà）一掀，掀将起来。武松只一躲，躲在一边。大虫见掀他不着，吼一声，却似半天里起个霹雳，振得那山冈也动。把这铁棒也似虎尾倒竖起来，只一剪。武松却又闪在一边。原来那大虫拿人，只是一扑，一掀，一剪，三

知悉：	知道，了解。
耻笑：	轻视和讥笑。
脊梁：	脊背。
坠：	落下，掉下。
袒：	脱去上衣，露出身体的一部分。
踉踉跄跄：	走路歪歪斜斜的样子。
撺：	跳。
胯：	腰的两侧和大腿之间的部分。

61

般提不着时，气性先自没了一半。那大虫又剪不着，再吼了一声，一兜（dōu）兜将回来。武松见那大虫复翻身回来，双手轮起梢棒，尽平生气力，只一棒，从半空劈将下来。只听得一声响，簌簌（sùsù）地将那树连枝带叶劈脸打将下来。定睛看时，一棒劈不着大虫。原来慌了，正打在枯树上，把那条梢棒折做两截，只拿得一半在手里。

那大虫咆哮（páoxiào），性发起来，翻身又只一扑，扑将来。武松又只一跳，却退了十步远。那大虫却好把两只前爪搭在武松面前。武松将半截棒丢在一边，两只手就势把大虫顶花皮胳嗒地揪住，一按按将下来。那只大虫急要挣扎，早没了气力。被武松尽力气纳定，那里肯放半点儿松宽。武松把只脚望大虫面门上、眼睛里只顾乱踢。那大虫咆哮起来，把身底下扒起两堆黄泥，做了一个土坑。武松把那大虫嘴直按下黄泥坑里去。那大虫吃武松奈何得没了些气力。武松把左手紧紧地揪住顶花皮，偷出右手来，提起铁锤般大小拳头，尽平生之力，只顾打。打得五七十拳，那大虫眼里、口里、鼻子里、耳朵里都迸（bèng）出鲜血来。那武松尽平昔神威，仗胸中武艺，半歇儿把大虫打做一堆，却似躺着一个锦（jǐn）布袋。……

当下景阳冈上那只猛虎，被武松没顿饭之间，一顿拳脚打得那大虫动弹不得，只剩口里兀自（wùzì）气喘。武松放了手，来松树边寻那打折的棒橛，拿在手里，只怕大虫不死，把棒橛又打了一回。那大虫气都没了。武松再寻思道："我就地拖得这死大虫下冈子去。"就血泊（xuèpō）里双手来提时，那里提得动？原来使尽了气力，手脚都疏软了，动弹不得。

武松再来青石上坐了半歇，寻思道："天色看看黑了，倘或又跳出一只大虫来时，我却怎地斗得他过？且挣扎下

	兜：绕。
	簌簌：形容叶子抖动的声音。
	咆哮：猛兽、人的怒吼。也可以形容水流的轰鸣。
	纳：同"捺"，用手重按。
	迸：涌出；喷射。
	锦：有彩色花纹的丝织品。
	兀自：仍旧，还是。
	血泊：流在地上大滩的血。

第一单元　中国语言文学
第四课　中国古代小说

冈子去，明早却来理会。"就石头边寻了毡笠儿，转过乱树林边，一步步捱下冈子来。 （节选自施耐庵、罗贯中《水浒传》（人民文学出版社，1975年10月）第二十三回"横海郡柴进留宾景阳冈武松打虎"，有删改，并重新划分了段落）	理会：料理；处置。

【讨论题】

1. 谈谈你对"中国四大古典名著"的认识。
2. 仔细读"阅读材料"《景阳冈武松打虎》，谈一谈你对武松这个形象的看法。
3. 你读过哪一本中国古代小说？向同学们介绍一下。

【综合练习】

一、熟读下列短语

言谈举止	气势恢弘	历史画卷	主次分明	典型人物
心胸狭窄	性格特征	热情讴歌	官逼民反	不畏强暴
武艺超群	神态各异	反抗精神	具体情况	压倒优势
色彩各异	贪官污吏	情节曲折	历史背景	道德堕落
独立人格	千古不朽	叙事技巧	网状结构	艺术魅力

二、选择合适的词语填空

奸诈	讴歌	抨击	温馨	嘲讽	弊端	波澜壮阔	病入膏肓
线索	谴责	响应	耻笑	咆哮	理会	有条不紊	跌跌跄跄
活灵活现	浑身是胆	桀骜不驯	光怪陆离				

1. 风在吼,马在叫,黄河在(　　　　)。
2. 我最近太忙了,实在没时间(　　　　)这些小事。
3. 妻子非常能干,把小家布置得优雅、(　　　　)。
4. 他的这种极端恶劣、极端无耻的行为,遭到了人们的一致(　　　　)。
5. 他的口才非常好,能够把一件事情讲得(　　　　)。
6. (　　　　)的农民大起义,经过了十年的斗争,最终还是失败了。
7. 他的演讲得到了台下听众的热烈(　　　　)。
8. 老板,你放心吧,我们这边一切都在按照计划(　　　　)地进行。
9. 这出相声(　　　　)了那些爱慕虚荣的人。
10. 他是一个(　　　　)小人,专门欺骗、利用别人,千万不要相信他!
11. 这个人已经(　　　　),没药可治了。
12. 鲁迅经常在报刊杂志上发表文章,(　　　　)社会上的黑暗现象。
13. 他是一名非常有经验的警察,常常能够发现别人不能发现的(　　　　),最终成功破案。
14. 这样做虽然在短期内能够带来很多好处,但是从长远来看,也有不少(　　　　)。

三、句型练习

1. 标志着

- A、B两大公司成功合并,标志着＿＿＿＿＿＿＿＿＿＿＿＿＿＿。
- ＿＿＿＿＿＿＿＿＿＿＿＿＿＿＿＿,标志着他的个人事业达到顶峰。
- ＿＿＿＿＿＿＿＿＿＿＿＿＿＿＿＿,标志着一个时代的结束。
- ＿＿＿＿＿＿＿＿＿＿＿＿,标志着＿＿＿＿＿＿＿＿＿＿＿＿。

2. 称之为

- 对那些脑子特别灵活、好主意特别多的人,我们常常称之为＿＿＿＿＿＿＿＿＿＿＿＿＿＿＿＿＿＿。
- 中国改革开放后经济长期快速发展,国际上称之为＿＿＿＿＿＿＿＿＿＿＿＿。
- ＿＿＿＿＿＿＿＿＿＿＿＿＿＿＿＿,医学上称之为"植物人"。
- ＿＿＿＿＿＿＿＿＿＿＿,＿＿＿＿＿＿称之为＿＿＿＿＿＿＿＿＿＿＿。

3. 莫过于

- 我最喜欢的电影明星，莫过于＿＿＿＿＿＿＿＿＿＿＿＿＿＿＿＿了。
- 我觉得世界上最难学的语言，莫过于＿＿＿＿＿＿＿＿＿＿＿＿＿了。
- ＿＿＿＿＿＿＿＿＿＿＿＿＿＿＿＿＿＿，莫过于美美地睡上一觉。
- ＿＿＿＿＿＿＿＿＿＿＿＿＿＿，莫过于＿＿＿＿＿＿＿＿＿＿＿＿＿＿＿。

四、解释下列专业词语

寓言　原型　话本　章回体　三言二拍　四大古典名著

五、读一篇中国古代小说，写一篇不少于300字的读后感。

第五课　中国古典诗歌的形式

【专题报告】

中国是诗的国度。几千年来，中国有无数优秀的诗人，创作出了无数色彩绚丽（xuànlì）、美丽动人的诗篇。我们要了解中国的文化，就不能不了解屈原[1]、李白[2]、杜甫[3]、苏轼[4]（Sū Shì）这样的大诗人，也不能不了解中国的古诗。

今天能够看到的中国最早的诗歌，是每句两个字的。但是这样的作品留下来的很少。在这以后，出现了我国最早的诗歌总集《诗经》，它收集了西周初年到春秋中叶（前11世纪—前6世纪）大约五百年间的周代诗歌305篇。这些诗歌的形式，**以每句四个字为主**，我们现在叫它们"四言诗"。如其中的第一篇《关雎》，写的是一个小伙子爱上了一位美丽善良的姑娘：

关关 雎鸠（jūjiū），在河之洲。
窈窕（yǎotiǎo）淑女，君子好逑（qiú）。
……

在战国晚期，出现了以屈原《离骚（Lísāo）》为代表的"楚辞"体诗歌，又叫"骚体"，由于这些诗歌比较难懂，而且楚辞体也没有成为中国诗歌的主流，我们在这里就不详细介绍了。

随着时代的发展，四言诗逐渐不能满足表达的需要了。在汉代的时候，出现了五言诗。如《古诗十九首》中

形式：某物的样子和构造。
国度：国家。
绚丽：耀眼而华丽。

关关：水鸟相和（hè）的叫声。
雎鸠：一种水鸟。相传这种鸟对配偶情意专一。
洲：水中的小岛。
窈窕：善良美丽。
淑：好。
君子：当时贵族男子的通称。
逑：配偶。

的一首：

涉（shè）江采芙蓉（fúróng），兰泽多芳草。
采之欲遗（wèi）谁，所思在远道。
还（huán）顾望旧乡，长路漫浩浩。
同心而离居，忧伤以终老。

这首诗是写一个离家远游的人，采下了芙蓉花，想要送给故乡的爱人。但是离故乡太远，这个愿望无法实现，只能感到无比的忧伤了。

在魏晋南北朝时代，五言一直是诗歌的主要形式。但是也已经开始出现了七言诗。七言诗在唐代确立下来，**取得了**和五言诗同样重要**的地位**。同时，由于汉语在声韵上的特色逐渐被发现，也就逐渐形成了严格的格律[5]，按照这种格律的规定来写作的诗，就叫格律诗。格律诗**从句式上来说**，可以分为五言、七言两大类；**从诗句的数目上说**，又可以分为三种：绝句、律诗、长律（又叫排律）。每首四句的叫绝句，每首八句的叫律诗，十句以上的则叫长律，比较少见。下面，我们就举几个例子，来说明格律诗的四种主要形式：

李白的五言绝句《静夜思》，写在静静的夜里，诗人看见皎洁（jiǎojié）的月光，而引起了思念家乡的感情：

床前明月光，疑是地上霜。
举头望明月，低头思故乡。

王维[6]的五言律诗《山居秋暝（míng）》描绘了秋天山中雨后的夜景，风格清新灵动，给人以美的享受：

涉：	渡过。
芙蓉：	荷花。
兰泽：	长了兰草的低湿的地方。
欲：	想要。
遗：	赠送。
还顾：	回头看。
旧乡：	故乡。
漫浩浩：	广大，没有尽头的样子。
以：	而。
皎洁：	明亮洁白，多形容月光。
暝：	天黑，晚上。
灵动：	轻灵，飞动。

空山新雨后，天气晚来秋。
明月松间照，清泉石上流。
竹喧归浣（huàn）女，莲动下渔舟。
随意春芳歇，王孙自可留。

王翰[7]（Wáng Hàn）的七言绝句《凉州曲》是唐代边塞诗[8]中的名作，在豪迈（háomài）旷达（kuàngdá）之外，又有不尽的沉痛悲愤之意：

葡萄美酒夜光杯，欲饮琵琶（pípá）马上催。
醉卧沙场君莫笑，古来征战几人回？

李商隐[9]的七言律诗《无题》，用美丽而朦胧的语言表达了男女间哀婉而深沉的爱情，给人以无尽的回味：

相见时难别亦（yì）难，东风无力百花残。
春蚕到死丝方尽，蜡炬（làjù）成灰泪始干。
晓镜但愁云鬓（yúnbìn）改，夜吟应觉月光寒。
蓬山（Péng Shān）此去无多路，青鸟殷勤（yīnqín）为探看。

格律诗，讲究平仄（píngzè）和押韵[10]，朗读起来非常有节奏[11]感，可以非常好地发挥汉语音韵上的美感。另外，律诗的中间二联[12]还要求对仗[13]。格律诗后来成为中国诗歌的主要形式。

唐代的诗歌，除了五言、七言以外，还有杂言，也就是各种长短不同的句子混在一首诗里；除了格律诗以外，还有古诗[14]、乐府[15]等体，它们对于平仄、对仗和诗歌的长短并不太讲究。举一首李白的乐府诗《关山月》为例：

喧：喧闹，吵闹。
浣女：洗衣服的女子。
歇：消失。
王孙：本来指贵族子弟，这里是对客人的尊称。
豪迈：气魄大，勇往直前。
旷达：心胸开阔乐观。
沉痛：深切的悲痛。
悲愤：悲痛愤怒。
夜光杯：用白玉做的酒杯，传说在夜里可以发光。
琵琶：古时西域的一种乐器。
沙场：战场。
哀婉：悲哀婉转。
回味：对食物或事件回想体会。
亦：也。
蜡炬：蜡烛。
晓镜：早上照镜子。
但：只。
云鬓：年轻女子的鬓发，像乌云一样丰盛美丽。云鬓改，是指美好的青春容颜逐渐消失。
蓬山：蓬莱山，传说中的海外三个神山之一。这里指对方住的地方。
青鸟：神话中的一种鸟，是西王母的使者，这里指送信的人。
殷勤：勤奋，勤快。

第一单元 中国语言文学

第五课 中国古典诗歌的形式

明月出天山，苍茫云海间。
长风几万里，吹度玉门关。
汉下白登道，胡窥（kuī）青海湾。
由来征战地，不见有人还。
戍客（shùkè）望边邑（biānyì），思归多苦颜。
高楼当此夜，叹息未应闲。

在唐代的时候，与周围的民族进行了长期的战争，使得许多战士长期不能回家。这首诗就是写戍守边疆的战士和他们在家里的妻子的相思之苦，表达了人民对和平幸福生活的向往。

从唐代开始，就出现了一种新的诗歌形式，叫作"词"，又叫"长短句"。这种新的诗体在宋代得到了很大的发展，成为宋代诗歌一个非常有代表性的体裁。词都是可以配乐歌唱的，每一句的字数长短不一，形式比诗自由。词有不同的曲调，叫作"词调"，又叫"词牌"，如"菩萨蛮""西江月""蝶恋花""水调歌头"等等。每种词牌的形式又是不同的。许多作品在词牌下面，又另外写有题目，或对作品的内容和创作背景加以简短说明，如苏轼《念奴娇·赤壁怀古》。

词按照长度，可以分为小令、中调、长调几种。有一种常见的说法是，五十八字以内的叫小令，五十九字到九十字的叫中调，九十一字以上的叫长调。如果按照段落来分，词又可以分为单调、双调、三叠、四叠等几种。词的一段叫作阕（què），又叫片。单调的词不分段，往往比较短，大多是小令。比如唐代张志和[16]的《渔歌子》，描写了在风景秀丽的西塞山下，隐居垂钓者悠然自得的情态：

西塞山前白鹭（lù）飞，桃花流水鳜鱼（guìyú）肥。
青箬笠（ruòlì），绿蓑衣（suōyī），斜风细雨不须归。

玉门关： 在今甘肃敦煌西，是当时通往西域的重要关口。
下： 出兵。
白登： 山名，在今山西省大同市东。汉高祖曾经率兵在这里与匈奴激战，遭到包围，损失惨重。
胡： 古代泛称北方的少数民族。
窥： 窥探。这里指寻找机会，出兵偷袭。
由来： 自古以来。
戍客： 守卫边疆的将士。
边邑： 边关，边疆的城镇。
高楼： 指高楼上的思妇。
戍守： 武装守卫。
相思： 互相思念，多指男女互相爱慕思念。
阕： 词的段落单位。
鹭： 一种水鸟。
鳜鱼： 中国产的一种美味的食用鱼，俗名花鲫鱼，也称"桂鱼"。
箬笠： 箬，一种竹子。用它的皮和叶子编成的斗笠叫箬笠，可用来遮日避雨。
蓑衣： 用棕榈皮编成的雨衣。
须： 需要。

69

双调的词分为前后（或上下）两阕，两阕的字数和形式基本一样。这种形式最常见，小令、中调、长调都有。以北宋李之仪[17]的《卜算子》为例：

我住长江头，君住长江尾。日日思君不见君，共饮长江水。

此水几时休，此恨何时已。只愿君心似我心，定不负相思意。

三叠分三段，四叠分四段，这两类词都非常少。词也有格律，比较复杂，这里就不介绍了。

到了元代，由于语音、词汇和音乐的发展变化，又出现了一种新的诗体"曲"（散曲）。曲也是可以合乐演唱的，只不过比词的形式更加自由，更加灵活，更加口语化，经常加有衬字。正如词有词牌，曲也有曲牌，如"天净沙""清江引""醉太平""得胜令"等等。以马致远[18]的《天净沙·秋思》为例：

枯藤（téng）老树昏鸦，小桥流水人家。古道西风瘦马。夕阳西下，断肠人在天涯。

这首散曲写暮秋季节黄昏时候的苍凉萧瑟（xiāosè）的景色，而在这个背景下，漂泊天涯的旅人的孤独感也就被表现得淋漓尽致（línlí-jìnzhì）了。

中国的"诗"，有狭义和广义之分。狭义的"诗"，指的是从远古到唐代的那种句式比较整齐的韵文形式。而广义的"诗"，就是所有的诗歌。它不但包括了狭义的"诗"，也包括了楚辞、宋词、元曲等形式。所以，我们经常用"诗词""诗词曲"这些词汇来概括古典诗歌。直到今天，还有许多人喜欢模仿它们，进行古体诗歌的创作。

君：你。

休：停止。
恨：遗憾。
已：停止。
负：辜（gū）负，背叛。

藤：一种柔软的木本或草本的攀缘植物。
昏鸦：黄昏时的乌鸦。
断肠：伤心。
萧瑟：寂寞凄凉。
淋漓尽致：形容文笔或言词畅达详尽。

第一单元　中国语言文学

第五课　中国古典诗歌的形式

【专业词语】

1. 屈原（前339—前278）：名平，字原，战国时代的伟大诗人，"楚辞"体的创立者和代表作家，代表作是《离骚》。

2. 李白（701—762）：字太白，号青莲居士，唐代伟大诗人，被称为"诗仙"。

3. 杜甫（712—770）：字子美，唐代伟大诗人，被称为"诗圣"。

4. 苏轼（1037—1101）：字子瞻，号东坡居士，北宋伟大文学家，诗、词、散文都写得非常好。

5. 格律：诗歌于字数、句数、对偶、平仄、押韵等方面的格式和规则。

6. 王维（701—761）：字摩诘（Mójié），唐代著名诗人。

7. 王翰：生卒年不详，唐睿宗（Ruìzōng）时进士。字子羽，唐代著名诗人。

8. 边塞诗：描写边疆景色、反映边疆将士的生活和感情的一类诗歌。

9. 李商隐（812—858）：字义山，号玉溪生，又号樊南生（Fánnánshēng），唐代著名诗人。

10. 押韵：也叫"压韵"，指在诗歌中，把相同韵母的字放在某些句子的末尾，使音调和谐优美。

11. 节奏：音乐和诗歌中，交替出现的有规律的强弱、长短的现象。

12. 联：对偶叫联。诗文每两句为一联。律诗有八句，可以分为四联，按照顺序，先后叫作首联、颔联（hànlián）、颈联、尾联。

13. 对仗：又叫"对偶"，是一种修辞方式，指两个字数相等、结构相似的语句表现相关或相反的意思，或用两个对称语句加强语言效果。如"雨"对"风"，"两个黄鹂鸣翠柳"对"一行白鹭上青天"，两句形成一联。

14. 古诗：（1）古代的诗。（2）诗体名。句式一般有三言、五言、七言、四言、六言等，不讲求对仗、平仄等格律，用韵也比较自由。

15. 乐府：（1）古代掌管音乐的政府机构。（2）诗体名。最先指乐府所采集和制作的诗歌，后来将魏晋至唐代可以用乐伴奏的诗歌，以及仿乐府古题的作品，统称为乐府。

16. 张志和：生卒年不详，活动于唐肃宗、代宗时期。字子同，唐代诗人。

17. 李之仪（1048—1117）：宋神宗时进士。字端叔，北宋词人。

18. 马致远（1250？—1321？）：号东篱，元代著名的剧作家、散曲作家。

【常见句型】

一、以……为主、以……为主要特色

◎ 这些诗歌的形式，以每句四个字为主，我们现在叫它们"四言诗"。

▲ 说明：

"以……为主"：指出一件事物的主要组成部分或最常见的状态。

"以……为主要特色"：指出一件事物的主要特色是什么。

1. 汉魏六朝的诗歌以五言为主。

2. 对外汉语教育学院的学生以外国人为主。

3. 美国虽然自己也生产石油，但还是以进口石油为主。

4. 李白的诗，以豪放、飘逸为主要特色。

5. 颐和园作为中国古代的皇家园林，以规模宏大、庄重、豪华为主要特色。

二、取得了 / 享有 / 具有 / 有着……的地位

◎ 七言诗在唐代确立下来，取得了和五言诗同样重要的地位。

▲ 说明：表示某人或某个事物在某一领域中获得很高、很重要或很特殊的地位。而这种地位往往是在付出了艰苦的努力，或经历了很长的时间之后才得到的。如果只是强调它所达到的地位，常用"享有……的地位""具有……的地位""有着……的地位"等相对静态的句型来表达。

1. 经过科技人员多年的努力，我国终于在航天技术方面取得了国际领先的地位。

2. 屈原在中国文学史上享有非常崇高的地位。

3. 爸爸在家里有着说一不二的地位。

三、从……来说、从……上(来)说、从……的角度(来)说

◎ 格律诗从句式上来说,可以分为五言、七言两大类;从诗句的数目上说,又可以分为三种:绝句、律诗、长律(又叫排律)。

▲说明:这几个句型的用法很相近,都用来说明论述、观察问题的角度。

1. 从风格上来说,陆游的诗有点儿像李白,所以有人称他为"小李白"。

2. 从对外关系来说,就是要进一步实行开放政策。

3. 从历史的角度来说,曹操是个统一中国北方的大英雄;从文学史的角度来说,他又是一个取得了很高成就的大诗人。

四、用/以+(……的语言/语句/词藻/意象……),描写……的景色/表达……的感情/寄托……的感情/抒发……的感情/烘托……的气氛

◎ 李商隐的七言律诗《无题》,用美丽而朦胧的语言表达了男女间哀婉而深沉的爱情。

▲说明:这些句型在文学论文中常常出现,指出是用什么样的语言或形象,来说明某种事物,表达某种感情,或达到某种修辞目的的。

1. 这首诗用草来寄托送别的感情。

2. 这首小诗以简洁明快的语句,描写了春天河边的美丽景色。

3. 他弹着吉他,用优美的歌声,表达对心上人的爱慕之情。

【专业知识】

四声与平仄

古汉语有平、上、去、入四种声调。在作诗时,又将声调分为两大类,其中"平声"为一类,上、去、入三种合称"仄声"。今天,普通话中也有四个声调,但是与古代的声调不同:

古代汉语	平	上	去	入
普通话	第一声	第二声	第三声	第四声	第一、二、三、四声

古代的入声字,普通话中已经消失,分别变为现有的四种声调了。所以,我们今天要了解一个字在古汉语中的平仄情况,有一定困难,这困难主要就在于入声字很难识别。

古人在写格律诗的时候,对诗中用字的声调有严格的要求,讲求平声与仄声的交替,可以使声调和谐,增强吟唱时的美感。如五言格律诗的四种基本句式是:

平平平仄仄
仄仄仄平平
仄仄平平仄
平平仄仄平

每两句为一联。一联中,上句和下句的平仄是基本相反的,这样听起来,有平衡、悦耳的感觉。而每一联的上句和上一联的下句,平仄又是相近的。这样,一首诗就能够保证在音韵上既充满变化,又和谐整齐。

平仄对构成中国古典诗歌的节奏韵律起着非常重要的作用。

第一单元 中国语言文学

第五课 中国古典诗歌的形式

【阅读材料】

月下独酌

[唐] 李 白

花间一壶酒，独酌（zhuó）无相亲。
举杯邀明月，对影成三人。
月既不解饮，影徒随我身。
暂伴月将影，行乐须及春。
我歌月徘徊（páihuái），我舞影零乱。
醒时同交欢，醉后各分散。
永结无情游，相期邈（miǎo）云汉。

这首诗写诗人在月下独自饮酒的凄清与寂寞（jìmò）。他邀请明月与身影为伴，看上去很有情调，实际上却透露出刻骨的孤独与寂寞。作为一个天才的诗人、一个怀有远大抱负的志士，他却难有知音、不被重用。诗的最后两句"永结无情游，相期邈云汉"更是表现出对自己人生际遇和社会现实的失望，同时表达了对光明与自由的强烈向往。

独酌：一个人喝酒。
解：懂。
徒：徒然，白白地。
将：偕、和。
须：应该。
及春：趁着春夜的良辰美景。
徘徊：在一个地方来回地走；或比喻犹豫不决。
无情：忘情，忘记了世界上一般的感情。
相期：相约。
邈：高远的。
云汉：银河。
凄清：凄凉。
寂寞：冷清孤单；清静。
际遇：遭遇。

春 晓

[唐] 孟浩然

春眠不觉晓，处处闻啼（tí）鸟。
夜来风雨声，花落知多少？

孟浩然（689—740）：唐代著名诗人。
眠：睡觉。
晓：早晨。
闻：听见。
啼：这里指鸟叫。

这是一首充满春天气息的小诗。诗歌从听觉的角度，写春夜的风雨声、春晨的鸟鸣声，并由此联想到缤纷的落英，感情活泼，节奏明快，表现了作者对大自然、对生活的热爱。

落英：落花。

草

[唐] 白居易

离离原上草，一岁一枯荣。
野火烧不尽，春风吹又生。
远芳侵古道，晴翠接荒城。
又送王孙去，萋萋（qīqī）满别情。

这首诗用草来寄托送别的感情。诗的重心并不在于送别，而在于对草的描写。这种野草具有无穷的生命力，任何外力的摧残都不能把它毁灭。这种生命力具有很强的象征意味，它一直激励着人们锤炼自己的意志，塑造出坚毅顽强的品格。

白居易（772—846）：字乐天，唐代著名诗人。
离离：草木茂盛的样子。
荣：草木繁荣茂盛。
芳：芳草。
侵：滋生蔓延。
晴翠：在阳光照射下，芳草青翠。
萋萋：草茂盛的样子。
别情：告别时候的情意。

泊船瓜州

[北宋] 王安石

京口瓜州一水间，钟山只隔数重山。
春风又绿江南岸，明月何时照我还（huán）？

这首诗描写了瓜州一带的景色，表达了对大好春光

王安石（1021—1086）：字介甫，晚号半山，北宋著名文学家、政治家。
京口：今江苏省镇江市，在长江南岸。和长江北岸的瓜州隔水相望。
钟山：又叫紫金山，在江苏省南京市东。王安石罢相后在这里居住。
还：回家。

第一单元 中国语言文学

第五课 中国古典诗歌的形式

的热爱和渴望回到金陵（南京）的心情。诗中的"绿"字，用得非常好，作者改了十多次才确定了用这个字。

客 至

[唐] 杜 甫

舍南舍北皆春水，但见群鸥日日来。
花径不曾缘客扫，蓬门今始为君开。
盘飧（sūn）市远无兼味，樽（zūn）酒家贫只旧醅（pēi）。
肯与邻翁相对饮，隔篱呼取尽余杯。

这是一首写乡村生活的小诗。乡村环境优美，生活安宁平静，邻里关系淳朴（chúnpǔ）融洽，诗人的心情是愉快的。此时有朋友来，诗人更是十分高兴。诗歌以平实的语言，表现了乡村生活的自然、美好。

舍：家。
鸥：一种鸟。
缘：因为。
蓬门：茅屋的门。
飧：熟菜。
市：集市、市场。
兼味：几种菜。
樽：一种酒杯。
旧醅：隔年的陈酒。
肯：能不能？这里是问客人的意见。
余杯：剩下来的酒。
淳朴：敦厚质朴。

乌夜啼

[南唐] 李 煜（Yù）

无言独上西楼，月如钩。寂寞梧桐（wútóng）深院，锁清秋。
剪不断，理还乱，是离愁。别是一番滋味在心头。

李煜是五代时南唐的国君，又是著名的词人。北宋灭

李煜（937—978）：字重光，五代时南唐的国君，又是著名的词人。
梧桐：一种落叶树。
深院：深深的庭院。
理：整理。
离愁：分离时的忧愁心情。
一番：一种。

77

南唐，他被带到汴京（Biànjīng），不能再回到南方。他这首词就是写自己难以言说的愁苦之情，一唱三叹，凄楚动人。

水调歌头

[北宋] 苏 轼

明月几时有？把酒问青天。不知天上宫阙，今夕（xī）是何年。我欲乘风归去，又恐琼楼玉宇（qiónglóu-yùyǔ），高处不胜寒。起舞弄清影，何似在人间？

转朱阁（gé），低绮（qǐ）户，照无眠（wúmián）。不应有恨，何事长向别时圆？人有悲欢离合，月有阴晴圆缺，此事古难全。但愿人长久，千里共婵娟（chánjuān）。

在苏轼四十一岁那年的中秋节，他赏月饮酒，写了这首词，表达了对人间生活的热爱和对弟弟苏辙的思念。作者认识到人世间的事情总是不可能十全十美，总是有痛苦和缺憾，但是他并不因此而失去信心，而是主张积极地去追求幸福的生活。

汴京：北宋的首都，今河南省开封市。

把酒：手里拿着酒。
夕：晚上。
恐：恐怕，害怕。
琼楼玉宇：华美的建筑物。形容月宫中或仙家的宫殿华丽精美。
不胜：受不住，承担不了。胜，承受，经得起。
弄：玩赏。
何似在人间：天上怎么比得上人间生活的幸福。
转朱阁：照遍了华美的楼阁。
低绮户：低低地照进雕花的门窗里去。
照无眠：照着不能入眠的人。
何事：为什么。
长：总是。
婵娟：月亮。

第一单元 中国语言文学

第五课 中国古典诗歌的形式

【讨论题】

1. 讨论"专题报告"中引用的古诗,尤其是《山居秋暝》《无题》两首诗的押韵、节奏、对仗的情况。

2. 谈谈诗和词有什么相同和不同的地方。

3. 请两位同学任选课文中的两首诗词,在课堂上大声朗读。然后所有的同学来评论,他们读得好不好?为什么?

【综合练习】

一、熟读下列短语

色彩绚丽	美丽动人	详细介绍	满足需要	逐渐形成
相思之苦	创作背景	风景秀丽	悠然自得	苍凉萧瑟
漂泊天涯	美丽的语言	无尽的回味	表现得淋漓尽致	

二、选择合适的词语填空

> 欲 亦 沙场 旷达 沉痛 悲愤 皎洁 殷勤
> 还 须 豪迈 回味 徘徊 哀婉 寂寞 相思

1. 这首诗写得真好,让人(　　　)无穷。

2. 苏轼虽然遭到了很多不幸,却一直保持着(　　　)的心情。

3. 斜风细雨不(　　　)归。

4. 天上那一轮(　　　)的明月,象征着人间的美好团圆。

5. 他拔出长剑,(　　　)地说:"我一定要为死去的亲人报仇!"

6. 我(　　　)乘风归去。

7. 那个漂亮女孩刚刚坐下,他就上去(　　　)地给她泡茶。

8. 他在第一次和她见面的地方久久(　　　)。

9. 相见时难别（　　　）难。
10. 我刚刚来到中国的时候，没有认识的人，感到很（　　　）。
11. 她的信写得十分（　　　），我知道她写信的时候一定流了不少的泪。
12. 敌人入侵了我们的国家，战士们拿起武器奔向（　　　）。
13. 厂长（　　　）地告诉大家，那位老人逝世了。
14. 明月何时照我（　　　）？

三、句型练习

1. 以……为主、以……为主要特色
- 我在北京的生活以＿＿＿＿＿＿＿＿＿为主。
- 英格兰足球队的战术以＿＿＿＿＿＿＿＿＿为主，而意大利队则以＿＿＿＿＿＿＿＿＿为主。
- 四川菜以＿＿＿＿＿＿＿＿＿为主要特色。
- ＿＿＿＿＿＿＿＿＿以＿＿＿＿＿＿＿＿＿为主。
- ＿＿＿＿＿＿＿＿＿以＿＿＿＿＿＿＿＿＿为主要特色。

2. 取得了／享有／具有／有着……的地位
- 我的第一个恋人，在我心中＿＿＿＿＿＿＿＿＿特殊的地位。
- 这部美国电影，在世界电影史上＿＿＿＿＿＿＿＿＿的地位。
- 经过长时间的努力，他最终取得了＿＿＿＿＿＿＿＿＿的地位。
- ＿＿＿＿＿＿取得了／享有／具有／有着＿＿＿＿＿＿＿＿＿的地位。

3. 从……来说、从……上（来）说、从……的角度（来）说
- 从市场情况＿＿＿＿＿＿＿＿＿，现在再买这支股票，已经晚了。
- 从＿＿＿＿＿＿＿来说，我讨厌他，不愿意和他做朋友。但是从＿＿＿＿＿＿＿来说，他是我老婆的哥哥，我又不得不和他保持表面上的客气。
- 从＿＿＿＿＿＿＿来说，这个手提包不能装多少东西。但是从＿＿＿＿＿＿＿来说，它真的很漂亮。
- 这所大学，从＿＿＿＿＿＿＿来说，＿＿＿＿＿＿＿＿＿＿＿。

第一单元 中国语言文学

第五课 中国古典诗歌的形式

- 从_____来说，_____。

4. 以/用……的语言，描写/表达/寄托/抒发/烘托……
   - 余秋雨的散文，用优美古雅的_____，表达了对中国文化的深刻思考。
   - 周总理去世后，许多人用诗歌来寄托_____。
   - 李白的《月下独酌》，用_____，_____了_____。
   - _____，用_____的语言，_____了_____。

四、解释下列专业词语

押韵　平仄　对仗　格律诗　古诗　乐府　词牌　双调

五、如果以下面的词句作上联，试着给它们对出下联

1. 月
2. 柳叶
3. 博雅塔
4. 福如东海

六、从"阅读材料"中选出你最喜欢的一首作品，写一篇不少于300字的短文，说说你为什么喜欢这首作品，并谈谈它在形式方面的特点。

专题报告词汇表

音序	词	拼音	所在课序号
A	哀婉	āiwǎn	5
B	白登	Báidēng	5
	帮凶	bāngxiōng	2
	抱负	bàofù	3
	暴发	bàofā	4
	暴亡	bàowáng	4
	悲愤	bēifèn	5
	崩溃	bēngkuì	3
	匕首	bǐshǒu	3
	弊端	bìduān	4
	边邑	biānyì	5
	褊	biǎn	2
	病入膏肓	bìngrùgāohuāng	4
	波澜壮阔	bōlán-zhuàngkuò	4
	不可或缺	bùkě-huòquē	3
	不朽	bùxiǔ	4
C	超凡	chāofán	4
	嘲讽	cháofěng	4
	沉痛	chéntòng	5
	城门失火，殃及池鱼	chéngmén-shīhuǒ, yāngjí-chíyú	2
	抽象	chōuxiàng	1
	创刊号	chuàngkānhào	4
D	但（只）	dàn（zhǐ）	5
	党羽	dǎngyǔ	2

	迭出	diéchū	3
	断肠	duàncháng	5
	堕落	duòluò	4
F	范畴	fànchóu	1
	风流	fēngliú	4
	芙蓉	fúróng	5
	袱	fú	2
	负（辜负）	fù（gūfù）	5
	赴汤蹈火	fùtāng-dǎohuǒ	2
	覆灭	fùmiè	3
G	感染	gǎnrǎn	3
	高楼	gāolóu	5
	共叔段	Gòngshūduàn	2
	寡人	guǎrén	2
	关关	guānguān	5
	光怪陆离	guāngguài-lùlí	4
	鬼魅	guǐmèi	4
	鳜鱼	guìyú	5
	国度	guódù	5
H	涵盖	hángài	3
	豪迈	háomài	5
	恨（遗憾）	hèn（yíhàn）	5
	胡	hú	5
	花魁	huākuí	4
	还顾	huángù	5
	浣女	huànnǚ	5
	恢弘	huīhóng	4
	回味	huíwèi	5

	昏鸦	hūnyā	5
	浑身是胆	húnshēn shì dǎn	4
	活灵活现	huólíng-huóxiàn	4
J	奸诈	jiānzhà	4
	皎洁	jiǎojié	5
	桀骜不驯	jié'ào-búxùn	4
	旧乡	jiùxiāng	5
	雎鸠	jūjiū	5
	君（你）	jūn（nǐ）	5
	君子	jūnzǐ	5
K	瞌睡	kēshuì	2
	脍炙人口	kuàizhì-rénkǒu	3
	旷达	kuàngdá	5
	框架	kuàngjià	4
	窥	kuī	5
	窥见	kuījiàn	4
L	蜡炬	làjù	5
	兰泽	lánzé	5
	蓝本	lánběn	4
	俚俗	lǐsú	4
	淋漓尽致	línlí-jìnzhì	5
	吝惜	lìnxī	2
	灵动	língdòng	5
	灵异	língyì	4
	鹭	lù	5
	轮廓	lúnkuò	1
	逻辑	luójí	3
	落难	luò nàn	4

M	漫浩浩	mànhàohào	5
	媒体	méitǐ	3
	寐	mèi	2
	魅力	mèilì	3
	名家	míngjiā	3
	瞑	míng	5
	目睹	mùdǔ	4
N	孽海	nièhǎi	4
O			
	讴歌	ōugē	4
P	抨击	pēngjī	4
	蓬山	Péng Shān	5
	琵琶	pípá	5
	泼辣	pōlà	3
Q	齐头并进	qítóu-bìngjìn	4
	谴责	qiǎnzé	4
	青鸟	qīngniǎo	5
	清谈	qīngtán	4
	逑	qiú	5
	阕	què	5
R	箬笠	ruòlì	5
S	沙场	shāchǎng	5
	尚书	shàngshū	2
	涉	shè	5
	世态	shìtài	4
	淑	shū	5
	戍客	shùkè	5
	戍守	shùshǒu	5
	耜	sì	2

T	蓑衣	suōyī	5
	藤	téng	5
	替天行道	tìtiān-xíngdào	4
	天竺	Tiānzhú	4
W	王孙	wángsūn	5
	遗（赠送）	wèi（zèngsòng）	5
	温馨	wēnxīn	4
	文字狱	wénzìyù	2
	无怪乎	wúguàihū	3
X	下（出兵）	xià（chū bīng）	5
	现形	xiàn xíng	4
	线索	xiànsuǒ	4
	陷害	xiànhài	2
	相思	xiāngsī	5
	降妖伏魔	xiángyāo-fúmó	4
	响应	xiǎngyìng	4
	萧瑟	xiāosè	5
	晓镜	xiǎojìng	5
	歇	xiē	5
	辛辣	xīnlà	4
	兴起	xīngqǐ	4
	形式	xíngshì	5
	休	xiū	5
	修成正果	xiūchéng zhèngguǒ	4
	嗅	xiù	4
	须（需要）	xū（xūyào）	5
	虚构	xūgòu	3
	许慎	Xǔ Shèn	1

	喧	xuān	5
	玄奘	Xuánzàng	4
	绚丽	xuànlì	5
Y	衍生	yǎnshēng	4
	窈窕	yǎotiǎo	5
	夜光杯	yèguāngbēi	5
	已（停止）	yǐ（tíngzhǐ）	5
	以（而）	yǐ（ér）	5
	亦	yì	5
	轶事	yìshì	4
	逸闻	yìwén	4
	殷勤	yīnqín	5
	由来（自古以来）	yóulái（zìgǔyǐlái）	5
	有条不紊	yǒutiáo-bùwěn	4
	有血有肉	yǒuxuè-yǒuròu	4
	玉门关	Yùmén Guān	5
	欲	yù	5
	冤狱	yuānyù	2
	刖	yuè	2
	钺	yuè	2
	跃然纸上	yuèrán-zhǐshàng	4
	云鬓	yúnbìn	5
Z	真挚	zhēnzhì	3
	争宠	zhēngchǒng	4
	直观	zhíguān	1
	致	zhì	4
	洲	zhōu	5
	走马观花	zǒumǎ-guānhuā	2

专业词汇表

音序	词	拼音	所在课序号
B	巴金	Bā Jīn	3
	边塞诗	biānsàishī	5
	部件	bùjiàn	1
C	曹雪芹	Cáo Xuěqín	4
D	独体字	dútǐzì	1
	杜甫	Dù Fǔ	5
	对仗	duìzhàng	5
F	冯梦龙	Féng Mènglóng	4
	复音词	fùyīncí	2
G	感情色彩	gǎnqíng sècǎi	2
	格律	gélǜ	5
	古诗	gǔshī	5
	惯用语	guànyòngyǔ	2
H	合体字	hétǐzì	1
J	基本词汇	jīběn cíhuì	2
	假借	jiǎjiè	1
	节奏	jiézòu	5
K	科举制度	kējǔ zhìdù	4
L	李白	Lǐ Bái	5
	李商隐	Lǐ Shāngyǐn	5
	李之仪	Lǐ Zhīyí	5
	联	lián	5
	梁实秋	Liáng Shíqiū	3
	鲁迅	Lǔ Xùn	3

第一单元 中国语言文学
专业词汇表

	罗贯中	Luó Guànzhōng	4
M	马致远	Mǎ Zhìyuǎn	5
P	蒲松龄	Pú Sōnglíng	4
Q	屈原	Qū Yuán	5
S	沈从文	Shěn Cóngwén	3
	审美	shěnměi	3
	施耐庵	Shī Nài'ān	4
	苏轼	Sū Shì	5
T	题材	tícái	3
	体裁	tǐcái	3
W	王翰	Wáng Hàn	5
	王维	Wáng Wéi	5
	吴承恩	Wú Chéng'ēn	4
	吴敬梓	Wú Jìngzǐ	4
X	小篆	xiǎozhuàn	1
Y	押韵	yāyùn	5
	一般词汇	yìbān cíhuì	2
	郁达夫	Yù Dáfū	3
	寓言	yùyán	4
	原型	yuánxíng	4
	乐府	yuèfǔ	5
Z	张志和	Zhāng Zhìhé	5
	周作人	Zhōu Zuòrén	3
	朱自清	Zhū Zìqīng	3
	转注	zhuǎnzhù	1

阅读材料词汇表

音序	词	拼音	所在课序号
A	碍	ài	3
	俺	ǎn	4
	熬	áo	3
B	把酒	bǎjiǔ	5
	白居易	Bái Jūyì	5
	败落	bàiluò	4
	榜文	bǎngwén	4
	本义	běnyì	1
	迸	bèng	4
	庇覆	bìfù	3
	汴京	Biànjīng	5
	不胜（受不住）	búshèng（shòu bu zhù）	5
	别情	biéqíng	5
	步履	bùlǚ	3
C	婵娟	chánjuān	5
	长（总是）	cháng（zǒngshì）	5
	绰	chāo	4
	沉郁	chényù	3
	耻笑	chǐxiào	4
	憧憬	chōngjǐng	3
	捶布	chuí bù	3
	锤炼	chuíliàn	2
	淳朴	chúnpǔ	5
	醇浓	chúnnóng	4

第一单元 中国语言文学
阅读材料词汇表

	词语	拼音	页码
	猝然	cùrán	3
	撺	cuān	4
D	大虫	dàchóng	4
	淡出	dànchū	2
	祷告	dǎogào	3
	低能	dīnéng	2
	低绮户	dī qǐhù	5
	鸟（骂人的粗话）	diǎo（mà rén de cūhuà）	4
	兜	dōu	4
	抖擞	dǒusǒu	3
	独酌	dúzhuó	5
	端的	duāndì	4
F	发落	fāluò	4
	芳（芳草）	fāng（fāngcǎo）	5
G	赶趟儿	gǎn tàngr	3
	冈	gāng	4
	告诫	gàojiè	3
	勾（够）	gòu（gòu）	4
	拐	guǎi	3
	官司（官府）	guānsī（guānfǔ）	4
	规范	guīfàn	2
H	行家里手	hángjiā lǐshǒu	2
	好生（很）	hǎoshēng（hěn）	4
	何事（为什么）	héshì（wèi shénme）	5
	何似在人间	hé sì zài rénjiān	5
	忽视	hūshì	2
	瓠	hù	1
	还（回家）	huán（huí jiā）	5
	浣	huàn	3

	恍惚	huǎnghū	3
	混淆	hùnxiáo	2
J	及春	jíchūn	5
	脊梁	jǐliang	4
	际遇	jìyù	5
	既往不咎	jìwǎng-bújiù	2
	寂寞	jìmò	5
	兼味	jiānwèi	5
	将（偕、和）	jiāng（xié、hé）	5
	焦灼	jiāozhuó	3
	教诲	jiàohuì	3
	截瘫	jiétān	3
	解（懂）	jiě（dǒng）	5
	锦	jǐn	4
	尽数	jìnshù	4
	京口	Jīngkǒu	5
	旧醅	jiùpēi	5
	隽永	juànyǒng	3
	倔强	juéjiàng	3
K	窠巢	kēcháo	3
	可望而不可即	kě wàng ér bù kě jí	2
	客官	kèguān	4
	恪守	kèshǒu	3
	肯（能不能）	kěn（néng bu néng）	5
	恐	kǒng	5
	胯	kuà	4
L	朗润	lǎngrùn	3
	垒	lěi	3
	离愁	líchóu	5

第一单元 中国语言文学
阅读材料词汇表

	离离	lílí	5
	李煜	Lǐ Yù	5
	理（整理）	lǐ（zhěnglǐ）	5
	理会	lǐhuì	4
	笠	lì	3
	靓丽	liànglì	2
	踉踉跄跄	liàngliàngqiàngqiàng	4
	嘹亮	liáoliàng	3
	领域	lǐngyù	2
	笼统	lǒngtǒng	1
	落英	luòyīng	5
M	蒙汗药	ménghànyào	4
	孟浩然	Mèng Hàorán	5
	眠	mián	5
	邈	miǎo	5
	模糊	móhu	1
	牧童	mùtóng	3
N	纳（捺）	nà（nà）	4
	恁地	nèndì	4
	弄（玩赏）	nòng（wánshǎng）	5
O	鸥	ōu	5
P	徘徊	páihuái	5
	咆哮	páoxiào	4
	蓬门	péngmén	5
Q	凄清	qīqīng	5
	萋萋	qīqī	5
	气力	qìlì	4
	搢	qián	3
	嵌	qiàn	2

93

	妾	qiè	3
	侵	qīn	5
	亲眷	qīnjuàn	3
	晴翠	qíngcuì	5
	琼楼玉宇	qiónglóu-yùyǔ	5
R	荣（草木繁荣）	róng（cǎomù fánróng）	5
	如何（为什么）	rúhé（wèi shénme）	4
	若即若离	ruòjí-ruòlí	2
S	筛	shāi	4
	山墙	shānqiáng	3
	晌午	shǎngwǔ	4
	上述	shàngshù	1
	梢棒	shāobàng	4
	舍（家）	shè（jiā）	5
	深院	shēnyuàn	5
	甚么	shénme	4
	生硬	shēngyìng	2
	声名狼藉	shēngmíng-lángjí	3
	时辰	shíchen	4
	市（集市）	shì（jíshì）	5
	舒活	shūhuó	3
	水域	shuǐyù	1
	厮	sī	4
	诉诸	sùzhū	1
	簌簌	sùsù	4
	飧	sūn	5
	蓑	suō	3
T	袒	tǎn	4
	倘或	tǎnghuò	4

阅读材料词汇表

	倘若	tǎngruò	2
	啼（鸟叫）	tí（niǎo jiào）	5
	调侃	tiáokǎn	2
	贴钱	tiē qián	4
	徒（白白地）	tú（báibáide）	5
	颓	tuí	3
W	玩意儿	wányìr	3
	王安石	Wáng Ānshí	5
	枉	wǎng	4
	闻（听见）	wén（tīngjiàn）	5
	无情（忘情）	wúqíng（wàngqíng）	5
	无疑	wúyí	1
	梧桐	wútóng	5
	兀自	wùzì	4
X	夕	xī	5
	西游记	Xīyóujì	2
	细腻	xìnì	3
	霞	xiá	3
	县治	xiànzhì	4
	相期	xiāngqī	5
	相形见绌	xiāngxíng-jiànchù	1
	晓（早晨）	xiǎo（zǎochén）	5
	歇	xiē	4
	休（不要）	xiū（búyào）	4
	羞涩	xiūsè	3
	秀才	xiùcai	1
	须（应该）	xū（yīnggāi）	5
	许谎	xǔhuǎng	3
	血泊	xuèpō	4

Y	一触即发	yíchù-jífā	2
	一番	yìfān	5
	一击即溃	yìjī-jíkuì	2
	引人入胜	yǐnrén-rùshèng	2
	应运而生	yìngyùn'érshēng	1
	余暇	yúxiá	3
	余杯	yúbēi	5
	与（给）	yǔ（gěi）	4
	缘	yuán	5
	云汉	yúnhàn	5
	陨石	yǔnshí	3
	酝酿	yùnniàng	3
Z	杂样儿	záyàngr	3
	錾	zàn	3
	造诣	zàoyì	2
	张爱玲	Zhāng Àilíng	3
	兆头	zhàotou	3
	照无眠	zhào wúmián	5
	辙	zhé	3
	知悉	zhīxī	4
	只顾	zhǐgù	4
	钟山	Zhōng Shān	5
	咒	zhòu	3
	箸	zhù	4
	转朱阁	zhuǎn zhūgé	5
	坠	zhuì	4
	捉迷藏	zhuō mícáng	3
	樽	zūn	5

第二单元　中国历史

配套资源

第二单元　中国历史
第六课　历史的线索

第六课　历史的线索

【专题报告】

在距今 5000 年左右的地球上，在几条著名的大河旁，先后出现了人类最古老的几大文明，这些文明都曾像花朵一样美丽地开放，后来却由于种种原因凋谢（diāoxiè）了，只有中华古代文明，一脉相承（yímài-xiāngchéng），流传下来。中国是世界上唯一一个历史不曾被割断过的文明古国，仅有文字记载的历史就长达 4000 年，初看似乎很难把握（bǎwò），然而，如果我们细细观察，就可以发现这漫长的历史有一定的线索，掌握了这些线索，就比较容易把握中国的历史。

凋谢：草木花叶枯落，比喻衰败。
一脉相承：由一个血脉或一个派别传下来。
把握：完全了解。

历史的重心由西向东、由北向南转移

中国北方的大河黄河被中国人叫作"母亲河"，是中华民族的摇篮（yáolán），黄河中下游，被叫作"中原"，是中华文明的发源地，到今天为止的中国历史，大部分是以这个地区为中心展开的。河南的安阳，就是发现甲骨文[1]的地方，是中国商代的都城，而今天陕西省西安市周边（zhōubiān），先后有 13 个朝代（cháodài）把这里作为首都，其中包括周、秦、汉、隋（Suí）、唐，加上离它不远的洛阳（Luòyáng），这个区域作为全国政治中心的时间，前后长达 1500 年，可以想见当时"中原"在整个国家举足轻重（jǔzú-qīngzhòng）的地位。但是，由于地理、气候、政治等方面的原因，从中国的南北朝起，中国南方的经济文化开始发展起来。唐朝之后，西安和

摇篮：发源地。

周边：附近。
朝代：建立国号的帝王世代相传的整个统治时代。
举足轻重：非常重要。

洛阳的中心地位渐渐丧失,中国的经济重心逐渐移至江南,北宋的首都开封虽然还处于中原,但是却更靠近东部。到南宋被迫把首都迁到杭州之后,江南作为经济重心的地位已经不可逆转(nìzhuǎn)。后来,元、明、清把北京作为首都,但是,南方一直保持着中国经济重心的地位。

逆转:向反方向改变。

分裂(fēnliè)与统一

研究中国历史的人大概会同意这样的看法,中国的历史就是中国人统一观念不断加强的历史。这种观念的开端和形成至少可以追溯(zhuīsù)到商周,到秦始皇[2]统一中国后,统一了包括文字在内的很多方面,汉代用儒家[3]思想统一了全国,从此,统一的观念深入人心。在以后的历史中,尽管出现过分裂,历时最长的有370年,但是,在中国人看来,分裂是不正常的,是暂时的,统一才是理想的,正常的。这大约就是中国在经历长期战争和动乱之后,在经过漫长的历史风雨之后,始终保持着统一的原因。

分裂:整个事物分开。

追溯:回到以前。

深入人心:被很多人接受。

战争和融合

在中国历史上,中原农业政府和周边游牧民族的交流从没有停止过,这在中国历史发展中是一项很重要的内容。这种交流除了偶尔(ǒu'ěr)的婚姻外交和短暂的和平相处外,大半表现为战争,其中在大部分情况下,游牧民族是进攻的一方,**而**中原政府**则**是防守的一方,这一点从长城的修筑就可以看出。当中原帝国强大的时候,当然也有相反的情形,可是大半也是从防守开始转为进攻的,比如在汉代和唐代。唐代以后,中原政府再也没有和游牧的少数民族武力竞争的能力了,特别是宋代,被几个游牧

游牧民族:从事马、牛、羊养殖的不在一个地方定居的民族。

偶尔:有时候,很少出现。

第二单元 中国历史

第六课 历史的线索

民族的政府一直逼（bī）到南方，而元代和清代干脆就是由蒙古族和满族（mǎnzú）统治全国了。然而，**与此同时**，政治上的征服者往往在进入中原后，变成文化上的被征服者，经过200年的统治，满族完全汉化就说明了这一点。而那些民族间的战争，到最后居然使中国融合为一个国土辽阔、文化丰厚的多民族国家，这真是中国的俗话"不打不相识"的最好解释。	逼：强迫。 满族：中国北方一个少数民族，曾经建立清朝。 不打不相识：通过对抗成为朋友。

【专业词语】

1. 甲骨文：中国商周时期一种刻在龟甲兽骨上的文字，最早在河南省安阳出土，是中国到今天为止所发现的最古老的文字。
2. 秦始皇：名嬴政（Yíng Zhèng），是中国历史上第一个统一的封建国家秦的皇帝，自称始皇帝。
3. 儒家：崇奉孔子学说的学派，崇尚"仁政"和"礼治"，提倡"孝悌（tì）忠信"和"修齐治平"，主张"德治"，重视家庭伦理关系。

【常见句型】

一、……，其中……

◎ 西安市周边，先后有13个朝代把这里作为首都，其中包括周、秦、汉、隋、唐。

▲ 说明：对一个整体的内部情况做进一步说明时，常常使用这个句型。

1. 这种交流大半表现为战争，其中在大部分情况下，游牧民族是进攻的一方，中原政府是防守的一方。

2. 中国有很多大河，其中黄河是中国的母亲河。

二、……，而……则……

◎ 游牧民族是进攻的一方，而中原政府则是防守的一方。

▲ 说明：用来对比两种相互关联的事物之间的不同情况。

1. 宋代被几个游牧民族的政府一直逼到南方，而元代和清代则干脆就是游牧民族统治全国了。

2. 中国地域文化非常丰富，南方人喜欢喝茶，而北方人则喜欢喝酒。

三、……，与此同时……

◎ 游牧民族统治了全国，然而，与此同时，政治上的征服者往往在进入中原后，变成文化上的被征服者。

▲ 说明：用来连接两个分句，表示前后两件事情同时进行或者两个方面同时存在，常用来表示转折或递进关系。

1. 五月，他们派代表去进行和平谈判，但与此同时，却在积极备战。

2. 近几年，我国的经济有了飞速发展，与此同时，环境问题却日益严重。

3. 我们的教育要让孩子学习尽可能多的知识，与此同时，更应教给他们做人的道理。

第二单元　中国历史

第六课　历史的线索

【专业知识】

"中华文明五千年"的来历

关于中国上古时代的历史,在《史记》和一些古书中有所记载,虽然至今考古依据还不充足,但却有很强的生命力。中国人普遍相信,中国的历史至少有五千年。大约在公元前3000年左右,在黄河中下游,也就是后来被称为"中原"的地区,有黄帝、炎帝与蚩尤(Chī Yóu)三个较大的部落,经过一系列战争和融合,最后产生了影响很大的炎黄部落。发源于中原地区的华夏族人,也就是汉朝以后的汉族人,渐渐地就开始自称是"炎黄子孙""华夏儿女"。

根据当代历史学与考古学的专家们已公布的《夏商周年表》,确定夏代始年约为公元前2070年。这样,根据史书上的记载,黄帝大约是在夏朝之前一千年左右。如此一来,中华文明从黄帝时算起,就有大约五千年的历史了。这也就是"中华文明五千年"一说的由来。

附:

中国历史上的朝代

在中国五千年的历史中,经过了很多朝代的更替,大致分为以下几个阶段:

中华文明的初发阶段	古文献记载中的原始社会（约前30世纪—前21世纪）	文献记载"黄帝、炎帝、尧舜禹"时期
奴隶社会	夏（前21世纪—前17世纪） 商（前17世纪—前11世纪） 西周（前11世纪—前771年）	文字、青铜器出现 "中原""中国""中华"概念形成

（续表）

由奴隶社会向封建社会过渡时期	东周 　　春秋（前770—前476） 　　战国（前475—前221）	"百家争鸣"的时代 老子、孔子、孟子等中国思想家出现
统一的封建国家形成和确立时期	秦（前221—前206） 西汉（前206—公元25） 东汉（25—220）	国土统一、文字统一 儒家思想成为正统 汉族主体形成
北方分裂和南方经济发展时期	三国（220—280） 两晋（265—420） 南北朝（420—589）	国家分裂，经济、文化重心南移 民族融合 佛教在中国传播发展
统一国家的重建和国力强盛时期	隋（581—618） 唐（618—907）	强大统一的国家 选拔人才的科举制度对中国影响巨大 经济、文化、艺术都十分繁荣
民族矛盾扩大和经济继续发展时期	五代（907—960） 北宋（960—1127） 辽（916—1125） 南宋（1127—1279） 西夏（1038—1227） 金（1115—1234）	从分裂到统一 民族矛盾加剧 儒家、道家和佛教逐渐融合
国家的统一和经济发展以及逐渐衰弱的时期	元（1271—1368） 明（1368—1644） 清（1644—1911）	民族矛盾加剧的同时，民族融合也悄然进行 中国国力由盛而衰

第二单元　中国历史

第六课　历史的线索

【阅读材料】

中国历史的舞台

中华民族的地理背景

《论语》记载:"子曰(Zǐ yuē):知(zhì)者乐水,仁者乐山;知者动,仁者静;知者乐,仁者寿。"

读这段话,暗示着古代中国人和古代希腊(Xīlà, Greece)人的不同。中国是大陆国家。古代中国人以为,他们的国土就是世界。汉语中有两个词语都可以译成"世界"。一个是"天下",另一个是"四海之内"。海洋国家的人,如希腊人,也许不能理解这几个词语竟然是同义的。

中国面积广大,西高东低,分成四个台阶,长江和黄河滚滚东流,把中国分为南方和北方,一般认为北方是中华文明的摇篮。

中国北方的黄土高原,土壤很细,为两千多年前的人们提供了很好的农业生产条件。可是当黄河,这条全长5464千米的中国第二大河,经过黄土高原时,却带走大量泥沙,成为世界上含沙量最高的河流。它每年带入大海的泥沙有11亿吨,还有4亿吨左右沉积(chénjī)在中下游的河道里。加上"黄河九十九道弯",使这条被中国人叫作"母亲河"的河流,经常发生水灾。这就要求有一个中央政府来统一管理这条河流。

中国北方的降雨,主要靠夏季从太平洋来的季风,它来的时候非常慢,4月中,中国南部沿海已经出现雨带,可是到7月中,雨带才能到达黄河中下游地区,可它走得

《论语》:记录孔子言行的书籍,儒家重要的经典。
子曰:孔子说。
者:……的人。

沉积:泥沙在河底留下来。

季风:风向随季节而改变的风。

却非常快,到 8 月底,北方的雨季已经基本结束了。这使中国各地降水很不均匀,常常发生旱涝(hànlào)灾害,这也要求有一个中央政府统一管理农产品,在发生灾害时,使各地能互相帮助。

400 毫米降水量线,是农业民族和游牧民族的分界线。在中国历史上,从事农业的中原国家和马背上的北方游牧民族,一直没有停止过战争和融合。大多数时候,游牧民族是进攻,中原国家是防守。在战国时,沿着 400 毫米降水量线,燕国、赵国和秦国已经修建了长城,可是要达到最强的防守的力量,还是要求有一个统一的政府。

中华民族的经济背景

中华民族以农业为生,在农业国,土地是财富的根本基础,所以贯穿(guànchuān)在中国历史中社会、经济的思想和政策的中心总是围绕着土地的利用和分配。

在这样一种经济中,农业不仅在和平时期重要,在战争时期也一样重要。战国时期(前 475—前 221),当时中国分成许多封建王国,每个国家都高度重视所谓的"耕战之术"。最后,七雄之一的秦国在耕战两方面都获得优势,征服了其他各国,实现了中国历史上的第一次统一。

在中国社会、经济思想中,有所谓的"本""末"之别。"本"指农业,"末"指商业。区别本末的理由是,农业关系到生产,而商业只关系到交换。在交换之前,必须先有生产。在农业国家里,农业是生产的主要形式,所以中国古代的社会、经济理论和政策大都是主张"重本轻末"的。

从事末作的人,即商人,因此受到轻视。社会有四个传统的阶级,即士、农、工、商,"商"是其中最下一

旱涝:降水太少或太多。

燕国:春秋战国时期国家名。
赵国:春秋战国时期国家名。
秦国:春秋战国时期国家名。

贯穿:从头到尾穿过一个或一系列事物。

耕战之术:农业和军事方法。

末作:古代指工商业。

个等级。"士"通常就是指当官有职位的人和读书人,"农"就是实际耕种土地的农民。在中国,这是两种光荣的职业。一个家庭若能"耕读传家",那是值得自豪的。"士"虽然本身并不实际耕种土地,可是由于他们通常是地主,他们的命运也系于农业。收成的好坏关系着他们命运的好坏,所以他们对宇宙的反应、对生活的看法,在本质上就是"农"的反应和看法。加上他们所受的教育,他们可以把实际耕种的"农"所感受到而自己又不能表达的东西表达出来。这些思想体现在中国古代哲学、文学著作中,或其他艺术形式中。

耕读传家: 把从事农业和读书作为家庭的传统。

中国人的组织形式

农民只能靠土地为生,而土地是不能移动的,作为"士"的地主也是如此,除非他有特殊的才能。他们只能祖祖辈辈生活在那个地方。这就是说,由于经济的原因,一家几代人都要生活在一起。这样中国的家族制度就发展起来了,它无疑是世界上关系最复杂,但组织极有序的制度之一。

古代家族制度是中国社会制度的直接体现。传统的五种社会关系:君臣、父子、兄弟、夫妇、朋友,其中有三种是家族关系。其余两种,实际是家族关系的扩展,因此也可以按照家族来理解。君臣关系可以按照父子关系来理解,朋友关系可以按照兄弟关系来理解,通常人们也真的是这样来理解的。但是这几种不过是主要的家族关系,另外还有许许多多。公元前有一部最早的汉语词典《尔雅》(Ěryǎ),其中表示各种家族关系的名词有一百多个,而大多数在英语里都没有直接相当的词。

君臣: 国王和下属官员。

由于同样的原因,祖先崇拜也发展起来了。居住在

崇拜: 尊敬钦佩。

某地的一个家族，所崇拜的祖先通常就是这个家族中第一个将全家定居此地的人。这样他就成了这个家族团结的象征，这样的象征是一个又大又复杂的组织必不可少的。

儒家学说的大部分内容都在论证这种社会制度的合理性，或者是这种制度的理论说明。

（选自冯友兰《中国哲学简史》，有删改）

【讨论题】

1. 中国历史有什么线索？
2. 中国统一形成的原因是什么？
3. 农业与中国历史和文化思想有什么关系？

【综合练习】

一、选择合适的词语填空

> 漫长　悠久　逆转　追溯　丧失　举足轻重　深入人心

1. 经过五四运动，民主和科学的观念已经（　　　　）。
2. 作为中国最重要的传统节日，春节的出现可以（　　　　）到先秦时期。
3. 北京具有三千多年的（　　　　）历史。

第二单元 中国历史
第六课 历史的线索

4. 一个国家如果（　　　）了强大的国力，它在外交上的主动权也就不复存在。

5. 由于环境的破坏，很多物种的灭亡趋势已经不可（　　　）。

6. 经过（　　　）的等待，我们终于得到了他的消息。

7. 在中国经济发展中，上海具有（　　　）的地位。

二、熟读下列短语

中华民族的摇篮　　　掌握线索　　　经历长期战争

中华文明的发源地　　形成观念　　　丧失重要地位

三、句型练习

1. ……，其中……
   - 中国的历史非常悠久，_____我最感兴趣的是_____。
   - 中国有七大古都，其中_____。
   - 这种民族间的交流非常频繁，其中_____。
   - _____，其中_____。

2. ……，而……则……
   - 在一般情况下，游牧民族是进攻的一方，_____中原政府_____。
   - 中国南北有一定的差异，很多北方人喜欢喝酒，而_____则_____。
   - 古代人们获得消息的途径多是口耳相传，而_____。
   - _____，而_____则_____。

3. ……，与此同时……
   - 他们要求别的国家开放农产品市场，_____却保护本国的农产品市场。

- 这一时期，北方由于战争，经济遭到严重的破坏，_____南方经济_____。
- 政府决定加快西部开发的步伐，_____。
- _____，与此同时_____。

四、把下面的时间段和中国对应的年代连线

前 21 世纪 — 前 17 世纪	春秋
前 17 世纪 — 前 11 世纪	夏
前 11 世纪 — 前 771 年	秦
前 770 — 前 476	西周
前 475 — 前 221	汉代
前 221 — 前 206	战国
前 206 — 公元 220	商

220 — 589	唐
581 — 618	三国、两晋、南北朝
618 — 907	北宋
960 — 1127	隋
1127 — 1279	清
1271 — 1368	南宋
1368 — 1644	明
1644 — 1911	元

五、解释下列专业词语

甲骨文　　秦始皇　　儒家

第二单元　中国历史

第六课　历史的线索

六、在下面的地图上标出七大古都的位置，并简单说说它们的历史。

安阳　西安　开封　杭州　南京　北京　洛阳

七、选择下面的一个题目，写一篇400字左右的短文。要求使用书面语。

1. 中国历史上统一观念是怎样逐渐形成的？
2. 农业对中国传统组织形式有什么影响？

第七课　统一的国度——秦和汉

【专题报告】

从公元前21世纪到公元前221年，中国先后走过夏、商、周三个朝代，虽然在春秋时代，出现了多国并存的局面，但是地理、气候等各方面的因素都在呼唤一个统一的国家的出现。随着经济、文化的发展，战国后期实现统一已成为历史发展的必然趋势（qūshì）。经过400多年的酝酿，这一统一的使命最终由秦完成，并在接下来的汉朝得以进一步强化。

趋势：事物发展的方向。

战国后期，秦国经过商鞅变法¹进入了高速发展阶段，国富兵强，为兼并（jiānbìng）六国创造了物质条件。秦王嬴政（Yíng Zhèng）从公元前230年到公元前221年的十年间，相继消灭了韩（Hán）、赵、魏（Wèi）、楚（Chǔ）、燕、齐六个诸侯国（zhūhóuguó），结束了春秋以来多国并存的局面。

兼并：把别国领土并入自己国家或把别人的产业并为己有。

诸侯国：由国王封的第二级的王侯国。

灭六国后，秦王自称"始皇帝"，在全国范围内实行郡县制²，分全国为三十六郡，统一户籍管理；统一文字、货币、度量衡（dùliànghéng）；在全国修建道路，并统一车轨，使道路统一畅通；在战国诸国所建长城的基础上修

度量衡：计量长短、容积、轻重的标准的统称。

第二单元　中国历史

第七课　统一的国度——秦和汉

建万里长城，**以**防匈奴（Xiōngnú）入侵，建立了中国历史上第一个统一的多民族的中央集权制³国家。

　　与此同时，秦始皇又施行铁腕（tiěwàn）统治。为了统一思想，他曾经焚书坑儒⁴；为修长城和自己的陵墓，他大量征发徭役（yáoyì）；秦朝采用法家思想⁵，刑法非常严酷。他病故后，他的儿子秦二世继位，其统治更加残酷（cánkù），终于在公元前209年，爆发（bàofā）了以陈胜、吴广为领导的中国历史上第一次农民大起义。起义迅速发展到全国，各地反秦力量都来参加。公元前206年刘邦率领的起义军攻占秦都咸阳，秦朝被推翻。秦始皇设计好的万世伟业，仅仅延续了15年！

　　然而，就是这短短的15年，对后世的影响却极其深远。秦始皇统一了中国，其疆域至今仍是中国版图中重要的组成部分；秦建立的一套中央集权制度，也基本上**为**后世历代王朝**所**继承；秦修建的万里长城和秦始皇兵马俑（Bīngmǎyǒng），至今仍是世界建筑史上的奇迹。这个国土广阔的统一帝国使"天下一统，海内归一"成为后来中国每一个皇帝的理想。如果没有秦始皇所采取的包括统一文字在内的一系列统一政策，国土辽阔的中国在两千多年后的今天依然保持着一个统一的国家是很难想象的。

　　汉代是汉高祖刘邦于公元前202年建立的中国第二个大一统的王朝。前期定都长安，又称西汉、前汉；后期定

匈奴：古代中国北方的一个游牧民族。

铁腕：强有力的手段或统治。

徭役：政府要求老百姓做的无偿劳动。

残酷：凶狠冷酷，让人不能接受。

爆发：突然发生。

秦始皇兵马俑：为中国第一个皇帝秦始皇陪葬的陶制士兵军马方阵。

都洛阳，又称东汉、后汉。

汉朝各种制度基本上沿袭（yánxí）秦朝，但吸取了秦朝迅速灭亡的教训。汉朝前期实行了让老百姓休养生息的政策，社会经济从恢复走向发展，同时打击各地诸侯势力，国家进一步统一。汉武帝刘彻统治时期是西汉的全盛时期，全国人口达到6000多万，在当时世界上，只有罗马帝国可以和它相比。国家统一货币，实行盐铁专营，经济繁荣、国库充实。在此基础上，汉政府采取了积极的对外政策。派张骞（Zhāng Qiān）出使西域，开辟了丝绸之路[6]，大规模反击匈奴侵犯，保证了河西走廊（Héxī Zǒuláng）的安全。采用董仲舒（Dǒng Zhòngshū）"罢黜（chù）百家，独尊儒术"[7]的建议，使儒家思想成为中国唯一正统的思想。当时还建立国家藏书库，使文化事业得到很大的发展。杰出的史学家司马迁写下了中国第一部纪传体通史《史记》。

西汉末年，社会问题严重。公元8年，外戚（wàiqī）王莽（Mǎng）代汉称帝，国号新，但很快又被推翻，汉皇族刘秀于公元25年重建汉朝，定都洛阳，史称东汉。东汉时，全国恢复统一，社会经济继续发展，但与此同时，地方豪强（háoqiáng）的势力逐渐强大，有自给自足（zìjǐ-zìzú）的庄园和独立的武装；朝廷（cháotíng）内部，由于几个皇帝年龄幼小，外戚与宦官（huànguān）的势力越来越大，不断出现帝后临朝执政和外戚、宦官交互专政的情况，局面十分混乱，到最后国家完全处于无序状态，社会上流民遍地，暴动不断出现，终于瓦解了东汉。地方豪强这时乘机在各地独立，相互争斗，最后形成了魏蜀（Shǔ）吴（Wú）三国鼎立（dǐnglì）局面。

沿袭：按照旧传统办。

休养生息：指在大动乱、大变革之后所采取的减轻人民负担、恢复生产、安定社会秩序的措施。

河西走廊：甘肃省西北部狭长高平地，长1000多千米，为沟通西域要道，丝绸之路经过这里。

外戚：指帝王的母亲和后妃的亲族。

豪强：拥有大量资财的有权势的人。

自给自足：能维持自身而不用外界帮助。

朝廷：以皇帝为首的政府。

宦官：太监。

魏（220—265）：三国之一。

蜀（221—263）：三国之一。

吴（222—280）：三国之一。

鼎立：三方对立的形势。

第二单元 中国历史

第七课 统一的国度——秦和汉

汉代前后持续四百多年,是中华民族发展史上的一个重要时期。自秦始皇统一中国后,原战国时代各国的文化便进一步相互渗透(shèntòu)融合,西汉时代在政权力量所能达到的地区,典章制度、语言文字、文化教育、伦理道德和风俗习惯等都逐渐趋于统一,从而奠定了汉文化的共同基础。汉以后虽然经历了朝代名称的变换,但随着古代民族融合的发展,汉文化获得了更加丰厚的养分,也具备了愈来愈宽厚的地域界限。以此为基础,汉族便成为中国古代各民族中人数最多、文化最高和生产力最发达的一个民族。

总之,经过秦汉国土、政治、文化和思想的统一,"大一统"的观念深入人心,虽然在后来的历史上,中国还是会有分裂的情形,可是,一个统一的国家,对中国人来说,已经是一件天经地义的事情。

渗透:事物逐渐进入其他方面。

天经地义:天地间本当如此、不可更改的道理。

【专业词语】

1. **商鞅变法**:战国时秦国在秦孝公执政时,从公元前356年开始,由商鞅主持的改革,主要包括废除井田、奖励军功、实行郡县制以及重农抑商等政策,这次改革使秦国很快成为一个强国。
2. **中央集权制**:是相对于地方分权而言的一种政治制度,其特点是地方政府在政治、经济、军事等方面不能各自为政,要服从中央政府的统一领导。这种政治制度,在国家治理上,便于全国整体规划,政令通达,是中国两千多年的重要的行政管理模式。
3. **郡县制**:秦朝的地方管理制度,秦将全国分为三十六郡,郡下设县,对国民实行层层管理。

4. **焚书坑儒**：指秦始皇焚烧典籍、坑杀儒生的事件。
5. **法家思想**：先秦的一个思想流派，以商鞅、韩非子为代表，主张使用严酷的法律治理国家，使人们不敢违反，从而保证国家秩序的井然有序。
6. **丝绸之路**：古代由中国经古波斯国到欧洲的通商道路，始于汉代。因中国大量的丝绸和丝织品经由此路运往西亚、欧洲各国，所以被称作"丝绸之路"。
7. **罢黜百家，独尊儒术**：汉武帝建元元年（公元前140年）儒学大师董仲舒向汉武帝提出，凡不属于儒家思想的学科都应抑制，建议以儒家思想作为国家的统治思想，这就是历史上所指的"罢黜百家，独尊儒术"。元光元年（公元前134年），这个建议得到汉武帝的采纳，开始在长安设太学，专讲儒家经典《诗》《书》《易》《礼》《春秋》等，起用大批儒生做官，从此儒家思想逐渐成为中国社会的正统思想。

【常见句型】

一、……，以……

◎ 在战国诸国所建长城的基础上修建万里长城，以防匈奴入侵。

▲说明："以"放在两个动词短语中间，表示后一个动作是前一个动作的目的。

1. 秦始皇统一了六国的文字，以加强全国的统一。
2. 暑假我计划到很多地方去访问，以收集论文材料。

二、为……所 + V

◎ 秦建立的一套中央集权制度，也基本上为后世历代王朝所继承。

▲说明：句型表示被动，是书面语被动句格式，"为"也可以用"被"替换。

第二单元　中国历史

第七课　统一的国度——秦和汉

1. 夏朝时，"禅让制"为"世袭制"所代替。
2. 我们被江上动听的琴声所吸引。

三、总之

◎ 总之，经过秦汉国土、政治、文化和思想的统一，"大一统"的观念深入人心。

▲说明：总结上文，得出结论。

1. 秦的版图基本沿用至今，秦建立的中央集权制度，也基本上为后世历代王朝所继承，秦采取的一系列统一政策，对保持一个统一的国家也非常重要，总之，秦对中国的影响非常深远。
2. 原始社会后期，文字开始萌芽，礼器开始出现，城市开始兴建，总之，中华古代文明的曙光已经闪亮在东方的地平线上。

【专业知识】

中国古代第一本通史——《史记》

西汉时期，史学家司马迁写了一部书叫《太史公书》，后来人们称作《史记》。这是中国第一部纪传体通史，记述了黄帝时代至汉武帝时代三千多年的历史。司马迁是汉武帝时代的"太史令"（史官），公元前135年，他出生于一个世代做史官的家庭。做太史令后，他阅读了政府收藏的所有典籍，博采《春秋》等书的优点，并进行了大量实地采访，前后用了14年的时间，终于完成了这部重要的历史著作。《史记》共130篇，分为本纪、表、书、世家、列传等五个部分，其中列传70篇，是全书篇幅最多，也是最重要的部分，它是以人物为中心来反映历史事件的，人物涉及各个阶层，这种写法为后世纪传体史书所沿用。《史记》不仅仅是史学著作，由于描写历史人物生动形象，在文学史上也有很高的地位，被誉为"史家之绝唱，无韵之离骚"。

【阅读材料】

统一与分裂

　　幼时读《三国演义》，对第一回的一段话"天下大势，分久必合，合久必分"印象极深。待读到最后一回时，觉得真如作者所说，东汉合久必分，三国分久必合，对此话也就更加佩服了。以后学了一点儿历史，却对此话渐渐产生了疑问：从秦朝到清朝这两千年间，虽然确实时分时合，但未必都是分合的循环；至于分了多久才能合，合了多久又要分，就更难说了。这就使我萌发（méngfā）了在这方面做些研究的念头。

　　在世界历史上，中国并不是最古老的国家，在今天的世界上，中国也不是领土最大的国家，但是中国却在世界史上拥有独一无二的地位。

　　翻开世界史，我们可以发现，埃及（Āijí, Egypt）人在公元前四千多年就有了历法，这时中国正是新石器时代的仰韶文化时期。苏美尔人（Sumerian）在公元前 3500 年有了楔（xiē）形文字的雏形（chúxíng），埃及人在此时有了最初的象形文字，并在公元前 3200 年左右开始了第一王朝，腓尼基（Féiníjī, Phenicia）人也在此时形成了城邦。埃及于第三王朝（前 2686—前 2613）时已经开始建造金字塔（Pyramid），而中国传说中的黄帝时代，一般认为也只是存在于公元前 2550 年前后。

　　然而，在今天的世界地图上，早已找不到苏美尔人的国家，也不会发现腓尼基人城邦的踪影（zōngyǐng）。埃及作为国家的名字虽然还存在，但早已不是当年的主人了。经过三千多年的变迁，原来的埃及人早已消失在众

萌发：产生。

楔形文字：古代苏美尔人的文字。
腓尼基：地中海东岸一古国。
金字塔：古代某些民族的一种巨型建筑，是石头建成的三面或多面角锥体，具有正方形底面，顶部交于一点的四个三角形外墙面，远看像汉字的"金"字。埃及金字塔是古代帝王的墓穴。
踪影：指寻找的对象，多用于否定式。

第二单元 中国历史

第七课 统一的国度——秦和汉

多的外来人中，就连从公元前3000年起就长期使用的埃及语也早已成了消亡的语言。其他文明古国，如巴比伦（Babylonia）、印度、罗马等无不如此。而中国最迟在商代已经建立了国家，时间大约在公元前17世纪。到公元前221年，秦始皇建立起一个疆域辽阔的统一的中央集权国家。从此，尽管也出现过内乱、分裂、民族战争和改朝换代（gǎicháo-huàndài），但是以汉族（华夏族）为主体的多民族政权实体不仅始终存在，而且统一的疆域范围越来越广，最终凝聚（níngjù）为一个统一的多民族的国家。

在今天世界上领土最大的几个国家中，中国是唯一拥有悠久历史的疆域稳定的国家。

回顾历史，中国还有很多以同一性和延续性闻名于世界的纪录。汉族的前身华夏族，至迟在春秋时期（前770—前476）已经成为中国的主干民族，秦汉以后汉族作为中国的主干民族一直持续到今天。即使在其他民族成为统治者时，这种状况也没有改变。世袭的君主制可以追溯到传说中的夏朝，商朝（约前17世纪—前11世纪）的制度更是得到考古发现的证实，自秦始皇确定皇帝的称号直到清朝的末代皇帝，沿用了两千一百多年。以地球绕太阳一周为一年、以月球绕地球一周为一月的夏历（农历），虽然不断修订，但一直使用了几千年，至今仍在民间使用。自汉武帝开始以帝王年号为纪年的方法，比公元纪年早一百多年，一年不缺地排到宣统三年（1911）！仓颉（Jié）造字的传说虽不一定可靠，已经发现的甲骨文却证实了汉字至少已有了三千多年的历史。早在春秋时期，汉字已经成为中原政权和华夏民族的共同文字。秦始皇统一文字后，随着中原王朝疆域的扩展，汉字的作用越来越广。汉字的基本体系从未发生变化，在楷书出现以后，

改朝换代：政权更替，旧的朝代被新的朝代所代替。

凝聚：结合在一起。

年号：多指帝王使用的纪年的名称。

字形也基本未再改变。

这样的例子还可以举出更多，足以说明我们拥有一项举世无比的遗产——统一，历史悠久的统一，统一的国家、统一的文字、统一的纪年、统一的……，甚至统一的思想。这是一项多少人曾经为之奋斗、为之牺牲、为之讴歌、为之自豪的伟大事业，也是现代中国人赖以（làiyǐ）安身立命并且不得不接受的遗产。

这种观念统治着我们这个国家和我们的人民长达两千余年，至今还存在于一些人的心灵深处，引起一些人的追忆，令一些人陶醉（táozuì）。但是这样的统一观在另一些人的思想中早已发生动摇，尤其是在西方列强用大炮轰开了大清帝国的大门以后，有人又进一步对我们这项遗产的价值提出了疑问。到 20 世纪即将结束的时候，面对日新月异又风云莫测（fēngyún-mòcè）的世界，有些人又感到这是祖宗留给我们的包袱（bāofu），认为可以痛痛快快地扔掉。这历史悠久的统一，究竟是我们宝贵的遗产，还是我们必须卸（xiè）去的包袱？今天的中国是昔日的天下的产物，无论你视为遗产还是包袱，都不能不接受。作为面向 21 世纪的中国人，我们必须放眼未来的天下，在 21 世纪的世界上占有我们应有的地位。这就是我们再认识一下昔日的天下的目的——让自己知道什么应继承，什么该抛弃（pāoqì）。

（本文选自葛剑雄《分裂与统一：中国历史的启示》，有删改）

赖以：依靠……来。

安身立命：生活有着落，精神有寄托。

陶醉：忘我地满足于一种情况。

风云莫测：变化无常。

包袱：负担。

卸：去掉。

昔日：过去。

抛弃：扔掉。

第二单元 中国历史

第七课 统一的国度——秦和汉

【讨论题】

1. 秦朝为什么可以统一全国？它的政策对后来的中国有什么影响？

2. 汉朝的政策和秦朝有哪些不同？东汉为什么会灭亡？汉朝对后来的中国有什么影响？

3. 中国和其他文明古国有什么不同？中国和其他国土广大的国家有什么不同？

【综合练习】

一、选择合适的词语填空

> 趋势　酝酿　兼并　铁腕　徭役　残酷　爆发

1. 由于经营状况不佳，最近，新星啤酒厂被联合啤酒厂所（　　　）。
2. 新部长就职以来，一直对贪污腐败采取（　　　）政策。
3. 从这次时装发布会上，我们可以看到今冬明春的时装流行（　　　）。
4. 西汉初年，政府减轻了人民的（　　　）。
5. 20世纪初，虽然中国处于非常贫弱的时期，但是一场新文化运动正在知识界（　　　）。
6. 对于秦始皇这个历史人物，有人认为他是个有能力的皇帝，有人认为他是个（　　　）的暴君。
7. 上个星期天，世界各地都（　　　）了规模浩大的反战游行。

> 沿袭　休养生息　自给自足　朝廷　渗透　天经地义

1. 秦始皇所使用的"皇帝"的称号被历代帝王所（　　　）。
2. 中国很多地区的人们还保留着（　　　）的传统经济模式。

3. 尽管有人不同意，但在我看来，国家的统一是（　　　）的事情。
4. 西汉初期的好几位皇帝都实行了（　　　）的政策。
5. 在这个城市，中国文化（　　　）在人们生活的每一个方面。
6. 东汉末年，（　　　）内部的权力斗争非常激烈。

二、熟读下列短语

实行了郡县制　　　　　　　　影响深远
采取了一系列政策　　　　　　刑法严酷
吸取了秦朝速亡的教训　　　　徭役沉重
爆发了农民大起义　　　　　　国土辽阔
推翻了秦的统治　　　　　　　经济繁荣
攻占了首都咸阳　　　　　　　国库充实
开辟了丝绸之路　　　　　　　局面混乱

三、句型练习

1. ……，以……

- 秦朝_____，以防匈奴入侵。
- 汉代初期，政府实行了休养生息的政策，以_____。
- 秦始皇统一了六国的文字，_____。
- _____，以_____。

2. 为……所 + V

- 公元前206年，秦朝为农民起义军_____。
- 由于经营不善，这家企业_____自己的对手所_____。
- 这部电影非常感人，我们都_____。
- _____为_____所_____。

第二单元 中国历史
第七课 统一的国度——秦和汉

3. 总之 ▮▮▮▮▮▮▮▮▮▮▮▮▮▮▮▮▮▮▮

- 改革开放以来，这个村子建起了很多小楼，修了很多新路，＿＿＿＿＿＿＿＿＿＿＿＿＿＿＿＿＿＿＿＿＿＿＿＿＿＿＿＿＿。
- 周末他不是去图书馆，就是去书店，＿＿＿＿＿＿＿＿＿＿＿＿＿＿。
- ＿＿＿＿＿＿＿＿＿＿＿＿＿＿＿＿＿＿＿＿，总之，中国的社会发生了巨大的变化。
- ＿＿＿＿＿＿＿＿＿＿＿＿＿＿＿，总之，＿＿＿＿＿＿＿＿＿＿＿＿＿＿＿＿。

四、把下面的人物和他们做的事情连线

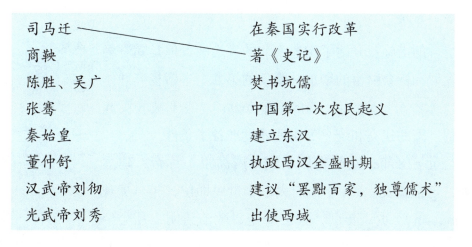

五、解释下列专业词语

《史记》　　罢黜百家，独尊儒术　　中央集权制　　丝绸之路

六、根据本课所学"阅读材料"，找出支持"中国有很多以同一性和延续性闻名于世界的纪录"这一观点的几条论据。

七、写一篇400字左右的短文，分析一下中国经过几千年始终保持统一的原因，请使用书面语。

第八课　兴盛的王朝——唐

【专题报告】

汉代之后，中国经历了三国、两晋、南北朝近400年的长期动荡（dòngdàng）分裂，人民普遍渴望稳定与统一。公元581年，北周贵族杨坚建立隋朝，公元589年，实现了南北统一。隋朝实行了一系列发展经济、恢复生产、巩固统一的措施，开凿了沟通南北的大运河，但是随着经济的发展和社会财富的增加，隋朝的第二个皇帝杨广开始大兴土木、穷兵黩武（qióngbīng-dúwǔ），终于被农民起义推翻。隋的建立和统一为唐朝盛世准备了条件。

公元618年，隋朝贵族李渊（唐高祖）称帝，建立唐朝，定都长安。626年，唐太宗李世民即位，年号贞观（Zhēnguān）。贞观年间，社会安定，政治清明，社会经济出现了繁荣景象，国力逐步强盛起来，历史上把这段时期称作"贞观之治"[1]。

唐太宗死后，由唐高宗继位。高宗多病，皇后武则天协助处理政事，逐渐掌握大权。高宗死后，武则天做了皇帝，改国号周。她是中国历史上唯一的女皇帝。武则天死后，过了几年，由她的孙子唐玄宗即位。唐玄宗前期年

三国（220—280）：是中国历史上东汉与西晋之间分裂对峙时期，魏、蜀、吴三个政权。

两晋（265—420）：西晋与东晋的统称，西晋是三国之后统一的王朝，东晋则是失去中原后转移到南方的朝代。

南北朝（420—589）：东晋之后隋统一之前，中国南方和北方对峙时期，南朝和北朝的合称。

动荡：不稳定。

大兴土木：兴建大规模的土木工程，指建造宫殿。

穷兵黩武：任意发动战争。

第二单元 中国历史

第八课 兴盛的王朝——唐

号开元,这段时期玄宗**励精图治**(lìjīng-túzhì),重视官员的人选,中国社会呈现出前所未有的盛世景象,唐朝步入全盛时期,历史上称为"开元盛世"[2]。

中国人常说"物极必反",唐玄宗后期,不理朝政,**奸臣当道**(jiānchén dāngdào),终于**酿**(niàng)成了公元755年开始的"安史之乱"[3]。从此,唐朝**衰落**(shuāiluò)下去。在以后的150多年里,渐渐陷入**藩镇割据**(fānzhèn gējù)、宦官专权的困境,直到907年,被梁所取代。

在历史上,唐朝**辉煌**(huīhuáng)的成就对中国**乃至**世界的发展都做出过**卓越**(zhuóyuè)的贡献。

自战国以来,中国在发展过程中出现过三次高潮:第一次在西汉,第二次在唐朝,第三次在明清。唐朝前期,农业生产**蒸蒸日上**(zhēngzhēng-rìshàng),手工艺品日益精巧,商品经济空前繁荣,城市生活丰富多彩;后期,江南经济进一步发展,为后来南方经济水平超越北方奠定了基础。在政治上,国家政治制度的创新主要有科举制度和三省六部制[4]。始于隋代的科举制度,确立了"公开考试、择优取仕"的人才选拔原则,是当时世界上最具开创性和平等性的官吏选拔制度;三省六部的政治体系,是集思广益与相互制约相结合的完善的官僚制度,因其优越性被当时不少国家所仿效。在完善的政治制度下,唐代先后出现了"贞观之治"和"开元盛世",国家统一,社会安定,呈现出一派**升平**(shēngpíng)景象,其成就

励精图治:尽全力使国家富强。

奸臣当道:不正直的官员控制国家。

酿:逐渐造成。

衰落:由强变弱。

藩镇割据:地方军事力量独立。

辉煌:成就非常大。

卓越:非常突出。

蒸蒸日上:事业等天天都有进步。

升平:安定和平。

超越西汉。经济的高度发展、宽松的政治环境和开放包容的社会心态，带来了文化的极大繁荣。大批佛经被翻译成汉语，中国逐渐成为佛教的中心，与此同时，儒家和道家文化也备受推崇（tuīchóng），形成儒、道、佛并行的局面；艺术得到了空前的发展，使唐朝成为一个诗歌的国度，一个音乐的国度。漂亮的唐三彩、美丽的丝绸、精湛（jīngzhàn）的书法、飘逸（piāoyì）的绘画，无不向我们展现出迷人的"盛唐气象"。

推崇：尊敬重视。

精湛：技艺非常高超。
飘逸：洒脱自然。

　　唐历时近三百年，国家统一，国力强盛，疆域辽阔。高度的物质文明和灿烂的文化增强了周边各民族的向心力，于是国内各民族间的接触和交往空前发展，民族关系进一步密切。因此，唐代是继汉代之后，中国统一的多民族国家壮大、发展的又一重要历史阶段。

向心力：内部团结的力量。

　　唐朝处于中国古代社会由前期向后期发生转折（zhuǎnzhé）的关键时期，唐朝出现的很多萌芽（méngyá）状态的新事物，对此后千余年的历史发展产生了深远的影响。科举制度**所**确立**的**"学优而仕"的人才选拔制度，打破了门第与财富对政治的垄断，使勤奋读书、修齐治平成为上千年来中国人的正途；三省六部制则形成了中国商议与制衡共存的中央官制；从租庸调制[5]到两税法[6]的变化，不仅是唐代赋税（fùshuì）制度上的改革，而且是中国古代税制由按人口征税到按财产征税的滥觞（lànshāng）。**由此可见**，从唐朝开始到北宋建立，三百年间酝酿了中国古代社会的重大变化。

转折：改变方向。

萌芽：刚刚出现。

赋税：古代各种税的总称。
滥觞：事情的开始。

　　就当时的世界范围来看，唐帝国也是最重要、最强盛的国家之一，世界上的其他强国都远远落后于唐朝。

第二单元 中国历史

第八课 兴盛的王朝——唐

唐帝国崇高的国际地位和辉煌的经济文化成就,使亚洲各国乃至欧洲、非洲国家对其产生了由衷(yóuzhōng)的欣羡(xīnxiàn)之情,他们争相与唐朝交往,唐朝的都城长安,是当时世界上最大的城市,也是中外文化频繁交流的地方。那里居住着很多著名的中外学者、文学家、艺术家,还有上万名少数民族学生和外国留学生。中国成为亚洲诸国经济文化交流的中心,并在东西方交往中发挥了显著的、重要的作用。

总之,唐朝经济发达、文化繁荣、国力强盛、国家统一,是中国历史上继汉代出现的又一鼎盛(dǐngshèng)时期,唐朝后期的发展为中国古代社会的巨大变革开了先河。唐代确实是中华民族历史上的一个辉煌灿烂的时代!

由衷: 从心里。

欣羡: 喜爱而羡慕。

鼎盛: 最强盛的。

【专业词语】

1. **贞观之治:** 唐太宗李世民在位期间,政治清明,社会安定,经济复苏,文化繁荣,国力逐步强盛。唐太宗的年号为贞观,历史上把这一时期称作"贞观之治"。

2. **开元盛世:** 是唐朝全盛时期。开元是唐玄宗统治前期的年号,开元年间,唐朝在各方面都达到了极高的水平,国力空前强盛,社会经济空前繁荣,人口大幅度增长,国家财政收入稳定,商业十分发达,国内交通四通八达,城市更为繁华,对外贸易不断增长,各国商人往来不断,唐朝进入全盛时期,后人称这一时期为"开元盛世"。

3. **安史之乱**：公元755年，唐朝军阀安禄山和史思明率15万兵反唐，持续8年，给唐朝的经济造成了极大的破坏，史称"安史之乱"。

4. **三省六部制**：中国古代一套完善的中央官制，是西汉以后长期发展形成的，至隋朝正式确立，到唐朝得到进一步完善。唐朝的三省是指中书省、门下省和尚书省，在皇帝的授意下，分掌国家政令的草拟、审批和执行的权力，其中负责执行的尚书省下设吏、户、礼、兵、刑、工六部，分理各种政务。三省之间既互相协作，又相互监督，既提高了行政效率，又避免了官员权力过于集中，是一套高效完善的官僚制度，为后世沿用和借鉴，其中六部制一直沿袭到清末。

5. **租庸调制**：唐初以均田制为基础的按人丁收税的制度。

6. **两税法**：唐后期均田制被破坏后按地产收税的制度。

【常见句型】

一、乃至

◎ 在历史上，唐朝辉煌的成就对中国乃至世界的发展都做出过卓越的贡献。

▲ 说明："甚至"的书面表达形式，引出更进一步的情况。

1. 唐帝国辉煌的经济文化成就，使亚洲各国乃至欧洲、非洲国家对其产生了由衷的欣美之情。
2. 秦始皇统一了度量衡、文字、货币乃至车轨。

二、N_1+ 所 + V + 的 + N_2

◎ 科举制度所确立的"学优而仕"的人才选拔制度，打破了门第与财富对政治的垄断。

▲ 说明：这是"N_1 + V + 的 + N_2"这一主谓定语句的书面语格式，其中的"所……的"是沿袭了古代用法，有时"的"或"N_2"可以省略。

第二单元　中国历史

第八课　兴盛的王朝——唐

1. 甲骨文是中国到今天为止所发现的最古老的文字。

2. 我们今天所见到的那具完整的头盖骨化石,是1966年时又发现的一具。

3. 请你根据本课所学的内容,说说对下面问题的看法。

4. 你所说的和我所想的完全一致。

三、由此可见,……

◎ 由此可见,从唐朝开始到北宋建立,三百年间酝酿了中国古代社会的重大变化。

▲ 说明:根据前面的论据,得出结论。

1. 经测定,元谋人生活在距今170万年的时代,由此可见,中国是人类的起源地之一。

2. 秦建立的中央集权制度,基本上为后世历代王朝所继承,由此可见,秦对中国的影响非常深远。

【专业知识】

科举制度

科举制度是中国古代通过考试选拔官吏的制度,创始于隋朝,确立于唐朝,完备于宋朝,兴盛于明、清两朝,废除于清朝末年,绵延存在了1300年,是世界上延续最久的人才选拔制度,对后世有深远的影响。由于采用分科取士的办法,所以叫作科举。

科举考试的内容主要是儒家经典,唐代时诗赋成为重要考试项目,另外,主试者也会就当时政治、经济、军事、生产等方面提出亟待解决的问题,由考生发表意见,做出书面回答。考试的优胜者,可以得到很高的荣誉,被选拔到国家官吏队伍中来。隋唐以后，中国善于治国安邦的名臣、名相，有杰出贡献的政治家、思想家、外交家、文学家、艺术家乃至科学家、军事家大都出自科举考试的优胜者中。

科举制度坚持"自由报名、公开考试、平等竞争、择优取仕"的原则，使平民百姓可以通过读书考试的阶梯而成为政府官员，打破了由门第、财富而形成的社会阶层固化。由于选拔官吏有文化知识水平的客观依据，有利于形成高素质的文官队伍；由于教育与治理国家密切相关，有利于形成培养造就优秀政治人才的社会氛围和教育体系。当然也存在一些弊病，特别是在后期从内容到形式都严重束缚了应考者，使许多人不讲求实际学问，束缚了思想。

【阅读材料】

穿越古今的西安

西安是中国历史的一座重要舞台，许多人物事件在此上演。

隋唐以一种宏大的眼光重建西安，构成一座有规模的城市。东西19里而南北16里，这座1000年以前建造的长安城，面积为今日西安市的8倍，东西14条大街，南北11条大街，其中一条笔直的朱雀（què）门大街就有9里多长，44丈宽，把全城自然地划分为东西两大区域。当日本人于8世纪经营奈良（Nàiliáng, Nara）及京都（Kyoto）时，他们不仅以较小的规模仿效长安设计建成，而且认为朱雀门及朱雀大道的名称幽雅（yōuyǎ）可颂，也照样采用了。

西安的位置接近中国的地理中心，现在已成了旅游

幽雅：幽静雅致。

第二单元 中国历史

第八课 兴盛的王朝——唐

者注目的焦点。撒开（piē kāi）其他的条件不说，它是中国历史上13个朝代的都城所在，最早的还可以追溯到秦朝统一中国之前。它在历史上所享有的盛名，远超过任何其他政治中心。不过令人遗憾的是，由于内忧外患，古老的建筑早已荡然无存（dàngrán-wúcún），只有废墟（fèixū）还保留了一些昔日的雄伟气象。	撒开：放下。 荡然无存：一点儿都不剩。 废墟：遭破坏后留下的地方。
在现今西安市的东边，也有好几处有名的历史遗迹。距离西安城不远的半坡村，至少有6000年之久，是目前中国境内所发现的最大的新石器时代遗址。从墓葬（mùzàng）的形象看来，半坡村的社会当属母系社会。	墓葬：人死后埋的地方。
西安城东北有华清池（Huáqīng Chí）。据说唐朝极盛时的皇帝唐玄宗所宠爱的妃子杨贵妃曾在池中沐浴。唐玄宗本身就是一位艺术气质浓厚的人物，据说中国的戏剧是他创始的，而他所爱的女人，更是"资质丰艳，善歌舞"。华清池也因她而享名千载，但是他们的故事却以悲剧结束。公元755年，一位镇守边关的将领安禄山以"清君侧"（qīng jūncè）为名，起兵造反。叛军逼近京城，皇帝一行往西逃向四川，到了马嵬驿（Mǎwéiyì），护卫的将士要求皇帝对杨贵妃作出断然处置，否则不肯从命。在这情形之下，即令是天子，也只好让他宠爱的妃子当场被缢死。一位向来沉湎（chénmiǎn）于欢乐的君主，从此心灰意懒（xīnhuī-yìlǎn），自逃亡至退位之后，他的残年，充满着寂寞和悔恨的情调。时代去他不远的唐代著名诗人白居易，以极带想象力的笔调，描写唐玄宗终夜不眠，看着宫前萤虫（yíngchóng）飞来飞去，阶下落叶也无心找人打扫的心情。这样的忧恨缠绵（chánmián）越陷越深，不是人世间任何因素可能稍一舒慰（shūwèi）的。这首《长恨歌》，也随之流传千古，到今天，仍旧为学生所习诵。	沐浴：洗澡。 清君侧：除掉皇帝身边的奸臣。 即令：即使。 缢死：用绳子吊死。 沉湎：完全陷在……中。 心灰意懒：灰心丧气、意志消沉。 萤虫：一种夜晚发光的飞虫。 缠绵：指感情纠缠在一起而不能解脱。 舒慰：痛苦减轻得到安慰。

131

离华清池不远是骊山,在这里我们更感觉到和历史的接近。它的影响愈浓厚,它的展开也愈合时宜。本来我们也已经知道秦始皇葬在骊山,距西安约60多公里。此人被称为世界上最可怕的专制魔王之一。他在公元前221年统一中国之后,用焚烧诗书和活埋反对者的办法去巩固他的统治。秦始皇兵马俑在1974年发现,其中包括塑制的兵俑和实物的兵器与战车,规模之宏大,使人不难想象当日大一统国家的力量。

公元907年唐朝灭亡之后,西安再未成为中国的国都。历史地理学家告诉我们,在唐朝后期,气候其实已悄然向寒冷和干旱转变,西安附近的水利事业渐次(jiàncì)衰败。国都必须接近经济条件方便之处,东南区域尤以土地肥沃、水道交通便利而有吸引力。中国的重心已移至东边,唐代之后,中国国内的政治斗争中心也转向东部。即使游牧民族,也以当中获有农业经验者占优势。自然之选择已使东北成为他们理想的基地,远超过干旱的西北,那是吐蕃(Tǔbō)、突厥(Tūjué)繁盛之区。所以中国汉族与少数民族在以后400年的争斗中,采取一种以南北为轴心(zhóuxīn)的战线,与西安渐渐远隔。这座古老的国都,也已在历史中充分地表现过它上下浮沉的经历了。

(本文选自黄仁宇《中国大历史》,有删改)

渐次: 逐渐。

轴心: 中心。

第二单元 中国历史

第八课 兴盛的王朝——唐

【讨论题】

1. 隋朝灭亡的原因是什么?
2. 唐朝为什么对于中国历史有特别重要的意义?
3. 唐朝对世界文化有什么影响?
4. 你认为现代社会还有哪些唐文化的影子?

【综合练习】

一、选择合适的词语填空

> 动荡　大兴土木　穷兵黩武　励精图治　酿　衰落　辉煌

1. 为了准备奥运会,这个城市正在(　　　),修建体育场馆和高级饭店。
2. 1840年之后,中国社会长期处于(　　　)之中。
3. 建国初期,全国人民(　　　),终于改变了国家落后的面貌。
4. 无论多么强大的国家,都有(　　　)的一天。
5. 由于不重视生产安全,终于(　　　)成了这次恶性事故。
6. 唐朝所取得的(　　　)的成就对中国历史有特别重要的意义。
7. 这个国家的领导人(　　　),四处发动战争,终于引发了全国性的反战高潮。

> 卓越　蒸蒸日上　推崇　精湛　向心力　滥觞

1. 这种劳动时的歌谣正是中国诗歌的(　　　)。
2. 中国是一个(　　　)很强的国家。

3. 改革开放后,中国的经济（　　　　）。
4. 上个世纪初中叶开始,美国文化在全球范围内受到（　　　　）。
5. 人们被画家（　　　　）的技艺所折服。
6. 在我看来,秦始皇是中国历史上一位（　　　　）的领导人。

二、熟读下列短语

陷入藩镇割据的困境　　　　安定的社会
形成儒、道、佛并行的局面　　清明的政治
为唐朝的强盛奠定了基础　　　精湛的书法
发挥了重要的作用　　　　　　飘逸的绘画
呈现出盛世景象　　　　　　　宽松的政治环境
实行了一系列的措施　　　　　开放包容的社会心态

三、句型练习

1. 乃至

- 唐朝辉煌的成就对中国乃至_____都有着深远的影响。
- 秦灭六国后,秦始皇统一了文字、货币乃至_____
_____。
- 由于种种原因,有些民族没有历史文献,没有考古实物,乃至_____
_____。
- _____乃至_____。

2. N_1 + 所 + V + 的 + N_2

- 我们今天所_____博物馆是中国最大的博物馆。
- 我完全同意作者_____。
- 甲骨文是中国到今天为止所_____。
- _____所_____的_____
_____。

第二单元 中国历史
第八课 兴盛的王朝——唐

3. 由此可见，……
- 实行"五一""十一"长假以后，商场的营业额成倍增长，由此可见，_____。
- _____，由此可见，中国是人类的起源地之一。
- 中国语言中有大量词语是当初翻译佛经时初次使用的，_____。
- _____，由此可见_____。

四、把下面的人物和他们做的事情连线

杨坚　　　　　建立唐朝
李渊　　　　　建立隋朝
李世民　　　　历史上唯一的女皇帝
唐玄宗　　　　安史之乱
安禄山　　　　开元盛世
武则天　　　　贞观之治

五、解释下列专业词语

贞观之治　开元盛世　三省六部制　安史之乱　科举制度

六、根据本课"阅读材料"，说说西安的兴衰。

七、写一篇400字左右的短文，从几个方面说明唐朝在整个中国历史上的地位，请使用书面语。

第九课　承前启后的时期——两宋

【专题报告】

公元10世纪60年代至13世纪70年代的两宋，是中国封建社会承前启后（chéngqián-qǐhòu）的重要时期。公元960年，后周将领赵匡胤（Zhào Kuāngyìn）发动兵变，建立了宋朝，定都开封，史称北宋。北宋王朝逐渐消灭了唐之后形成的其他割据政权，统一了从岭南至黄河流域的广大地区。

北宋前期，统治者除了致力于结束五代十国的分裂割据局面之外，着重在政治、军事上强化中央集权，以确保宋朝统治长治久安。鉴于（jiànyú）五代时高级将领拥兵夺权（yōngbīng-duóquán）的教训，刚刚当上皇帝的宋太祖赵匡胤把重要将领召集在一起，一边饮酒，一边向他们提出用兵权换产业的建议，即通过在经济上满足他们，要他们交出兵权。历史上把这一以和平手段解除高级将领兵权的做法称作"杯酒释兵权"[1]。武将（wǔjiàng）的兵权被解除后，赵匡胤改派文臣（wénchén）统领军队，而且军队定期换防，将帅常调，以防止官兵关系过于密切，从而威胁（wēixié）中央政权。这些措施，使自唐朝后期以来，高级将领拥兵自重（yōngbīng-zìzhòng）、藩镇割据的问题得以彻底解决。这为政治稳定、结束分裂局面和经济的发展创造了有利的条件。但是与此同时，也造成了军队战斗力削弱（xuēruò）等消极后果，为以后宋朝军队在对外战争中屡战屡败（lǚzhàn-lǚbài）埋下了伏笔（fúbǐ）。

承前启后：承接前人的，开创今后的。

鉴于：考虑到。
拥兵夺权：利用手中的军事力量夺取政权。

武将：军事将领。
文臣：文职官员。
威胁：使……面临危险。
拥兵自重：由于拥有军事势力而不听指挥。
削弱：使……变弱。
屡战屡败：多次打仗或比赛多次失败。
伏笔：为以后留下的暗示。

第二单元 中国历史

第九课 承前启后的时期——两宋

北宋中期是宋朝历史上一个重要的发展阶段。由于实施一些新的经济制度，从而激发（jīfā）了广大农民的生产积极性。随之而来的是人口的增加，垦田（kěntián）面积的扩大，农作物的种类和产量倍增等等。农业经济的迅速发展促进（cùjìn）了手工业、商业的发展，北宋的造船、纺织、造纸、制瓷等手工业，在生产规模和技术上都超过了前代。商业市场打破了旧的格局（géjú），一批大中城市迅速崛起（juéqǐ），纸币开始出现并广泛使用，大小城镇贸易盛况空前（shèngkuàng-kōngqián），宋代名画《清明上河图》就生动地描绘了这一盛况。这一时期也是宋代科技文化的繁荣（fánróng）时期。闻名于世的指南针、印刷术和火药三大发明，开发和应用主要就是在这个阶段。另外，在文学上，宋词在唐诗的基础上拓展（tuòzhǎn）出新的境界；在哲学思想上，儒学更紧密地和佛学、道学结合，从而产生了新儒学的思想体系——理学[2]。总之，宋在经济、文化、科技等诸多方面都取得了卓著（zhuózhù）的成绩。

然而，北宋中晚期，内忧外患（nèiyōu-wàihuàn）日益严重。从北宋起，中国社会进入民族矛盾扩大的时期。在以汉族为主体的宋帝国周边长期并存（bìngcún）着几个地方民族政权，在东北有契丹（Qìdān）族建立的辽[3]，在西北有党项族建立的西夏[4]，北宋与他们曾多次发生战争，但胜少败多，最终不得不以每年送给他们大量财物的方式来换得和平。连年外战，使军队数量猛增，加上官僚机构庞大（pángdà）、土地兼并加剧和沉重的外债，使国家财政连年亏空（kuīkōng），对此，宋朝政府也曾试图进行改革，但收效甚微（shōu xiào shèn wēi），北宋逐步走向衰落。最终于1127年被女真族建立的金[5]所攻灭。

北宋灭亡以后，宋朝迁都临安（Lín'ān），即今天的

激发：使……变得积极。
垦田：开垦田地。
促进：推动向前发展。
格局：格式、布局。
崛起：迅速兴起。
盛况空前：规模和场面超过以前。
繁荣：经济等发展得很好。
拓展：开辟扩展。
卓著：非常突出。
内忧外患：国内外的危机。
并存：同时存在。
庞大：大大超过惯常的范围或标准。
亏空：支出大于收入。
收效甚微：没有太大的效果。

杭州，建立了南宋。南宋建立之初，金军多次南侵，遭到宋军民的顽强抵抗（dǐkàng），使金军不敢轻易渡江。公元1141年，宋金签订和议，形成长期对峙（duìzhì）的局面。南宋在江南的统治稳固后，社会经济逐步恢复和发展起来。这时，全国的经济重心已经转移到南方，尽管南宋国土比北宋减少了五分之二，但农业生产发达地区都在南宋境内，因此，南宋农业生产的总体水平并不亚于北宋。由于军事的需要，南宋重视军器制造、采矿冶炼（yěliàn）、造船等手工业的发展，因此南宋手工业生产的技术、规模方面都超过北宋。

然而，战争的失败、中原的丧失，成为南宋人心中极大的创痛（chuāngtòng）。希望北伐（běifá）、收复中原失地成为人民的共同心愿，南宋的诗词中有大量反映这种心声的作品。但是南宋政府却以妥协求和（tuǒxié qiúhé）、偏安（piān'ān）自保为基本方针，抗金名将岳飞领军北伐正在取得胜利之时，竟被朝廷杀害。这些行动不但削弱了南宋的军事力量，而且使人民对政府产生了极大的不满和失望情绪。结果，南宋在偏安中逐步走向衰弱，终于在1279年被元所灭。

抵抗：反抗。

对峙：敌对的双方因为实力基本相当而共同存在。

冶炼：用各种方法把矿石中的金属提取出来。

创痛：痛苦。

北伐：向北作战。

妥协求和：作出让步来换取和平。

偏安：指封建王朝失去中原而苟安于仅存的部分领土。

【专业词语】

1. **杯酒释兵权**：961年，宋太祖赵匡胤在宴会上，劝说高级将领放弃手中的兵权来换取经济利益，从而以和平的手段解除了高级将领的兵权，史称"杯酒释兵权"。

2. **理学**：又名道学，是儒家思想发展到宋明时期的统称。它以儒家学说为中心，兼容佛道两家的哲学理论，论证了儒家伦理道德的合理性和永恒性，对后世政治文化产生了深远影响，其主要代表人物有程颢（hào）、程颐、

第二单元 中国历史
第九课 承前启后的时期——两宋

朱熹、张载、陆九渊、王阳明。

3. 辽（916—1125）：公元916年，契丹族领袖耶律阿保机创建，国号契丹，两年后建都皇都（今内蒙巴林左旗南波罗城）。公元947年改国号为辽（983—1066年间曾重称契丹），改皇都为上京。疆域东北至今日本海黑龙江口，西北至蒙古中部，南以今天津海河、河北霸县、山西雁门关一线与宋接界。

4. 西夏（1038—1227）：是中国历史上由党项人在中国西北部建立的一个政权。1038年，李元昊称帝时以夏为国号，称大夏。又因其在西方，宋人称之为西夏。

5. 金（1115—1234）：共历九帝，统治中国北部120年。由女真族完颜部领袖阿骨打创建，建都会宁（今黑龙江省阿城南），先后迁都中都（今北京）、开封等地，后在蒙古和宋的联合进攻下灭亡。

【常见句型】

一、……，即……

◎ 刚刚当上皇帝的宋太祖赵匡胤把重要将领召集在一起，一边饮酒，一边向他们提出用兵权换产业的建议，即通过在经济上满足他们，要他们交出兵权。

▲ 说明：对前文作出解释或进一步说明，书面语。

1. 北宋灭亡以后，宋朝迁都临安，即今天的杭州。
2. 这一时期，儒学和佛学与道学进一步结合，形成新儒学思想体系，即理学。

二、……，从而……

◎ 军队定期换防，将帅常调，以防止官兵关系过于密切，从而威胁中央政权。

▲ 说明："从而"是连词，说明前面的行为或情况带来的结果，用在后一小句开头，沿用前一小句的主语。用于书面。

1. 由于实施一些新的经济制度，从而激发了广大农民的生产积极性。
2. 在哲学思想上，儒学更紧密地和佛学、道学结合，从而产生了新儒学的思想体系。

三、……使……得以……

◎ 这些措施，使自唐朝后期以来，高级将领拥兵自重、藩镇割据的问题得以彻底解决。

▲ 说明：表示前面的措施带来一定好的结果。

1. 市长亲自过问，使这一问题得以迅速解决。
2. 休养生息政策的实施，使遭到破坏的经济得以尽快恢复。

【专业知识】

宋代三大发明

中国古代的科学技术相当发达，火药、造纸、印刷术和指南针一起被称为中国古代的四大发明。其中，火药、印刷术和指南针这三大发明，在宋朝得到广泛应用，并有新的发展，在技术上达到相当高的水平。印刷术的发明和推广被誉为世界文明之母。北宋时期，毕昇在雕版印刷的基础上发明了活字印刷，大大提高了印刷效率。大约200年后，这一技术传到其他国家，对世界文明的发展进程起到了推动作用。火药的发明与中国古代的炼丹术有密切关系。因为火药具有很强的杀伤力，唐朝末年，被广泛应用到军事上。宋元时期，火药技术有了更大的改进。后来火药的制造方法传到阿拉伯，又从阿拉伯传到欧洲各国。在很早的时候，中国就发明了指南针。北宋时期，人们创造了适用于航海的指南针，把航海事业推向了新的时代。

第二单元　中国历史

第九课　承前启后的时期——两宋

【阅读材料】

宋文化的特质

爆发于唐朝的安史之乱，引发了潜藏已久的种种危机，以杨炎两税法的财政改革为法律标志，中国封建社会经济结构发生了巨大变迁。土地国有制——均田制崩解（bēngjiě），地主经济与小自耕农经济迅速发展，直至占据社会经济的主体地位。

与社会政治、经济格局变迁的大势相呼应，中国文化亦从唐文化转向宋文化。

所谓唐文化，是一种相对开放、外向、热烈的文化类型，李白的诗、吴道子的画、昭陵（Zhāo Líng）古雕中神采飞扬的"八骏"无不喷涌奔腾着昂扬（ángyáng）的生命活力，透露出充沛的民族自信。而宋文化则是一种相对封闭、内向、淡雅（dànyǎ）的文化类型。这一时期的各种文化样式无论是哲学、文学、艺术还是社会风俗习惯，都在不同程度上带有这种宋文化的特有风貌。

宋代文化最重要的标志是理学的建构。两宋理学，不仅将纲常（gāngcháng）伦理确立为万事万物之根本，即"天理"，而且高度强调人们对"天理"的自觉意识。为指明自觉认识天理的途径，朱熹精心改造了汉儒编纂的《大学》，突出了"正心、诚意"的"修身"公式，即"古之欲明明德于天下者，先治其（qí）国；欲治其国者，先齐其家；欲齐其家者，先修其身；欲修其身者，先正其心；欲正其心者，先诚其意；欲诚其意者，先致其知；致知在格物（géwù）。"这实质上是将外在规范转化为内在的主动欲求，即伦理学上的"自律"，有了这一自律，才有诚意、正心、修身乃至齐家、治国、明德于天下的

崩解：被破坏分解。

昭陵：唐太宗李世民的陵墓。
昂扬：情绪饱满高涨。
淡雅：色彩淡而有品味。

纲常：三纲五常的简称。三纲，指君臣、父子、夫妇三种重要的关系；五常，指仁、义、礼、智、信。
其：他的。
格物：穷究事物的道理。

功业。

理学是中国后期封建社会最为精致、最为完备的理论体系，其影响至深至广。由于理学家将"天理"和"人欲"对立起来，进而以天理遏制（èzhì）人欲，约束（yuēshù）带有自我色彩、个人色彩的情感欲求。理学追求"尚（shàng）礼义不尚权谋"的思想，将传统儒学的先义后利发展成为重义轻利（zhòngyì-qīnglì）观念。应该看到，理学强调通过道德自律达到理想人格的建树（jiànshù），从而强化了中华民族注重气节和德操（décāo），注重社会责任与历史使命的文化性格。张载庄严宣告："为天地立心，为生民立命，为往圣继绝学（juéxué），为万世开太平"；顾炎武（Gù Yánwǔ）在明清易（yì）代之际发出"天下兴亡，匹夫有责（tiānxià xīngwáng, pǐfū yǒu zé）"的慷慨（kāngkǎi）呼号，无不浸润（jìnrùn）了理学的道德理想。

与理学着意于内省的趋向一致，两宋的士大夫文化也表现出精致、内向的性格，这一特点首先反映在宋词当中。与气象宏大的唐诗不同，宋词中虽然有像苏轼、辛弃疾为代表人物的豪放词派，但其主流始终是"婉约（wǎnyuē）"和"阴柔（yīnróu）"。宋词雅，宋画也雅。宋朝的文人画，强调融诗歌、书法于绘画之中，具有优雅细密、温柔恬静（tiánjìng）之美。另外，两宋古文和缓隽永，宋诗深沉思辨，宋代瓷器简朴清秀。这些都集中体现了宋人与唐人大不相同的心境和意趣。

宋朝从建立初期就为外患所困扰，尤其是进入南宋之后，民族矛盾成为社会的主要矛盾，恬静、内向的宋文化也被注入了强烈的忧患意识，陆游、辛弃疾、岳飞等优秀词人的悲愤激昂之作，正是这种文化大背景孕育

遏制：制止，控制。
约束：限制管束使不超越范围。
尚：重视。
重义轻利：重视道义，轻视利益。
建树：建立。
德操：道德情操。
绝学：失传的学问。
易：变换。
天下兴亡，匹夫有责：国家的命运，每一个国民都有责任。
慷慨：充满正气。
浸润：渗透。
婉约：委婉含蓄。
阴柔：温柔，有女性美。
恬静：安闲、宁静。

孕育：培育。

第二单元　中国历史

第九课　承前启后的时期——两宋

（yùnyù）的产物。

与此同时，契丹、党项、羌（Qiāng）、女真等民族虽然和宋朝战事不断，但是丰满细腻的宋文化也深深地吸引着他们。在辽朝，孔子受到朝野上下的尊崇（zūnchóng）；《史记》《汉书》等汉文化名著被译成契丹文字，广为流传；唐诗成为儿童学习的启蒙读物；苏轼的诗词更为辽人熟悉和喜爱。在西夏，《孝经》《论语》《孟子》皆有本族文字译本，至宋仁宗时，已是任用中国贤才、读中国书籍、用中国车马、行中国法令了。在金国，儒学被奉（fèng）为正宗道统，而金中都则完全是仿照宋都开封建立的。

总之，虽然宋王朝在军事上处于不利地位，但宋文化在很多方面都达到了相当高的水平。正如著名史学家陈寅恪所说"华夏民族之文化，历数千载之演进，造极（zàojí）于赵宋之世。"

（选自张岱年、方克立主编《中国文化概论》，因教材需要，有删改）

尊崇：尊重崇尚。

奉：尊敬地看作。

造极：达到顶点。

【讨论题】

1. 北宋前期政府采取了哪些措施来控制兵权？
2. 北宋中期在经济和文化方面有哪些成绩？
3. 简单说说宋朝和周边其他民族政权的关系。

【综合练习】

一、选择合适的词语填空

> 承前启后　鉴于　威胁　削弱　激发　格局

1.（　　　）秦灭亡的教训,汉代实行了休养生息的政策。

2. 在中国历史上,宋朝是一个（　　　）的朝代。

3. 主力队员因病不能参加比赛,（　　　）了辽宁队场上的实力。

4. 改革打破了原来的机构（　　　）。

5. 老师的话（　　　）起孩子们学习数学的兴趣。

6. 在古代,这个地区常常受到黄河水灾的（　　　）。

> 庞大　亏空　促进　对峙　内忧外患　盛况空前

1. 目前,加快产业转型,（　　　）产业升级,成为一些行业发展的重要方向。

2. 政府（　　　）的开支使财政出现了（　　　）。

3. 昨日的演出（　　　）,演员人数多达2000人。

4. 进入春天之后,两军隔着长江形成（　　　）局面。

5.（　　　）使这个国家逐步走向衰落。

二、熟读下列短语

发动兵变　　　　造成……的后果
创造条件　　　　鉴于……的教训
埋下伏笔　　　　激发……的积极性
解除兵权　　　　促进……的发展
遭到抵抗　　　　强化中央集权

第二单元　中国历史

第九课　承前启后的时期——两宋

三、句型练习

1. ……，即……

- 外交部发言人称，海峡两岸，＿＿＿＿＿＿＿＿＿＿＿＿＿＿＿，属于同一个中国。
- 丝绸之路，＿＿＿＿＿＿＿＿＿＿＿＿，是古代中外交流的重要通道。
- 唐朝的首都长安，即＿＿＿＿＿＿＿＿＿＿＿，＿＿＿＿＿＿＿＿＿＿＿。
- ＿＿＿＿＿＿＿＿＿＿＿＿＿＿＿，即＿＿＿＿＿＿＿＿＿＿＿＿＿＿＿。

2. ……，从而……

- 在西部地区大量植树造林，从而防止了＿＿＿＿＿＿＿＿＿＿＿＿＿。
- 秦始皇统一了中国的文字，从而＿＿＿＿＿＿＿＿＿＿＿＿＿＿＿。
- ＿＿＿＿＿＿＿＿＿＿＿＿＿＿＿，从而激发了广大农民的生产积极性。
- ＿＿＿＿＿＿＿＿＿＿＿＿＿＿＿，从而＿＿＿＿＿＿＿＿＿＿＿＿＿。

3. ……使……得以……

- 改革开放政策的实行，使中国的经济得以＿＿＿＿＿＿＿＿＿＿＿＿＿。
- 这个地区推广了新的播种方式，使＿＿＿＿＿＿＿＿＿＿＿＿＿＿＿。
- 中国政府在西部实行了退耕还林政策，＿＿＿＿＿＿＿＿＿＿＿＿＿＿＿＿＿＿＿＿＿＿＿＿＿＿＿＿＿＿＿＿。
- ＿＿＿＿＿＿＿＿＿＿＿＿＿＿＿，使＿＿＿＿＿＿＿＿＿＿＿得以＿＿＿＿＿＿＿＿＿＿＿＿＿＿＿＿＿＿＿＿。

四、解释下列专业词语

杯酒释兵权　　宋代三大发明　　理学

五、根据本课"阅读材料"进行归纳，说明在哪些方面特别能够体现宋文化内向、淡雅的特质。

六、写一篇400字左右的短文，简要说明宋朝在军事、经济和文化方面的情况，请使用书面语。

第十课　最后的三代王朝——元明清

【专题报告】

宋结束后，是中国最后的三个封建王朝元、明、清，也是中国第三次民族融合的高峰时期，蒙古族和满族入主中原客观上促进了各民族之间的融合，使中国成为一个多民族的大家庭。**另外**，由于元和清都采用"汉法"，特别是清朝的满族统治者最后完全汉化，使中国传统文化并未中断而是继续发展。但与此同时，中央专制逐步加强达到高峰，明清时的"文字狱"[1]和闭国政策又给中国清朝后期的危机埋下伏笔。

元朝（1271—1368）

元朝是中国历史上由蒙古族建立的统一王朝，13世纪初，成吉思汗（Chéngjísīhán）统一了蒙古各部落，建立蒙古国，之后，他南征北战（nánzhēng-běizhàn），使国土横跨欧亚，并先后灭掉了西夏和金。1271年他的孙子忽必烈（Hūbìliè）当上皇帝，建立元朝，定都北京，当时称为大都。1279年，元朝又灭掉南宋，建立了统一的王朝，终于在马上打下了"天下"。整个13世纪，蒙古骑兵的足迹几乎踏遍了整个欧亚大陆。

进入中原初期，蒙古人还保持着游牧民族的传统，不重视农业，很多农田变为牧场，但是忽必烈渐渐认识到农业的重要，提倡"采用汉法"，他所定的国号"元"就出自儒家经典《易经》（Yìjīng）。他多次禁止破坏农田，这样全国的经济逐渐恢复起来，加上元朝疆土辽阔，工商

成吉思汗：13世纪统一蒙古各部落的首领。
南征北战：四处征战。
忽必烈：元代第一个皇帝。

《易经》：中国古代用来占卜的一本书，后来经过注解成为儒家六经之一。

第二单元 中国历史

第十课 最后的三代王朝——元明清

业和对外贸易也逐渐繁荣，到意大利人马可·波罗来到中国时，他看到的中国是世界上最强大最富裕的国家。他的游记使西欧人对中国文明充满了向往。

虽然忽必烈进行了汉化改革，但由于蒙古族传统习俗的强大，整个国家依然是重武功而轻文治，很多改革无法落实（luòshí），宫廷政变（zhèngbiàn）不断。另外，元代实行民族歧视（qíshì）政策，蒙古人为第一等人，而原南宋人是最下等人，这样民族矛盾也很尖锐，最终激起了汉族农民的反抗。当时元朝官员非常腐败（fǔbài），军队已经没有什么战斗力，因此在统治中国98年之后，元朝最后一个皇帝在大军逼近之际，带着他的后妃、太子和一部分大臣离开北京城，一路北逃了。

元朝是少数民族第一次控制全中国，它结束了长期南北对峙的局面，加强了国内各地区、各民族间的相互联系，客观上（kèguān shang）使民族融合进一步加深。

明朝（1368—1644）

1368年，农民起义的领袖朱元璋（Zhū Yuánzhāng）在南京建立了明朝，恢复了汉族人的统治。1421年，他的儿子朱棣（Zhū Dì）正式迁都北京。明代社会生产力进一步发展，农业生产和手工业都有显著进步，并且商品经济因素日益增加，中国仍然是世界上数一数二的强国，郑和七次下西洋[2]充分显示了中国航海的实力。但是明代后期，政府却长期实行禁海（jìnhǎi）政策，中国闭关锁国（bìguān-suǒguó）的倾向已经露出端倪（duānní）。

与此同时，中国延续两千多年的宰相（zǎixiàng）制被取消，君主专制制度得到空前加强，皇帝控制着军队、政府，一切政务都由皇帝一人负责，各地官员都由皇帝一人任命。皇帝拥有极端（jíduān）的权力，政务的繁重可

马可·波罗：Marco Polo，意大利商人、旅行家，于元代来到中国，写了《马可·波罗游记》向西方介绍中国。

落实：把制定的计划等变成行动。

政变：用武力改变政权。

歧视：不平等地看待。

腐败：政权混乱、黑暗。

大臣：高级官员。

客观上：事实上的。

朱元璋：明朝第一个皇帝。

朱棣：明朝皇帝，明成祖。

显著：非常明显的。

禁海：禁止海上贸易。

闭关锁国：拒绝和别国进行贸易。

端倪：开始的迹象。

宰相：辅助帝王掌管国事的最高官员的通称。

专制：君主独掌政权。

极端：非常厉害。

147

以想象，这样他就更多地依赖他周围的亲信，这为宦官干涉政治提供了条件。另外，为了监视（jiānshì）全国人民，明朝起，特务（tèwù）横行，全国到处是皇帝的耳目，这些耳目和宦官相结合，控制各级官员、干预（gānyù）朝政。文化方面，"文字狱"盛行，文人或官员在文章中稍微有一点儿抱怨或疏忽，就会招来杀身之祸。在极度黑暗的政治下，终于爆发了全国性的农民大起义。1644年，李自成的起义军攻破了北京城，明朝最后一个皇帝自杀，明朝灭亡。

清朝（1644—1911）

李自成军攻破北京之后，志得意满（zhìdé-yìmǎn），以为已经拥有天下，但是，由满族人建立的清却早已在长城外窥望多时。1644年，明朝大臣打开山海关（Shānhǎi Guān）大门，清兵进入北京，赶跑了明朝的起义军，入主中原，并逐步统一全国。

清朝初期采取鼓励农业、减免捐税（juānshuì）的政策，经济得到恢复和发展，康熙（Kāngxī）皇帝执政期间，统一了台湾，乾隆（Qiánlóng）中叶（zhōngyè），统一了新疆，一举解决了中国历史上游牧民族和农耕民族之间旷日持久（kuàngrì-chíjiǔ）的冲突，而且发展了边疆地区的经济、文化和交通，巩固了中国多民族国家的统一，奠定了现代中国的版图，增强了中华民族的凝聚力。

清朝实行了完全汉化的政策，奉儒家思想为正统，康乾时期编撰（biānzhuàn）了《四库全书》[3]等几部集大成（jí dàchéng）之作，对清理和总结中国历史文化遗产做出了重大贡献。至18世纪中叶，清已经发展为一个国力强大、秩序稳定的多民族的统一的大国。这是中国古代

监视： 从旁暗暗看。
特务： 受指派收集情报、监视别人或搞破坏的人。
干预： 管不该管的事情。

志得意满： 非常得意。
山海关： 万里长城东端第一关，交通要冲。
捐税： 各种捐和税收的总称。
康熙： 清朝皇帝年号。
乾隆： 清朝皇帝年号。
中叶： 中期。
旷日持久： 持续时间非常长。
编撰： 编写。
集大成： 集中某类事物的各个方面，达到相当完备的程度。

第二单元 中国历史
第十课 最后的三代王朝——元明清

史最后的辉煌期，史称"康乾盛世"[4]。 　　清朝尽管取得了这些令人瞩目（lìng rén zhǔmù）的成就，但在政治上，君主集权体制更加严密，并且像明朝一样屡兴（lǚxīng）"文字狱"；在对外关系上，长期闭关自守，盲目自大，不了解同一时期西方资本主义正在蓬勃（péngbó）发展，使中国在科技、军事等各方面，渐渐和西方国家拉开了距离。这样，从1840年鸦片战争[5]开始，中国进入被外国侵略（qīnlüè）的时期，从此，中国从一个经济总量占世界三分之一的世界强国，一步步沦为（lúnwéi）半殖民地（zhímíndì）半封建国家。鸦片战争，是中国近代史的开端，此后的一百多年，中国人在苦难中不断寻找救国之路。1911年，清朝被推翻，1912年，中华民国建立，持续了两千多年的帝制在中国终结。1949年，中华人民共和国成立，中国走上了民族复兴的道路。	令人瞩目：非常吸引人的注意力。 屡兴：经常发生。 蓬勃：发展很兴旺。 侵略：侵犯别国的领土或主权。 沦为：变成（不好的情况）。 殖民地：丧失了政治经济独立权力，受他国管的地区或国家。

【专业词语】

1. 文字狱：指统治者从文人或学者的诗文中摘取字句，罗织罪名而造成的冤狱。中国许多朝代都有文字狱的记录，明洪武年间、清康雍乾年间文字狱极为盛行。

2. 郑和下西洋：郑和是中国历史上伟大的航海家，在1405至1433年的28年间，郑和受明朝政府委托，率领船队七下西洋，打通并拓展了中国与亚非三十多个国家和地区的海上交通，为世界航海事业的发展和各国人民的交流做出了贡献。

3. 《四库全书》：中国清代编修的大型综合丛书。乾隆三十八年（1773）开馆编修，乾隆四十六年（1781）完成。共收书3503种，计79337卷。分经、史、子、集四部，44类，收录了中国历史上最有价值的文化典籍。全书共缮写7部，分藏于北京、承德、沈阳、镇江、扬州、杭州等地，其中文津阁本现存国家图书馆，是七部中保存最完整的一部。

4. 康乾盛世：清初实行奖励垦荒、减免捐税的政策，内地和边疆的社会经济都有所发展。至18世纪中叶，封建经济发展到一个新的高峰，这一时期正是康熙、雍正和乾隆统治时期，又称"康雍乾盛世"。

5. 鸦片战争：1840至1842年英国为保护走私毒品鸦片对中国进行的侵略战争，使清政府被迫和英国签订中国近代史上第一个不平等条约中英《南京条约》。鸦片战争，是中国近代史的开端。

【常见句型】

一、另外

◎ 另外，由于元和清都采用"汉法"，特别是清朝的满族统治者最后完全汉化，使中国传统文化并未中断而是继续发展。

◎ 由于蒙古族传统习俗的强大，整个国家依然是重武功而轻文治，另外，元代实行民族歧视政策，这样民族矛盾也很尖锐，最终激起了汉族农民的反抗。

▲ 说明："另外"用来连接相互有关系的句子或段落，有补充或转换到另一个相关话题的作用。

1. 在殷墟出土了很多甲骨文，另外还有很多青铜器。
2. 我之所以学习古代汉语，是因为我喜欢古典文学。另外，要学习中国历史，也应该有古代汉语的基础。

二、由 + N + V

◎ 一切政务都由皇帝一人负责，各地官员都由皇帝一人任命。

▲ 说明：这个句型表示一件工作或任务谁来负责，或者一个整体是什么组成的。

第二单元 中国历史

第十课 最后的三代王朝——元明清

1. 国家主席由全国人民代表大会选举产生。
2. 所有的生产过程都由电脑控制。
3. 代表团由 24 名成员组成。

三、在……上

◎ 在政治上，君主集权体制更加严密。
▲ 说明：表示在某个方面。
1. 在经济上，清代仍然以农业为主。
2. 在外交上，中国奉行和平共处五项原则。

【专业知识】

二十五史

中国历代官修的史书至今共有二十五部，称为"二十五史"，从司马迁著《史记》开纪传体史书体例，班固修《汉书》定断代史之后，各朝各代都以此为楷模修史。

《史记》《汉书》《后汉书》《三国志》，这四部书都是由个人编撰而成，被称为"前四史"，受到历代的重视；另外还有《晋书》《宋书》《南齐书》《梁书》《陈书》《魏书》《北齐书》《周书》《隋书》和《南史》《北史》《新唐书》《新五代史》，成为宋代所说的"十七史"；到明代，增加了元朝修的《宋史》《辽史》《金史》和明朝修的《元史》，又有"二十一史"的说法；清朝设馆修《明史》，成为"二十二史"，之后又正式把《旧唐书》《旧五代史》列为正史，成为"二十四史"；辛亥革命之后，清帝被迫退位，北京政府设立清史馆编写《清史》，1926 年完成并以《清史稿》名义刊行，并将其并入"二十四史"，统称为"二十五史"。

除正史"二十五史"外，还有不少其他的重要历史典籍，如《左传》《战国策》《资治通鉴》等，也是学习和研究历史的重要书目。

【阅读材料】

从鸦片战争到五四运动

当代中国历史学家以1840年为界,把清朝分成两段,前期属于中国古代史,后期则属于中国近代史。从1840年鸦片战争开始,中国进入被外国列强侵略的时期,逐渐从一个世界强国沦为半殖民地半封建国家,中国人开始了一百多年救国图存(jiùguó-túcún)的历程。

18世纪末,英国为了扭转对华贸易逆差(nìchā),开始向中国走私(zǒusī)鸦片,获取暴利,造成中国白银外流,国民吸毒成瘾,危害极大。1839年6月林则徐(Lín Zéxú)在广州虎门销烟。1840年,英国政府为保护鸦片走私发动战争。1842年8月,清政府和英国签订中国近代史上第一个不平等条约中英《南京条约》,开放五个通商口岸,割让香港岛。

1856年,第二次鸦片战争爆发,这是英、法联合发动的侵华战争,因其实质是鸦片战争的继续和扩大而得名。在这次战争中,圆明园被英法联军烧毁,1860年,这次战争以中国再次签订了不平等的《天津条约》而告终。

两次"鸦片战争"的失败,使中国人认识到中国的工业落后于西方,于是从19世纪60年代开始,中国兴起"洋务运动",希望通过学习外国技术,发展民族工业,富国强兵。在"洋务运动"中,中国购买兵舰和大炮,创办近代军事民用工业,初步建成近代海军。

1894年,中日甲午战争爆发,中国北洋海军全军覆没(fùmò),被迫签订《马关条约》,付给日本巨额战争赔款,割让台湾。这使中国朝野震动,1898年,光绪皇帝

救国图存:从灭国的危险中救国家。

逆差:贸易中进口额大于出口额。

走私:非法出入境买卖商品。

覆没:军队完全被消灭。

第二单元 中国历史

第十课 最后的三代王朝——元明清

开始实行"戊戌变法（Wùxū Biànfǎ）"，变革国家的政治、经济、教育制度，但变法只维持了一百多天就失败了，史称"百日维新"。

1900年英、美、日、俄、德、法、奥、意八国联军入侵北京，北京几世纪来的文物又遭浩劫，之后所签订的《辛丑条约》不但使中国支付巨额赔款，而且中国关税完全由外国控制，天津炮台被拆除，铁路允许外国军队驻守，中国完全沦为一个半殖民地国家。这让中国人对清政府彻底绝望。1911年，以孙中山为代表的革命党人领导发动辛亥革命，结束了中国两千多年的帝制，建立了中华民国。

浩劫：严重的苦难。

鸦片战争以来的一系列失败，使中国的民族自信受到冲击，一些知识分子把这些失败归咎于（guījiù yú）中国传统文化。从1915年开始，中国的知识界展开了对传统文化最猛烈的批判，他们提出了"打倒孔家店""全盘西化""民主与科学"等口号，包括马克思主义在内的西方思想开始进入中国，北京大学成为传播新思想、倡导新文化的核心阵地。

归咎于：把错误推给……

1919年1月，在"一战"结束后的巴黎和会上，美、英、法、日等国决定把德国在中国山东的特权转让给日本，全中国愤怒。5月4日，受新思想熏陶（xūntáo）数年的北京大学等高校学生在天安门前游行示威，反对帝国主义侵略，反对软弱的军阀政府，后发展为全国性的罢课、罢工、罢市活动，迫使政府拒签《巴黎和约》。这就是历史上著名的五四运动。

熏陶：被一种思想、品行、习惯所影响而受到同化。

五四运动不是一个单一的历史事件，它与"五四"前后的"新文化运动"紧密相联。这是中国正式吸收西方理念的开端，开启了中国现代转型之路。这一时期所传播的

"反帝反封建"理念、"民主科学"理念、马克思主义思想,所倡导的"白话文运动""简化字运动""国语运动"都对现代中国有深远影响,同时五四运动还为1921年成立的中国共产党做了思想和人才方面的准备,对现代中国影响甚巨。因此中国历史学家将五四运动视作中国现代史的开端。

【讨论题】

1. 明清在文化、政治和外交政策上有什么相似之处?这些政策对后来的中国有什么影响?
2. 请说明中国从鸦片战争之后遭遇到哪些危机,又采取了哪些对策。
3. 五四运动对中国有什么重要意义和影响?

【综合练习】

一、选择合适的词语填空

南征北战　落实　政变　歧视　腐败

1. 这虽然是一个多民族的国家,可是并不存在民族(　　)的问题。
2. 他们的政策制定得很好,关键在于(　　)。
3. 那一时期,南北长期处于对峙状态,后来经过多年的(　　),全国终于再次统一。
4. 首相出国访问期间,国内发生了军事(　　)。
5. 在这个国家,存在很多权钱交易的(　　)现象。

第二单元 中国历史

第十课 最后的三代王朝——元明清

> 客观上　闭关锁国　端倪　监视　干预　蓬勃
> 捐税　旷日持久　集大成　令人瞩目　侵略　殖民地

1. 由于受到外国势力的（　　　），这个国家发生了（　　　）的战争。

2. 明朝后期，政府利用特务（　　　）老百姓和官员的言行，在外交上又实行（　　　）的禁海政策，这样已经露出了落后的（　　　）。

3. 建国初期，政府减轻了国民的（　　　），国家的经济开始（　　　）地发展起来。

4. 改革开放以来，中国在经济上取得了（　　　）的成就。

5. 朱熹是中国宋代儒家的（　　　）者。

6. 这位学者在他的文章中说，中国在19世纪受到西方的（　　　），逐渐沦为一个半（　　　）半封建国家，（　　　）使中国开始被迫了解西方。

二、熟读下列短语

促进了民族的融合　　奠定了现代中国的版图　　解决了旷日持久的冲突
巩固了民族的统一　　增强了中华民族的凝聚力　　取得了令人瞩目的成就

三、句型练习

1. 另外

- 如果要学好外语，应该大胆地开口讲话，另外，_____
_____也很重要。

- 随着人们婚姻观念的变化，离婚率逐渐升高，另外，网络的普及也使_____。

- _____，另外，旷日持久的战争也是这个国家国力削弱的原因。

- _____，另外，_____。

2. 由 + N + V
- 中国的国家主席由全国人民代表大会_____。
- 明朝以前，国家的行政事务_____宰相_____。
- 中国_____56个民族_____。
- _____由_____。

3. 在……上
- 在_____上，中美存在很大的不同。
- 在外交上，中国_____。
- 改革开放以来，中国_____。
- 在_____上，_____。

四、把下面的人物和他们身份、所做事情连线

朱元璋	元朝第一个皇帝
成吉思汗	建立明朝
忽必烈	统一蒙古各部落
李自成	将明朝首都迁到北京
朱棣	明代农民起义领袖

五、解释下列专业词语

文字狱　　康乾盛世　　鸦片战争

六、写一篇400字左右的短文，分析一下中国在清朝后期是如何由盛到衰的。

七、根据本单元所学的中国历史，写出几条你对中国未来发展趋势的预测，并结合所学历史知识说明原因。

专题报告词汇表

音序	词	拼音	所在课序号
B	把握	bǎwò	6
	爆发	bàofā	7
	北伐	běifá	9
	逼	bī	6
	闭关锁国	bìguān-suǒguó	10
	编撰	biānzhuàn	10
	并存	bìngcún	9
	不打不相识	bù dǎ bù xiāngshí	6
C	残酷	cánkù	7
	朝代	cháodài	6
	朝廷	cháotíng	7
	成吉思汗	Chéngjísīhán	10
	承前启后	chéngqián-qǐhòu	9
	创痛	chuāngtòng	9
	促进	cùjìn	9
D	大臣	dàchén	10
	大兴土木	dàxīng-tǔmù	8
	抵抗	dǐkàng	9
	凋谢	diāoxiè	6
	鼎立	dǐnglì	7
	鼎盛	dǐngshèng	8
	动荡	dòngdàng	8
	度量衡	dùliànghéng	7
	端倪	duānní	10

	对峙	duìzhì	9
F	藩镇割据	fānzhèn gējù	8
	繁荣	fánróng	9
	分裂	fēnliè	6
	伏笔	fúbǐ	9
	腐败	fǔbài	10
	赋税	fùshuì	8
G	干预	gānyù	10
	格局	géjú	9
H	豪强	háoqiáng	7
	河西走廊	Héxī Zǒuláng	7
	忽必烈	Hūbìliè	10
	宦官	huànguān	7
	辉煌	huīhuáng	8
J	激发	jīfā	9
	极端	jíduān	10
	集大成	jí dàchéng	10
	奸臣当道	jiānchén dāngdào	8
	监视	jiānshì	10
	兼并	jiānbìng	7
	鉴于	jiànyú	9
	禁海	jìnhǎi	10
	精湛	jīngzhàn	8
	举足轻重	jǔzú-qīngzhòng	6
	捐税	juānshuì	10
	崛起	juéqǐ	9
K	康熙	Kāngxī	10
	客观上	kèguān shang	10

	垦田	kěntián	9
	旷日持久	kuàngrì-chíjiǔ	10
	亏空	kuīkong	9
L	滥觞	lànshāng	8
	励精图治	lìjīng-túzhì	8
	两晋	Liǎng Jìn	8
	令人瞩目	lìng rén zhǔmù	10
	沦为	lúnwéi	10
	落实	luòshí	10
	屡兴	lǚxīng	10
	屡战屡败	lǚzhàn-lǚbài	9
M	马可·波罗	Mǎkě Bōluó	10
	满族	mǎnzú	6
	萌芽	méngyá	8
N	南北朝	Nán-Běi Cháo	8
	南征北战	nánzhēng-běizhàn	10
	内忧外患	nèiyōu-wàihuàn	9
	逆转	nìzhuǎn	6
	酿	niàng	8
O	偶尔	ǒu'ěr	6
P	庞大	pángdà	9
	蓬勃	péngbó	10
	偏安	piān'ān	9
	飘逸	piāoyì	8
Q	歧视	qíshì	10
	乾隆	Qiánlóng	10
	侵略	qīnlüè	10
	秦始皇兵马俑	Qín Shǐhuáng Bīngmǎyǒng	7

	穷兵黩武	qióngbīng-dúwǔ	8
	趋势	qūshì	7
S	三国	Sān Guó	8
	山海关	Shānhǎi Guān	10
	深入人心	shēnrù-rénxīn	6
	渗透	shèntòu	7
	升平	shēngpíng	8
	盛况空前	shèngkuàng-kōngqián	9
	收效甚微	shōu xiào shèn wēi	9
	蜀	Shǔ	7
	衰落	shuāiluò	8
T	特务	tèwù	10
	天经地义	tiānjīng-dìyì	7
	铁腕	tiěwàn	7
	推崇	tuīchóng	8
	妥协求和	tuǒxié qiúhé	9
	拓展	tuòzhǎn	9
W	外戚	wàiqī	7
	威胁	wēixié	9
	魏	Wèi	7
	文臣	wénchén	9
	吴	Wú	7
	武将	wǔjiàng	9
X	显著	xiǎnzhù	10
	向心力	xiàngxīnlì	8
	欣羡	xīnxiàn	8
	匈奴	Xiōngnú	7
	休养生息	xiūyǎng-shēngxī	7

	削弱	xuēruò	9
Y	沿袭	yánxí	7
	摇篮	yáolán	6
	徭役	yáoyì	7
	冶炼	yěliàn	9
	一脉相承	yímài-xiāngchéng	6
	《易经》	Yìjīng	10
	拥兵夺权	yōngbīng-duóquán	9
	拥兵自重	yōngbīng-zìzhòng	9
	由衷	yóuzhōng	8
	游牧民族	yóumù mínzú	6
Z	宰相	zǎixiàng	10
	蒸蒸日上	zhēngzhēng-rìshàng	8
	政变	zhèngbiàn	10
	殖民地	zhímíndì	10
	志得意满	zhìdé-yìmǎn	10
	中叶	zhōngyè	10
	周边	zhōubiān	6
	朱棣	Zhū Dì	10
	朱元璋	Zhū Yuánzhāng	10
	诸侯国	zhūhóuguó	7
	专制	zhuānzhì	10
	转折	zhuǎnzhé	8
	追溯	zhuīsù	6
	卓越	zhuóyuè	8
	卓著	zhuózhù	9
	自给自足	zìjǐ-zìzú	7

专业词汇表

音序	词	拼音	所在课序号
A	安史之乱	Ān Shǐ zhī Luàn	8
B	罢黜百家，独尊儒术	bàchù bǎi jiā, dú zūn rúshù	7
	杯酒释兵权	bēi jiǔ shì bīngquán	9
F	法家思想	fǎjiā sīxiǎng	7
	焚书坑儒	fénshū kēngrú	7
J	甲骨文	jiǎgǔwén	6
	金	Jīn	9
	郡县制	jùnxiànzhì	7
K	开元盛世	Kāiyuán Shèngshì	8
	康乾盛世	Kāng-Qián Shèngshì	10
L	理学	lǐxué	9
	两税法	liǎngshuìfǎ	8
	辽	Liáo	9
Q	秦始皇	Qín Shǐhuáng	6
R	儒家	Rújiā	6
S	三省六部制	sānshěng liùbùzhì	8
	商鞅变法	Shāngyāng Biànfǎ	7
	丝绸之路	Sīchóu zhī Lù	7
	《四库全书》	Sìkù Quánshū	10
W	文字狱	wénzìyù	10
X	西夏	Xīxià	9
Y	鸦片战争	Yāpiàn Zhànzhēng	10
Z	贞观之治	Zhēnguān zhī Zhì	8
	郑和下西洋	Zhèng Hé xià Xīyáng	10
	中央集权制	zhōngyāng jíquánzhì	7
	租庸调制	zūyōngdiàozhì	8

阅读材料词汇表

音序	词	拼音	所在课序号
A	安身立命	ānshēn-lìmìng	7
	昂扬	ángyáng	9
B	包袱	bāofu	7
	崩解	bēngjiě	9
C	缠绵	chánmián	8
	沉积	chénjī	6
	沉湎	chénmiǎn	8
	崇拜	chóngbài	6
D	淡雅	dànyǎ	9
	荡然无存	dàngrán-wúcún	8
	德操	décāo	9
	抵抗	dǐkàng	10
E	遏制	èzhì	9
F	腓尼基	Féiníjī	7
	废墟	fèixū	8
	风云莫测	fēngyún-mòcè	7
	奉	fèng	9
	覆没	fùmò	10
G	改朝换代	gǎicháo-huàndài	7
	纲常	gāngcháng	9
	格物	géwù	9
	耕读传家	gēngdú chuánjiā	6
	耕战之术	gēng zhàn zhī shù	6
	贯穿	guànchuān	6

	归咎于	guījiù yú	10
H	旱涝	hànlào	6
	浩劫	hàojié	10
J	即令	jílìng	8
	季风	jìfēng	6
	建树	jiànshù	9
	渐次	jiàncì	8
	金字塔	jīnzìtǎ	7
	浸润	jìnrùn	9
	救国图存	jiùguó-túcún	10
	绝学	juéxué	9
	君臣	jūnchén	6
K	慷慨	kāngkǎi	9
L	赖以	làiyǐ	7
	《论语》	Lúnyǔ	6
M	萌发	méngfā	7
	末作	mòzuò	6
	沐浴	mùyù	8
	墓葬	mùzàng	8
	逆差	nìchā	10
	年号	niánhào	7
N	凝聚	níngjù	7
P	抛弃	pāoqì	7
	撇开	piē kāi	8
Q	其	qí	9
	秦国	Qínguó	6
	清君侧	qīng jūncè	8
S	尚	shàng	9

T	舒慰	shūwèi	8
	陶醉	táozuì	7
	天下兴亡，匹夫有责	tiānxià xīngwáng, pǐfū yǒu zé	9
	恬静	tiánjìng	9
W	婉约	wǎnyuē	9
X	昔日	xīrì	7
	楔形文字	xiēxíng wénzì	7
	卸	xiè	7
	心灰意懒	xīnhuī-yìlǎn	8
	熏陶	xūntáo	10
Y	燕国	Yānguó	6
	易	yì	9
	缢死	yìsǐ	8
	阴柔	yīnróu	9
	萤虫	yíngchóng	8
	幽雅	yōuyǎ	8
	约束	yuēshù	9
	孕育	yùnyù	9
Z	造极	zàojí	9
	昭陵	Zhāo Líng	9
	赵国	Zhàoguó	6
	者	zhě	6
	重义轻利	zhòngyì-qīnglì	9
	轴心	zhóuxīn	8
	子曰	Zǐ yuē	6
	踪影	zōngyǐng	7
	走私	zǒusī	10
	尊崇	zūnchóng	9

附录：历史知识自测题

1. 根据中国史书，中华文明诞生在距今（　　　）年前，当时有两个著名的部落首领，分别是（　　　）和（　　　），他们统治着中原的（　　　）族，这个民族的图腾是龙，所以今天中国人常说自己是"（　　　）子孙""（　　　）儿女""（　　　）的传人"。

2. 中国的地形西高东低，（　　　）被中国人称为母亲河，中华文明的发源地就在这条河流的中下游地区，这一带被叫作（　　　）。

3. 从公元前21世纪的（　　　）代开始，中国政权更替形式从"禅让制"变成了（　　　），历史上称为"家天下"。

4. 大约在距今3600年前，中国进入（　　　）代，首都为殷，就是今天河南的（　　　）。这是世界上公认的中华文明开始的时期，因为这个时期出现了城市、金属器皿——（　　　）和中国最古老的文字——刻在动物骨头上的（　　　）。

5. 距今3000年左右，中国进入周代，周代长达800年，前期首都在今天西安附近，史称"（　　　）周"，后期首都在洛阳，史称"（　　　）周"。周代开始，"中国""中华"等概念形成。

6. 东周分为（　　　）和（　　　）两个时期。这一时期，出现了很多著名思想家、政治家，他们著书立说，争辩不休，形成了许多学派，其中以（　　　）家、（　　　）家、墨家、法家最为有名，历史上把这一文化多元的局面叫作"（　　　）"。

7. 中国伟大的思想家、教育家（　　　）是儒家学派的创始人，他是春秋时鲁国人，被后世称为"至圣先师"，儒家经典（　　　）记录了他的言行。儒家学派还有另一个重要代表人物（　　　），是战国时代人，被后世称为"亚圣"，他著有（　　　），也是儒家经典四书之一。

8. 道家学派的代表人物是（　　　）和庄子，最主要的代表著作是（　　　）和《庄子》。

第二单元　中国历史

附录：历史知识自测题

9. 公元前221年，（　　　）统一中国，成为中国历史上第一个皇帝，他不但统一了国土，而且统一了中国的文字和货币，对中国影响巨大。

10. （　　　）年，中国进入汉代，汉代持续大约400年，这一时期，中国最大的民族（　　　）族形成，汉代最有名的皇帝是（　　　）刘彻，他接受了董仲舒"（　　　）"的主张，使儒家思想成为中国的正统思想。汉代著名历史学家司马迁完成了（　　　），这是中国历史上第一部通史。汉代开通的一条连接中国和西亚、欧洲的贸易的路线叫（　　　）之路。

11. 汉代之后的近400年，中国经历了（　　　）、（　　　）、南北朝阶段，这个时期，中国大半处于分裂、战争和混乱当中，但与此同时，（　　　）方的经济开始发展起来；（　　　）教传入中国，并落地生根；也是中国各民族（　　　）的时期。

12. 581年，（　　　）朝建立；589年，（　　　）朝再次统一中国，在这个时代贯通南北的京杭大运河开通。

13. 618年，（　　　）朝建立，唐的首都叫（　　　），就是今天的（　　　），是当时世界上最大的城市。唐太宗（　　　）统治时期，政治清明，经济发展，国家安定，历史上把他统治的时期称为（　　　）。中国历史上唯一的女皇帝是唐朝的（　　　）。唐朝最鼎盛的时期，是唐玄宗统治时期，历史上把这一时期称为（　　　）。755年，深得皇帝信任的大将安禄山起兵反唐，开始了八年的（　　　），这是唐朝从盛到衰的转折点。

14. 中国古代通过考试选拔官吏的制度叫（　　　），它始于（　　　），在唐代得到完善，是当时世界上最具开创性和平等性的官吏选拔制度；唐代的中央官制叫（　　　）制，这是一种集思广益与相互制约相结合的完善的官僚制度，因其优越性被当时不少国家所仿效。

15. 唐朝到印度学习佛法取经的僧人叫（　　　）法师；六次东渡终于成功到达日本的中国僧人叫（　　　）法师，他们为文化的传播付出了常人难以想象的努力。

16. 唐代最有名的文学体裁是（　　　），其中诗仙是（　　　），诗圣是（　　　）。

17. 公元（　　　）年，赵匡胤建立了宋朝，定都开封，史称北宋。北宋前期赵匡胤用（　　　　）的方法，解除了武将的兵权。

18. 北宋灭亡后，宋将首都迁往临安，就是今天的（　　　），史称南宋。南宋的大将（　　　）是著名的抗金将领，他的陵墓就在今天美丽的西湖边上。

19. 宋朝的文学，以多愁善感的（　　　）为代表，宋朝的绘画最有名的是（　　　）画和花鸟画。在哲学思想上，儒学和佛学、道学结合，从而产生了新儒学的思想体系——（　　　）学，其代表人物有《四书集注》的注者（　　　）。宋代民间讲学教育的机构叫书院，最有名的四大书院是（　　　）、（　　　）、（　　　）和（　　　）。

20. 元朝统治中国的是（　　　）族，清朝统治中国的是（　　　）族，两个朝代都定都（　　　），由于他们都不同程度地实行汉化政策，接受儒家思想，因此中华文化和道统并未中断。

21. （　　　）年，明朝建立，前期定都南京，后迁都（　　　）。明朝时，（　　　）曾经率领船队七次到西洋，说明当时中国的航海有很强的实力。

22. （　　　）年，清军入关，清迁都北京。清朝初期，经济得到恢复和发展，（　　　）执政期间，统一了台湾，（　　　）执政时期，统一了新疆，使中国逐步发展为一个国力强大、秩序稳定的多民族的统一的大国。这是中国古代史最后的辉煌期，史称"（　　　　）"。

23. 发生在1840年的第一次（　　　）战争，是中国（　　　）的开端，从此，中国一步步走向半殖民地半封建社会。1840年和1856年两次"鸦片战争"的失败，使中国人认识到中国的工业落后于西方，于是从19世纪60年代开始，中国兴起（　　　）运动，希望通过学习外国技术，富国强兵。

24. 1894年，中日（　　　）战争爆发，中国北洋海军全军覆没，被迫签订（　　　），支付巨额赔款，并割让（　　　）。1898年，光绪皇帝开始实行（　　　）变法，变革国家的政治、经济、教育制度，变法只维持一百多天，史称"百日维新"。

第二单元 中国历史

附录：历史知识自测题

25. (　　　)年，英、美、日、俄、德、法、奥、意八国联军入侵北京，北京又遭浩劫，之后所签订的(　　　　)标志着中国完全沦为一个半殖民地国家。

26. 1911年，(　　　)先生领导的辛亥革命，推翻了清朝的统治；1912年，中华民国成立。

27. 1919年5月4日，中国爆发了(　　　)运动，北京大学等校学生在天安门前游行示威，反对帝国主义侵略，反对软弱的军阀政府，后发展为全国性的罢课、罢工、罢市活动，迫使政府拒签《巴黎和约》。五四运动，开启了中国现代国家的转型之路，为中国共产党的诞生做了思想和人才的准备，对中国历史有深远的影响，被历史学家看作是中国(　　　)史的开端。

28. 1921年，中国(　　　)党成立，(　　　)年，中华人民共和国成立。

29. 中国的四大发明是造纸、(　　　)、(　　　)和(　　　)。

30. 到目前为止，包括清史在内，中国的正史共有(　　　)部。中国的七大古都是：北京、(　　　)、(　　　)、开封、安阳、(　　　)和杭州。

（扫描本单元二维码可获取参考答案）

第三单元　中国法律案例

配套资源

第三单元　中国法律案例

第十一课　交通事故案

第十一课　交通事故[1]案

【专题报告】

　　6月13日中午，一场热热闹闹的订婚宴让河南省洛阳市新安县的两个年轻人感觉到幸福已经来到了自己的身边。订婚的女孩子叫张利，21岁，文静、单纯、秀气；男方叫赵勇，22岁，在一家工厂做保安，这在村里也算得上是不错的工作了。双方家长对这门亲事也很满意。订婚宴过后，双方家里人就要分开了，可是两个年轻人却难舍难分，赵勇就邀请张利去找别的朋友再庆祝一番。而此时的赵勇并不知道，这个决定之后竟会让他后悔一生。

　　在和朋友们一起吃过晚饭后，赵勇骑着摩托车带张利回家。张利说当时两个人都喝了些酒，自己因为有点儿晕就靠在赵勇背上，可是突然眼前一黑，就什么也不知道了。当她醒来的时候，发现自己躺在医院里。原来，在回家途中一辆红色面包车与赵勇的摩托车相撞，当时赵勇没有受伤，张利却因摔下摩托车而昏迷。

　　据警方调查，赵勇当时骑着摩托车由西边过来，从赵勇的左边超过来一辆红色面包车，突然面包车右转弯，赵勇刹不住车撞了上去，连带着张利倒在了路边。当时赵勇并没有报警，交警是在3天后才了解到这些情况的。赵勇为何不报警呢？记者采访时他已经到外地打工去了。赵勇的父亲说这是他做的决定。

　　原来，红色面包车司机叫郜（Gào）联合，也是新安县人，和赵勇的父亲认识，而且当时把张利送往医院检查时，并没有查出她身上有伤，于是双方一商量就决定不报

订婚：男女双方订立婚约。

保安：做保卫治安工作的人。

刹车：用闸（zhá）等止住车的行进。

报警：向治安机关报告危急情况。

警。虽然张利被送到医院时感觉肩部以下都没有知觉，但是由于她身上并没有任何外伤，一点儿血也没有流，所以在场的人都认为她并没有什么大事，在医院拍了张片子后就回家了。

他们本以为休息一下就没事了，可是第二天张利下半身还是没有知觉。赵勇感觉不对劲儿了，就把她送到洛阳市的医院。谁知一检查竟然是颈椎（jǐngzhuī）粉碎性骨折导致高位截瘫。高位截瘫就意味着从肩膀开始向下的肢体都没有知觉，如果没有奇迹发生，张利将一辈子瘫痪（tānhuàn）在床。听到这个消息所有人都吓呆了，谁知更坏的消息还在后面，肇事（zhàoshì）的面包车司机郜联合连人带车都已不知了去向。

张利在医院住院的费用以及以后相关的护理费用绝不是一笔小数目，当务之急是先找到肇事司机郜联合。于是赵勇在事故发生的3天后来到交警队报警。由于面包车司机郜联合肇事导致张利重伤，而且在此之后逃逸（táoyì），已经涉嫌构成交通肇事罪，目前被警方网上通缉[2]（tōngjī）。

肇事司机不见人影，张利的治疗和护理还要继续下去。张利住院10天就花了赵家人东拼西凑来的医药费3万多元。看着赵家人为自己倾其所有忙前忙后，男朋友赵勇也对她关怀备至，本来十分绝望的张利又看到了一点点希望，感觉自己当初并没有看错人。赵勇说，就算张利一辈子瘫痪在床，他也不会抛弃她不管。这样的语言比任何海誓山盟都更能打动张利的心，如果事态照这样发展下去将是一段多么令人感动的爱情佳话。

然而现实往往是残忍的，日复一日地照顾一个瘫痪的病人绝非一件简单的事。渐渐地，赵勇来探望张利的次数少了，态度也冷淡了。由于在医院的费用太高，赵勇一

片子：X光照相的底片。

颈椎：脖子后部的椎骨。
粉碎性骨折：由于外伤骨头变成碎块或粉末。
高位截瘫：由颈部以下全部瘫痪。
瘫痪：身体的一部分完全或不完全地丧失活动能力。
肇事：引起事故。
逃逸：逃跑。
涉嫌：有跟某件事有关的嫌疑。

海誓山盟：男女相爱时所立的誓言和盟约。

第三单元 中国法律案例

第十一课 交通事故案

家就将张利接回家休养，可是这时候都是赵勇的母亲在尽心尽力地照顾张利，赵勇本人则很少露面。赵勇是家中唯一的儿子，对于赵家人来说不可能让他娶一个高位截瘫的姑娘，他们担心赵勇与张利接触的时间太久，双方都割舍不下，于是就出此下策。长痛不如短痛，让赵勇赶紧**抽身**。

抽身：脱身离开。

张利在赵勇家休养了两个多月就搬回了自己的家。起初赵勇的母亲也每天过来照顾她，可是毕竟不是一家人，双方因为一些琐碎的事情产生了矛盾。后来因为一些小误会，赵家就停止了对张利的看护，张利的父母则日夜守在她的身边照顾她，一时间经济上和精力上都折腾不起了。

洗脸、吃饭、翻身，这些对于健全人来说再简单不过的动作，张利都无法独自完成，她感觉自己的整个世界就只有这间房、这张床和这扇窗。看着为自己操劳和忧心的父母，张利做出了一个决定，状告赵勇，要他赔偿车祸给自己带来的各项损失共计13万元。张利说，面包车司机部联合找不到，但自己的损失应该有人来承担。当天赵勇邀请自己坐车，就应该保证自己的人身安全，如今出了事他就该**承担责任**。

得知自己成了被告，赵勇也十分想不通。赵家人表示他们绝不推脱责任，但是这起事故是红色面包车和摩托车相撞才发生的，要追究责任也应该由面包车司机部联合与赵勇共同分担。但是交警队提出由于报警太晚，面包车司机逃逸，目前责任无法划分。在交警队出具的事故认定书上，仅仅认定乘车人张利没有责任，对于骑摩托车的赵勇该负多少责任则没有说明。

拿到这份认定书，张利一家更坚定了打官司的念头。2005年11月16日，法院对此案作出判决，判定被告赵勇赔偿张利人身所遭受的各项损失及精神损失费共计11万元。拿到判决书后，双方都没有上诉。虽然打赢了官司，张利的伤感却一点儿也没有减少，心中的恨意也没有消退。她不但失去了健全的身体，也失去了可以依赖的爱情。她说就连要喝一杯水都需要别人的帮助，这样的日子还有未来可言吗？

主持人：他们当时在处理这个事情的时候，虽然当事人没有受外伤，可是身体已经失去知觉了，这本身就是一个很危险的信号，当初在这样的情形之下，他们可以选择这样处理问题的方式吗？

嘉　宾：只要有人身的伤亡都需要报警，不管伤势大小。因为有一些伤势不是当事人自己能够判断出来的，需要一个专业法医来判定。

主持人：法院目前根据运输合同[3]执行当中，赵勇**有违约**[4]**行为**，**判定**赵勇要**承担赔偿责任**，是否意味着法院通过这个判决认定了在这起交通事故当中，赵勇要承担相应的责任？

嘉　宾：还不能得出这样的结论。交通事故赔偿是一种侵权赔偿，而骑摩托车的赵勇和这个女孩子之间存在着一种运输合同关系，驾驶人有保障乘坐人安全的义务，而这个合同责任是一种严格责任[5]，并不是一种过错责任[6]，所以这个女孩子现在按照运输合同提起诉讼，法院就可以按照合同严格责任来判定这个摩托车驾驶员承担责任，这并不影响逃逸的司机负事故的全部或者主要责任，那时候赵勇再**向**他**提起**赔偿**请求**。在张利受到的伤害当中既有侵权对她造成的伤害，也有违约对她造成的伤害，从法律上来讲可以选择任何一条途径来获得赔偿。

主持人：这个案件告诉我们，生活在现代社会，每一个人都应该时时刻刻地去关注自己和他人的安全，尤其是在交通参与这个问题上。越是这种喜庆的日子，越是放松的时候，越应该提高安全意识。现在虽然官司打赢了，但是张利仍然躺在病床上，我们也希望张利能够早日康复，能够勇敢坚强地去面对今后的生活。

（编辑：西寻

选自CCTV《今日说法•不能没有你》，

2015年12月，有删改）

【专业词语】

1. **交通事故**：行为人因违反交通管理法规、规章，过失造成他人人身伤亡和财产损失的事故。交通事故可分为轻微事故、一般事故、重大事故和特大事故，由公安机关处理。在我国构成交通事故应具备三个条件：

 （1）行为人的行为违反交通法规、规章；

 （2）行为人须有过失，故意实施违章行为致人损害的，构成交通肇事罪；

 （3）行为人的行为须造成了一定的财产和人身损害。

2. **通缉**：司法机关依法颁布通缉令，以通知书、布告或通过新闻媒介通令有关地区的机关和公民，协同捉拿已逃跑或隐藏的犯罪嫌疑人或在押罪犯的措施。

 通缉令：司法机关发布的要求有关地区的机关和公民协同捉拿已逃跑或隐藏的犯罪嫌疑人的法律文件。

3. **运输合同**：承运人将旅客或者货物从起运地点运输到约定地点，旅客、托运人或者收货人支付票款或者运输费用的合同。可分客运合同、货运合同、多式联运合同。承运人应当对运输过程中旅客的伤亡承担损害赔偿责任，旅客自身原因造成的除外。

4. **违约**："违反合同"的简称。合同一方当事人由于可归责于自己的原因而没有履行或没有完全履行合同义务的行为。一般以违约人的过错为条件。

5. **严格责任**：一种不以存在过错为要件的责任形态，在理论上又称为绝对责任或者不问过失责任。严格责任不要求主观上有过错，但也不是必须无过错，只要行为在客观上造成了危害后果，不论主观上处于何种心理状态，行为人都要对此结果负刑事责任。

6. **过错责任**：与无过错责任相对。加害人只对自己的过错行为致人的损害承担责任。法律不要求行为人承担个人注意义务以外的责任。但不排除在个别情况下无过错者也要承担责任。

【常见句型】

一、承担责任 / 承担……责任

◎ 当天赵勇邀请自己坐车，就应该保证自己的人身安全，如今出了事他就该承担责任。

◎ 法院目前根据运输合同执行当中，赵勇有违约行为，判定赵勇要承担赔偿责任。

▲ 说明：这个句型针对出现的事故或问题，明确其应该担当的责任，往往要具体说明承担何种责任。

1. 在本案中，李某没有过错，不应当对蒋某承担民事责任。

2. 刚刚步入社会的年轻人，都容易犯一个错误，就是承担过量的责任。所以人称愣头青或者是生瓜蛋子。

二、……有……行为，判定/判为……

◎ 法院目前根据运输合同执行当中，赵勇有违约行为，判定赵勇要承担赔偿责任。

▲ 说明：这是一个说明法律判决结果或问题定性的常用句型，即根据某种行为，作出的判处决定或分辨、断定的结论。

1. 法院在调查中发现A公司在这起商业活动中有不正当商业行为，判定该公司犯有侵权罪。

2. 在这起事件中有哪些行为会被判为作弊？

三、向……提起 / 提出……请求

◎ 那时候赵勇再向他提起赔偿请求。

▲ 说明：这个句式用以表示通过司法程序正式提出的要求。

1. 自然人因人格权利遭受非法侵害，可以向人民法院提起精神损害赔偿请求。

2. 当事人在婚姻登记机关办理离婚登记手续后，以《中华人民共和国婚姻法》第四十六条为由向人民法院提出损害赔偿请求的，人民法院应当受理。

【专业知识】

交通事故赔偿责任

根据《中华人民共和国道路交通安全法》第七十六条规定，机动车发生交通事故造成人身伤亡、财产损失的，由保险公司在机动车第三者责任强制保险责任限额范围内予以赔偿；不足的部分，按照下列规定承担赔偿责任：

（一）机动车之间发生交通事故的，由有过错的一方承担责任；双方都有过错的，按照各自过错的比例分担责任。

（二）机动车与非机动车驾驶人、行人之间发生交通事故，非机动车驾驶人、行人没有过错的，由机动车一方承担赔偿责任；有证据证明非机动车驾驶人、行人有过错的，根据过错程度适当减轻机动车一方的赔偿责任；机动车一方没有过错的，承担不超过百分之十的赔偿责任。

交通事故的损失是由非机动车驾驶人、行人故意碰撞机动车造成的，机动车一方不承担责任。

【阅读材料】

道路交通安全法全文的基本原则是什么？

道路交通安全法的设立是为了尽量减少交通事故数量，降低交通事故规模，将其控制在合理的范围内，保护公民的人身安全和财产安全，保护法人和其他组织的财产安全及其他合法权益，维护交通秩序，提高通行效率。那么道路交通安全法全文的基本原则是什么呢，总结如下。

一、道路交通安全法全文的基本原则

（一）依法管理原则

1. 依法行政，依法办事。本法对公安机关交通管理部门及其行为做了具体规定，提出了严格的要求。

2. 控制执法的随意性，防止滥用执法权力。随着社会经济的发展，道路交通活动日益繁多和复杂，这就要求交通管理部门要在依法管理原则的指导和约束下执法，严格按照法律规定的范围、幅度、方式执法，防止随意执法和滥用自由裁量。

3. 违法执法行为承担法律责任。作为执法机关的道路交通管理部门要带头守法，切实保障交通参与人的合法权益不受侵犯。违法越权，侵犯了交通参与人的合法权益，应当依法承担法律责任。

（二）方便群众原则，即便民原则

在我国，公安机关交通管理部门的工作宗旨就是为人民服务。道路交通安全工作中的便民原则，就是要求公安机关交通管理部门在依法开展道路交通工作时，尽可能为交通参与人提供便利和方便，从而保障交通参与人顺利实现交通活动。

法人：与"自然人"相对。根据法定程序设立，有一定的组织机构和财产，参加民事活动的社会组织，如公司等。法人依法享受民事权利和承担民事义务。

自由裁量：表示法官不是依据硬性的法律规则来决定问题，而是享有选择权，可以根据案件事实做出决定。

越权：（行为）超出权限。

二、道路交通安全法全文的基本特点

（一）以保护交通参与人的合法权益为核心，突出保障交通安全，追求提高通行效率。从立法的指导思想、立法目的以及内容上都体现了本法的这一精髓：坚持以人为本，预防和减少交通事故，保护交通参与人的合法权益。

（二）坚持道路交通统一管理，明确政府及相关部门在道路交通中的管理职责。明确提出政府应当保障道路交通安全管理工作与经济建设和社会发展相适应；同时又具体地规定政府应当制定道路交通安全管理规划，并组织实施。

（三）将交通安全宣传教育上升为法律规定，明确规定政府以及公安机关交通管理部门，机关、部队、企事业单位、社会团体等单位，教育行政部门、学校，新闻、出版、广播、电视等媒体的交通安全教育义务。

（四）倡导科学管理道路交通。改革开放以来，道路交通发生了深刻变化。随着社会的发展进步，尤其是随着高科技手段在社会各个领域的广泛应用，强化科技意识，运用科学技术，不断提高交通管理工作的科学化、现代化水平，已经成为未来道路交通发展的方向。因此，本法中明确规定提倡加强科学研究，推广、使用先进的管理方法、技术和设备。

综上所述，道路交通安全法全文的基本原则有两点：依法管理原则和方便民众原则。道路交通安全法的目的是规范交通秩序，解决交通事故产生的纠纷，因此了解道路交通安全法全文的内容是非常有必要的。

（选自律师365网，有删改）

精髓：比喻事物最重要、最好的部分。

《背影》中的父亲违反了交通规则?

中学语文课本中,朱自清《背影》中描绘的父亲形象曾经感动和影响了无数人。但最近有中学生提出了文中父亲"违反交通规则,形象不潇洒",应从课本中删除的看法。知名学者丁启阵在其博客中以《我赞成把朱自清〈背影〉从语文课本中删去》为题,力挺这种观点。

说朱自清的散文《背影》是经典中的经典,我想并不为过。记得当时老师要求全班同学一起朗诵这篇文章的时候,尽管已经读了很多遍,但还是有为数不少的同学流下了感动的泪水。而在中学语文课本中,能够如此打动人心、催人泪下的文章,并不是很多。

如果说这位中学生以朱自清的父亲"违反交通规则,形象不潇洒"为由建议删除这篇课文只是不谙世事(bù'ān-shìshì),不懂天下父母心,我们尚能理解的话,那么作为成年人的知名学者丁启阵,也正儿八经地建议删除《背影》,就实在让人想不通了。散文贵在真实,如果朱自清在《背影》中去掉父亲违反交通规则这一段,把父亲描写得完美无缺,那么"丁启阵"们倒是满意了,可是,这还真实吗?还能如此感动读者吗?

最近我们许多专家学者都患了文字洁癖,非和中学课本过不去。前段时间有人说节选自《水浒传》的《鲁提辖(tíxiá)拳打镇关西》太过暴力,要删除,现在又有人觉得朱自清的父亲在《背影》中违反交通规则,也要删除。如果照这样下去,中学语文课只能取消算了,因为天下哪里才能找到毫无瑕疵(xiácī)、完美无缺的文章呢?

丁启阵在博客中说,一个父亲,可以令儿子感动的行为方式有很多,绝不限于违反交通规则去买橘子一种。

力挺:极力支持、拥护。

不谙世事:一般用来形容一个人对社会上的种种事情没有了解,缺乏社会经验。

正儿八经:方言词,表示严肃而认真的。

提辖:宋代官名。

瑕疵:微小的缺点。

我不知道丁学者是装糊涂还是真糊涂，或者说根本没读过这篇文章。难道朱自清的父亲去帮他买橘子，是故意做给儿子看的吗？是在演戏来感动儿子吗？这不过是他爱子心切的一种日常体现，即使站在现代社会的角度来看，他违反交通规则是真，但是在当时，他宁愿自己违反交通规则，也要去给儿子买回几个橘子，这不正是父爱如山的真实反映吗？

时代不同，社会不同，背景不同，用现代人的眼光去评判过去人的行为，本身就很可笑。如果人人都这样吹毛求疵，我看古典文学名著统统都应该被扔进炉子烧掉，什么电影电视剧，也都统统不用拍了，我们只听丁启阵来给我们上"文字洁癖课"好了。

（选自中国新闻网 2010 年 6 月，苑广阔，有删改）

【讨论题】

1. 根据"专题报告"提供的材料，谈谈你对法院判决的看法。假如找到了逃逸的肇事司机，你认为此案的赔偿问题应该怎样解决？

2. 针对"阅读材料"第二篇的内容进行辩论：

正方：《背影》应从中学课本中删除

反方：《背影》不应从中学课本中删除

【综合练习】

一、熟读下列短语

庆祝一番　　后悔一生　　海誓山盟　　推脱责任
难舍难分　　当务之急　　催人泪下　　保障安全
滥用权力　　以人为本　　自由裁量　　解决纠纷
长痛不如短痛　父爱如山　　毫无瑕疵

二、解释下列专业词语

交通事故　　通缉　　过错责任

三、说明下列交通标志的意义

四、句型练习

1. 承担责任 / 承担……责任
   - 凡违反本法规定，给他人造成损害的，应当依法承担_____。
   - 打篮球致人伤残，致害人应该_____。
   - 代理人不履行职责而给被代理人造成损害的，应当_____。
   - _____承担_____责任。

2. ……有……行为，判定 / 判为……
   - 这个企业有垄断行为，被判定_____。
   - 法院经过调查认为医院一方有_____行为，_____是一起严重的医疗事故。

第三单元 中国法律案例
第十一课 交通事故案

- 张某有接受出卖人的回扣、未向公司说明且拒不入账的_____，_____。
- _____有_____行为，判定_____。

3. 向……提起 / 提出……请求

- 自然人因人格权利遭受非法侵害，可以向人民法院提起_____请求。
- 在离婚案中，无过错方作为原告可以向人民法院提起_____请求，但必须在离婚诉讼的同时提出。
- 引渡是一项国际司法协助的重要制度，当一国向另一国提出_____时，被请求国应_____。
- _____向_____提起_____请求。

五、解释下面这段文字的意义

交通事故赔偿是一种侵权赔偿，而骑摩托车的赵勇和这个女孩子之间存在着一种运输合同关系，驾驶人有保障乘坐人安全的义务，而这个合同责任是一种严格责任，并不是一种过错责任，所以这个女孩子现在按照运输合同提起诉讼，法院就可以按照合同严格责任来判定这个摩托车驾驶员承担责任，这并不影响逃逸的司机负事故的全部或者主要责任，那时候赵勇再向他提起赔偿请求。在张利受到的伤害当中既有侵权对她造成的伤害，也有违约对她造成的伤害，从法律上来讲可以选择任何一条途径来获得赔偿。

六、写作

从网上查找一个交通事故的案例，介绍案情，并根据交通法规进行分析。

要求：

（1）层次清晰，段落分明；

（2）使用书面语；

（3）400—500字。

第十二课　继承权案

【专题报告】

张毅，1969年生，已婚，无子女。1995年6月张毅乘坐的轮船在江上航行时因触礁（chù jiāo）而沉没，张毅失踪，搜索人员未找到其遗骸（yíhái），当地的公安部门出具了张毅不可能生存的证明。1997年9月，张毅的妻子赵璐向其住所地所在区人民法院申请宣告张毅死亡，以便结束婚姻关系，继承遗产。张毅的母亲已经去世，父亲张立言担心儿子万一生还时儿媳已经改嫁，因此不同意宣告儿子死亡。依照《中华人民共和国民事诉讼法》的规定，区人民法院发出寻找失踪人的公告期满3个月后，仍没有张毅的任何消息，该法院判决：宣告失踪人张毅死亡。

在分割了夫妻共有财产后，确定出张毅的遗产价值90万元。赵璐继承了价值45万元的房产[1]，张立言继承了价值45万元的动产[2]。1998年4月2日，赵璐再婚，但3天后不幸在车祸中丧生。1998年12月，张立言得知，张毅在轮船失事后并未死亡，而是被当地农民救起，并奇迹般地活了下来，直到1998年5月才康复，但又在6月10日不慎跌入山谷，身受重伤，在医院里立下口头遗嘱[3]，指定将其全部遗产由赵璐继承。张毅死后，救他的农民辗转（zhǎnzhuǎn）找到了张立言，将记录下张毅口头遗嘱的文书交给了他。

触礁：船只在航行中碰上暗礁。
沉没：没入水中。
失踪：下落不明（多指人）。
遗骸：遗体、尸骨。
改嫁：妇女在离婚或丈夫死后再跟别人结婚。

辗转：经过许多人或许多地方。

第三单元 中国法律案例

第十二课 继承权案

1999年2月，张立言向区人民法院提出申请，要求**撤销**对张毅的死亡宣告，同时诉请对张毅的全部遗产按照其实际死亡时间进行处理，由其继承张毅全部遗产，赵璐的其他继承人应退还原属于张毅的房产。

根据《中华人民共和国民法通则》第二十四**条**第一**款规定**，区人民法院作出判决：驳回张立言所提出的撤销对张毅死亡宣告的申请。

对张立言提出的继承张毅全部遗产的诉讼请求，根据《中华人民共和国民法通则》第二十四条和《最高人民法院关于贯彻执行〈中华人民共和国民法通则〉若干问题的意见（试行）》第三十六条第二款的规定，区人民法院判决：张毅生前所立遗嘱为有效遗嘱，但由于赵璐先于遗嘱人死亡，该遗嘱**不发生效力**，原死亡宣告所引起的法律后果仍然有效，遗产不依照张毅实际死亡时间重新继承。

根据《中华人民共和国民法通则》第二十三条的规定，公民**下落不明**满四年，或者因意外事故下落不明满二年，**利害关系人**可以向人民法院申请宣告该公民死亡。

宣告死亡产生与实际死亡相同的法律效果，自判决宣告之日起，被宣告死亡人婚姻关系自然解除，其个人财产作为遗产按继承法处理。

与宣告失踪不同的是，宣告死亡的申请人有申请顺序的限制，其顺序为：（1）配偶；（2）父母、子女；（3）兄弟、姐妹、祖父母、外祖父母、孙子女、外孙子女；（4）其他有民事权利义务关系的人。当不同顺序的利害关系人对是否申请有争议时，以在先顺序人的意思[4]为准；同一顺序的利害关系人对是否申请有争议时，则应以

撤销：取消。

下落不明：对于要找的人或物所在的地方不清楚。

利害：利益和损害。

关系人：具有某种性质联系的人。

申请人的意思为准。这样规定的原因在于，不同顺序的人与被宣告死亡人的权利义务关系不同：第四顺序人主要关注的是债权 ⁵债务关系，即使不宣告死亡，也可保护其利益；第一、二、三顺序人则是法定继承人，有继承利益存在，必须借助死亡宣告才能实现其利益；第一顺序人与被宣告死亡人还存在婚姻关系，是否终结婚姻关系应以其本人的意愿为准。本案中，1997年9月，尽管张立言不同意宣告儿子死亡，但由于赵璐是第一顺序的利害关系人，人民法院受理申请并进行死亡宣告是合法的。

债务：债户所负还债的义务。

《中华人民共和国民事诉讼法》规定，因意外事故下落不明，经有关机关证明不可能生存的，宣告死亡的公告期为3个月，其他情况宣告死亡的公告期为1年。根据本案的情况，公告期应为3个月。

如果被宣告死亡人重新出现或者确知他没有死亡，经本人或利害关系人申请，人民法院应当撤销对他的死亡宣告。申请撤销死亡宣告没有申请人顺序的限制。

撤销死亡宣告后，原死亡宣告所产生的法律后果发生变更：已继承或受遗赠⁶所取得的财产应当返还，原物已不存在的，应给予适当补偿；如果被宣告死亡人的配偶在宣告死亡后并未再婚，则婚姻关系自撤销之日起自行恢复。

变更：改变、变动。

但应当注意的是，撤销死亡宣告，必须以被宣告死亡人在撤销时仍然生存为前提，如果此人在申请撤销前已经死亡，即使实际死亡时间晚于宣告死亡时间，也不能撤销死亡宣告，而应维持原死亡宣告所引起的法律后果。最高人民法院的有关司法解释规定：被宣告死亡和自

第三单元 中国法律案例
第十二课 继承权案

然死亡的时间不一致的，被宣告死亡所引起的法律后果仍然有效。这样做的目的主要是为了维护社会关系的稳定性，防止财产的归属长期处于不确定状态。

但是，由于依照《中华人民共和国民法通则》的规定，被宣告死亡人在宣告死亡期间所实施的民事法律行为有效，因此，即使被宣告死亡人在申请撤销死亡宣告前就已经死亡，无法撤销死亡宣告，但如果被宣告死亡人所实施的民事法律行为与被宣告死亡引起的法律后果相抵触的话，就不应再维护宣告死亡的法律后果，而应以该民事法律行为为准。因此，被宣告死亡人在宣告死亡期间所立的遗嘱**具有**优先**的效力**。

本案中，张毅于1998年6月所立遗嘱有效，赵璐是受遗赠人，由于她先于遗嘱人死亡，按照《中华人民共和国继承法》第二十七条规定，遗嘱处分的财产只能按照法定继承处理，遗嘱不发生效力。鉴于张毅与赵璐的婚姻关系已因宣告死亡而归于消灭，在张毅实际死亡时，张立言是他的唯一法定继承人，原本有权继承其全部遗产，但由于不是遗嘱继承，不能对抗死亡宣告，因此依据原死亡宣告所进行的遗产分配仍然有效，遗产不再重新分割。

（选自《民法案例分析·宣告张毅死亡案》，尹丽华、彭亚楠，有删改）

实施：实行（法令、措施等）。

抵触：跟另一方有矛盾。

优先：在待遇上占先。

处分：处理、安排。

分割：把整体或有联系的东西分开。

【专业词语】

1. **房产**：个人或团体保有所有权的房屋。
2. **动产**：指不动产以外的财产。如机器设备、车辆、动物、各种生活日用品等等。动产的特点是可以随意移动，其价值不受影响。

    不动产：指土地和土地上的定着物。包括各种建筑物，如房屋、桥梁、电视塔、地下排水设施等等；生长在土地上的各类植物，如树木、农作物、花草等，需要说明的是，植物的果实尚未采摘、收割之前，树木尚未砍伐之前，都是地上的定着物，属于不动产，一旦采摘、收割、砍伐下来，脱离了土地，则属于动产。不动产的特点是，与土地不能分离或者不可移动，一旦与土地分离或者移动将改变其性质或者大大降低其价值。例如，建筑物一旦移动或离开土地就不成其为建筑物，其价值将大大降低。

3. **遗嘱**：指遗嘱人生前在法律允许的范围内，按照法律规定的方式对其遗产或其他事务所做的个人处分，并于遗嘱人死亡时发生效力的法律行为。

    遗嘱是基于遗嘱人单方面的意思表示即可发生预期法律后果的法律行为。遗嘱人必须具备完全民事行为能力，限制行为能力人和无民事行为能力人不具有遗嘱能力，不能设立遗嘱。设立遗嘱不能进行代理。如是代书遗嘱，也必须由本人在遗嘱上签名，并要有两个以上见证人在场见证。遗嘱是要式法律行为。一般情况下，遗嘱必须是书面的，只有在遗嘱人生命垂危或者在其他紧急情况下，才能采用口头形式，而且要求有两个以上的见证人在场见证，危急情况解除后，遗嘱人能够以书面形式或录音形式立遗嘱的，所立口头遗嘱因此失效。遗嘱是遗嘱人死亡时才发生法律效力的行为。

4. **意思**：即愿望。法律术语"意思表示"，是指将希望设立、变更、中止法律关系的内在意志表现于外部形式的行为。分为两个阶段，一为内部、主观的意思阶段，二为外部、客观的表达阶段。通过当事人内在意志和外在表现行为的结合形成意思表示。

5. **债权**：公民民事权利的一项重要内容。法律意义上债是指按照合同的约定或者依照法律规定，在当事人之间产生的特定的权利和义务关系，享有权利的人是债权人,负有义务的人是债务人。债权由此可以简单地表述为请求特定人实施特定行为的民事权利。

　　债的分类方法很多。从产生的原因来分,除了人们传统认识中因借贷、买卖、出租等因合同行为产生的债之外,还有无因管理之债、不当得利之债、侵权行为之债等。合法的债权是受法律保护的。债务人应当及时、全面地履行债务,否则,债权人可以依法请求人民法院行使职权,强制债务人履行债务并承担不履行或拖延履行的责任。

6. **遗赠**:指公民以遗嘱方式将其遗产中财产权利的一部分或全部赠给国家、集体组织、社会团体或法定继承人以外的个人,在遗嘱人死后发生法律效力的法律行为。立遗嘱人为遗赠人,接受遗赠的人为受遗赠人。

　　遗赠是单方面的法律行为。遗赠是无偿的、自愿的,死后才发生法律效力的法律行为。受遗赠人是法定继承人以外的其他人,包括国家、集体组织和社会团体和个人。遗赠的标的只能是遗产中的财产权利,而不能是财产义务(如债务)。受遗赠权不能由他人代替行使。当受遗赠人先于遗赠人死亡,其受遗赠权便自然消失。清偿遗赠人的债务优先于执行遗赠。遗赠人行使遗赠权不得违背法律规定。

【常见句型】

一、出具……证明

◎ 当地的公安部门出具了张毅不可能生存的证明。

▲ 说明:这个句型用于表示正式地开出或书写证明,一般要明确说出证明的类别或内容。

1. 我校无犯罪事实的教职员工、学生,均可在我处申请出具"无犯罪记录"证明。

2. 据了解,学生凭该校出具的一年注册证明和课时证明,就可以办理为期一年的长期居留或延长居留。

二、根据……第……条第……款规定，……

◎ 根据《中华人民共和国民法通则》第二十四条第一款规定，区人民法院作出判决：驳回张立言所提出的撤销对张毅死亡宣告的申请。

▲ 说明：这是法律文书中的常见句型，用于指出法理论述或判决处理意见所依据的法律条文，法律条文里分的项目，通常是"条"下分"款"，"款"下分"项"。

1. 根据《中华人民共和国刑法》第十四条第一款规定，犯罪故意可分为以下两种类型：（1）直接故意；（2）间接故意。
2. 埃及的立法者允许当事人根据1994年27号法律第五十三条第一款规定就仲裁裁决向法院依法提出补救措施。

三、……不发生（法律）效力

◎ 区人民法院判决：张毅生前所立遗嘱为有效遗嘱，但由于赵璐先于遗嘱人死亡，该遗嘱不发生效力，原死亡宣告所引起的法律后果仍然有效，遗产不依照张毅实际死亡时间重新继承。

▲ 说明：这个句型用于说明某项法律条文或某个法律文件不发生有利的作用。

1. 当事人因自己的过失致使契约（qìyuē）不成立者，契约成为无效合同，不发生法律效力。
2. 这里所说的是不发生该合同当事人所追求的法律效力，而不是指无效合同不发生任何其他意义上的法律效力。

四、……具有……效力

◎ 被宣告死亡人在宣告死亡期间所立的遗嘱具有优先的效力。

▲ 说明：这个句型用以说明法律条文或文件存在某种有利的作用。

1. 宪法具有最高的法律效力。
2. 根据我国法律的规定，公证具有三个基本法律效力，即：证据效力、强制执行效力和法律行为成立要件效力。

第三单元　中国法律案例

第十二课　继承权案

【专业知识】

继承权

继承权是指公民依照法律的规定或者被继承人生前立下的合法有效的遗嘱而承受被继承人遗产的权利。继承权包括两种涵义：

（1）客观意义上的继承权。它是指继承开始前，公民依照法律的规定或者遗嘱的指定而接受被继承人遗产的资格，即继承人所具有的继承遗产的权利能力，即享有客观意义上的可能性继承权。

（2）主观意义上的继承权。它是指当法定的条件（即一定的法律事实）具备时，继承人对被继承人留下的遗产已经拥有的事实上的财产权利，即已经属于继承人并给他带来实际财产利益的继承权。这种继承权同继承人的主观意志相联系，不仅可以接受、行使，而且还可以放弃，是具有现实性、财产权的继承权。

继承权的实现从被继承人死亡或宣告死亡时开始。

【阅读材料】

陈逸飞遗产分割纠纷案

2006年1月17日，上海市第一中级人民法院开庭审理了陈逸飞遗产纠纷案，即陈逸飞遗孀（yíshuāng）宋美英以及年幼儿子陈天诉陈逸飞长子陈凛（lǐn）遗产分割纠纷案。

此案涉及的相关问题在法院作出判决之前依旧疑团重重，陈逸飞及其两个儿子均为美国国籍，而其遗孀宋美英持的是中国护照，那么其遗产分割具体适用哪个国家的

陈逸飞（1946—2005）：著名旅美华人画家。

遗孀：某人死后，称其妻子为遗孀。

法律？陈逸飞长子在美国申请担任其遗产的临时管理人是否能够获得准许？其遗孀在法院判决生效之前能否动用陈逸飞的遗产？带着这些问题记者采访了有关律师。

继承适用法律应依据其死亡时住所以及遗产的性质

陈逸飞先生留下的遗产到底价值几何，到目前为止仍是个谜。但根据宋美英律师的陈述，目前可以确认的有8套公寓及1幢（zhuàng）别墅（biéshù），另外成品以及半成品油画中85幅是陈逸飞生前就委托一家意大利公司进行拍卖的，该部分画处于动态当中，而在宋美英处则保留有143幅。陈逸飞及其两个儿子持有美国护照，因此存在这些遗产的继承具体应适用哪个国家的法律的问题。

"因为本案为涉外继承案件，适用哪国法律应依据陈逸飞死亡时住所地以及遗产的性质。"北京康达律师事务所律师杨荣宽告诉记者。

对此，北京市律师协会婚姻与家庭法律专业委员会委员、北京市汉卓律师事务所合伙人姜涛律师也持同样的观点："陈逸飞动产的部分应适用其生前最后住所地国家的法律，因为其生前最后住所地在中国，因此应适用中国法律。"至于不动产应适用的法律，姜律师认为"要看不动产在哪个国家，以适用不动产所在国家的法律"。

陈凛无权担任遗产临时管理人

陈逸飞长子陈凛的代理律师李小龙表示，陈凛目前已向美国法院申请作为陈逸飞遗产的临时管理人，而作

几何：多少。

公寓：分户居住的成套的单元房间。

幢：房屋量词，一座为一幢。

别墅：在郊区或风景区建造的供修养用的园林住宅。

动态：运动发展变化状态的。

涉外：涉及外国的。

第三单元 中国法律案例

第十二课 继承权案

为临时管理人仅仅意味着对资产进行管理、纳税等，并不会妨碍遗产所有继承人的合法权益。根据杨荣宽律师的介绍，在我国并不存在"遗产临时管理人"这一说法，也没有设立相关"遗嘱执行人或者遗产管理人制度"，只是《中华人民共和国继承法》第二十四条规定："存有遗产的人，应当妥善保管遗产，任何人不得侵吞或者争抢。"

而"遗产临时管理人"是英美法系国家继承法律的一项制度，其基本原则为：继承人并不直接继承遗产，而是先由遗产管理人对债权债务做统一处理。这一原则旨在使继承人受到有效监督，从而有力地保护债权人的利益。即继承开始后，遗产不直接转归继承人，而是由作为独立的遗产法人的遗嘱执行人或者遗产管理者负责管理，被继承人的债务由遗产法人承担，债权归遗产法人所有，因遗产而产生的收益和负担都归遗产法人所有，遗产管理人在缴纳税款、清偿债务、执行遗嘱之后，依照法律规定或遗嘱的指定，将剩余遗产分配给继承人。

"遗产临时管理人"通常为机构或个人，其基本要件在于与继承人无利害关系，即独立性。通常情况下，需要法院指定。由于陈凛本身就是遗产的继承人之一，因此依据相关法律规定，杨荣宽律师认为陈凛无权申请作为遗产的临时管理人，但他可以申请法院为其指定遗产临时管理人。

侵吞：暗中非法占有（别人的东西或公共的财物、土地等）。

旨：用意、目的。

收益：生产上或商业上的收入。

要件：重要的条件、主要的条件。

宋美英暂时无权单方动用遗产

上海市第一中级人民法院开庭审理陈逸飞遗产纠纷案时，宋美英的代理律师张鲤庭曾向法官提出，由于宋美英及幼子陈天无收入来源，目前经济拮据（jiéjū），请求法院准许他们在结案前动用部分遗产。但姜涛律师认为，被继承人死亡后，在没有遗嘱的情况下，其遗产应归有继承权的所有继承人。至于继承人应该分得多少份额，须视情况依法而定。

作为有继承权之一的继承人宋美英在遗产尚未分割前无权单方处分遗产。况且，该案已诉至法院，在诉讼期间，应尽量保证遗产的完整性，保证遗产无毁损、减少、破坏等行为发生，应从有利于保护遗产的角度代为保管现存遗产，但公司正常经营行为导致的亏损除外。所以，法院审理期间宋美英不能擅自（shànzì）动用遗产。姜律师认为正是由于这个原因，法院才提出让其提供书面申请，待法院研究后再予以答复。

宋美英的要求基本合理

陈逸飞去世后，按照法律规定，其合法继承人为其妻宋美英、长子陈凛、次子陈天。因其去世前并未留下任何遗嘱，因此宋美英代表其子陈天与陈凛依法协商遗产分割，但双方一直很难就分割计划达成一致。

之后陈逸飞长子陈凛提出了各50%的分配计划，其中包含了其母所享有的与陈逸飞之间的债权。陈凛提出如超过最后回复期限，即2005年10月8日，陈凛将在美国按法律程序行事。宋美英无法接受陈凛方面上述的"最后通牒（tōngdié）"，至此双方的协调已无可能。

起诉至法院后，宋美英的律师在遗产分割意见中进一步明确了诉讼请求，即凡是2000年陈逸飞与宋美英结

拮据：缺少钱，境况困难。

擅自：对不在自己职权范围内的事情自作主张。

最后通牒：这里借用国家间外交术语。本指一国对另一国提出的必须接受其要求，否则将使用武力或采取其他强制措施的外交文书。这种文书限在一定时间内答复。

第三单元 中国法律案例

第十二课 继承权案

婚前取得的财产和股权均一分为三，宋美英、陈凛和陈逸飞与宋美英所生之子陈天各三分之一；而陈逸飞与宋美英结婚后取得的财产和股权，一半归宋美英，剩下的一半再由宋美英、陈凛和陈天均分。

对于此诉讼请求，杨荣宽律师认为"基本合理"，因为"在夫妻关系存续期间，夫妻共同财产的一半才为陈逸飞遗产，才发生继承。两个儿子和宋美英同为第一顺序继承人。同一顺序继承人继承遗产的份额，一般应当均等。"

但姜涛律师认为不能简单地对待陈逸飞的遗产分割问题，"陈逸飞遗产如何分配、各继承人的分割比例是多少，是扣除债务后再行分割，还是先分割后再履行债务，都要根据所适用国家的法律规定予以确定。陈逸飞的遗产范围中包括的不动产亦分属不同的国家，适用的法律也应该有所不同。"宋美英律师的上述遗产分配是根据我国继承法、婚姻法的有关规定分的。但由于各国继承法对无遗嘱继承的法律规定不同，各继承人所分得的继承份额亦不同。

很多西方国家继承遗产都要交纳遗产税，美国就在其列，美国遗产税的征收是按被继承人遗产总值扣除债务、丧葬费、遗产处置期意外损失、配偶间转让的婚姻扣除以及慈善捐赠的扣除以后，遗产价值超过65万美元（不含65万美元）的征收37%的遗产税，遗产达到300万美元以上的，遗产税率高达55%。

（选自《法制早报》2006年1月，有删改）

股权：股东对所投资的股份公司所享有的权益。

遗产税：以财产所有人死后的遗产为征税对象，向财产继承人征收的一种财产税。中国目前还没有遗产税税种。

丧葬费：指办理丧事、安葬死者的费用。

【讨论题】

1. 法院宣告死亡与宣告失踪（实际死亡），在法律上有什么差别，根据是什么？
2. 不同顺序继承人，都享有怎样的权利？
3. 以"阅读材料"为例，说明中国和美国法律在财产继承方面的不同。

【综合练习】

一、熟读下列短语

经济拮据	驳回申请	遗产分割纠纷
存在婚姻关系	终结婚姻关系	婚姻关系自然解除
申请宣告死亡	撤销死亡宣告	不幸在车祸中丧生
口头遗嘱	代书遗嘱	生前所立遗嘱为有效遗嘱

二、解释下列专业词语

动产　遗嘱　债权　遗赠

三、依法判断

一位老人有一个儿子和一个女儿，老人没有立遗嘱就去世了。兄妹俩对于老人的遗产继承问题只是在口头上达成了平分的协议。现在老人的女儿也过世了，那么老人的女儿的孩子对老人遗产有没有继承权？是否能继承他母亲应该从他祖父母那里得到的部分遗产？法律依据是什么？

第三单元　中国法律案例

第十二课　继承权案

四、选择合适的词语填空

前提　维持　撤销　后果

但应当注意的是，_____死亡宣告，必须以被宣告死亡的人在撤销时仍然生存为_____，如果该人在申请撤销前已经死亡，即使实际死亡时间晚于宣告死亡时间，也不能撤销死亡宣告，而应_____原死亡宣告所引起的法律_____。

宣告　归属　有效　自然　维护

最高人民法院的有关司法解释规定：被_____死亡和_____死亡的时间不一致的，被宣告死亡所引起的法律后果仍然_____。这样做的目的主要是为了_____社会关系的稳定性，防止财产的_____长期处于不确定状态。

康复　遗嘱　文书　失事　继承　辗转

张毅在轮船_____后并未死亡，而是被当地农民救起，并奇迹般地活了下来，直到1998年5月才_____，但又在6月10日不慎跌入山谷，身受重伤，在医院里立下口头_____，指定将其全部遗产由赵璐_____。张毅死后，救他的农民_____找到了张立言，将记录下张毅口头遗嘱的_____交给了他。

五、句型练习

1. 出具……证明

- 在银行申请贷款需_____工作证明。
- 该发明创造不是涉及国家安全或者重大利益而需要保密的，中国专

利局即可出具 ＿＿＿＿＿＿＿＿＿＿＿＿＿＿＿＿＿＿＿＿＿＿＿。
- 据外交部统计，截至昨天，共有 13 个国家要求中国出国人员 ＿＿＿＿＿＿＿＿＿＿＿＿＿＿ 健康证明。
- ＿＿＿＿＿＿＿＿＿ 出具 ＿＿＿＿＿＿＿＿＿＿＿＿＿＿＿＿ 证明。

2. 根据……第……条第……款规定，……
- 根据《中华人民共和国民法通则》第 ＿＿＿＿＿ 条第 ＿＿＿＿＿ 款规定，人民法院作出判决：＿＿＿＿＿＿＿＿＿＿＿＿＿＿＿＿＿＿＿＿＿＿＿＿＿＿＿＿＿＿。
- 信托人应该享有 ＿＿＿＿＿＿＿ 本契约第 ＿＿＿＿＿＿＿ 条第 ＿＿＿＿＿＿＿ 款 ＿＿＿＿＿＿＿ 享有的款额。
- ＿＿＿＿＿＿ 继承法 ＿＿＿ 十六 ＿＿＿＿ 三 ＿＿＿ 规定，公民可以立遗嘱将个人财产赠给国家、集体或法定继承人以外的人。
- 根据 ＿＿＿＿＿＿ 第 ＿＿＿＿＿＿ 条第 ＿＿＿＿＿＿＿ 款规定，＿＿＿＿＿＿＿＿＿＿＿＿＿＿＿＿＿＿＿＿＿＿＿＿＿＿＿＿＿＿＿。

3. ……不发生（法律）效力
- 保险合同一经认定无效，则 ＿＿＿＿＿＿＿＿＿＿＿＿＿＿＿＿＿＿＿。
- 二审中达成和解协议，当事人申请撤诉，经法院裁定准许后，一审判决书 ＿＿＿＿＿＿＿＿＿＿＿＿＿＿ 法律 ＿＿＿＿＿＿＿＿＿＿＿＿＿＿＿。
- 你和一个未满十八岁的人签合同，而他不符合合同法和民法对民事行为能力的定义，那么这份合同就 ＿＿＿＿＿＿＿＿＿＿＿＿＿＿＿＿＿＿＿＿。
- ＿＿＿＿＿＿＿＿＿＿＿＿＿＿＿＿＿＿＿＿＿＿＿＿＿＿＿＿＿ 不发生效力。

4. ……具有……效力
- 公证遗嘱与一般形式的遗嘱相比，＿＿＿＿＿＿＿＿ 优先的 ＿＿＿＿＿＿＿＿。
- 电子签名法规定电子签名 ＿＿＿＿＿＿＿＿＿＿ 与手写签字或者盖章同等的法律 ＿＿＿＿＿＿＿＿，同时承认电子文件与书面文书 ＿＿＿＿＿＿＿＿＿

第三单元 中国法律案例
第十二课 继承权案

- 同等 _____。
- 人们认为信函有一个特性是电子邮件望尘莫及的，那就是由实物属性所决定的、信函本身 _____。
- _____ 具有 _____ 效力。

六、写作

根据"专题报告"内容，参考所附两则法律依据，以案件中赵璐的名义，写一份"宣告死亡申请书"。

要求：

（1）按照规定格式填写；

（2）案件中没有提供的必填内容，可以填写虚拟信息；

（3）重点说明"事实与理由"。

宣告死亡申请书

申请人：_____

被申请人：_____

_____

（姓名、性别、年龄、民族、籍贯、职业或单位、住所）

请求事项：_____

事实与理由：_____

_____

此致

_____人民法院

申请人：（签名或盖章）

年　月　日

附：

中华人民共和国民法通则

（1986年4月12日第六届全国人民代表大会第四次会议通过，后修订，2017年3月第十二届全国人民代表大会第五次会议通过）

第二十三条 公民有下列情形之一的，利害关系人可以向人民法院申请宣告他死亡：

（一）下落不明满四年的；

（二）因意外事故下落不明，从事故发生之日起满二年的。

战争期间下落不明的，下落不明的时间从战争结束之日起计算。

第二十四条 被宣告死亡的人重新出现或者确知他没有死亡，经本人或者利害关系人申请，人民法院应当撤销对他的死亡宣告。

有民事行为能力人在被宣告死亡期间实施的民事法律行为有效。

最高人民法院关于贯彻执行《中华人民共和国民法通则》若干问题的意见（试行）

（1988年1月26日最高人民法院审判委员会讨论通过）

36. 被宣告死亡的人，判决宣告之日为其死亡的日期。判决书除发给申请人外，还应当在被宣告死亡人住所地和人民法院所在地公告。

被宣告死亡和自然死亡的时间不一致的，被宣告死亡所引起的法律后果仍然有效，但自然死亡前实施的民事法律行为与被宣告死亡引起的法律后果相抵触的，则以其实施的民事法律行为为准。

第三单元　中国法律案例

第十三课　电信诈骗案

第十三课　电信诈骗[1]案

【专题报告】

2015年12月25日下午2点，贵州省都匀市的杨女士接到了一个电话，对方**自称**是农业银行法务部门的杨勇，说杨女士在上海办的信用卡有问题，需要对她的账号进行清查，同时报出其信用卡的姓名、身份证号码、金额，以及开户的时间和地点。杨女士表示从未办过那张卡，对方指出那说明她的信息泄露了，让她赶快报警，并直接把她的电话转到了上海松江公安分局。随后接电话的是一个自称何群的警察，他答应立即查证信用卡信息，后告知："现在你涉案的情节重大，有冻结管制令，要冻结你名下的所有资产，包括动产、不动产，时间为18个月。因为你涉及的是一个国际诈骗案件，自然可以怀疑你名下账户资产都是诈骗所得，**先行**冻结起来，**以防**你转移资产。"

这一说法把杨女士弄蒙了。于是她拨打了114，查询上海松江公安分局的电话，而正当杨女士准备按照查询的结果拨打过去的时候，她的手机再次响起，来电显示和自己通过114查询的是同一个号码。对方自称是公安局的郭俊华队长，说"你的案子已经转到检察院[2]了"。随后，杨女士跟一位自称孙检察官的人断断续续进行了三个小时的通话，依然没有解脱自己的嫌疑，对方还要杨女士出去住几天。

杨女士害怕了，就在她魂不守舍的时候，那个自称在公安局工作的人，又给她发了一个传真，让她确信自己

法务部门：指在企业、事业单位、政府部门等组织内部专门负责处理法律事务的机构。

冻结：比喻阻止流动或变动（指人员、资金等）。
诈骗：假借某种理由，进行欺骗，向人强行索取财物。
蒙：头脑昏乱。

解脱：解除烦恼，摆脱束缚。
嫌疑：被怀疑和某事有牵连。
魂不守舍：形容精神恍惚，心神不安。
传真：用电话传输经扫描的印刷材料（文本或图像）。

真的卷入违法犯罪的案件中了。对方在电话中警告说:"在调查之前,我有件事情需要先跟你说清楚,因为目前这个案件政府有特别盖章,此案在调查期间不能对外公开,包括你的家人、亲戚、朋友,谁都不能告诉,所以现在你要跟我保证,没有经过允许,你不会将此案的内容,擅自宣扬散播出去。"

案件似乎越来越复杂,对方还提出,杨女士是单位的出纳,涉及诈骗,那么怀疑杨女士用单位的账户来洗钱,也要进行清查。于是这位**所谓**的孙检察官指示杨女士必须带着所有的银行卡和U盾,找一个安静一点儿、电脑网络好一点儿的地方配合清查,并建议她去宾馆。

杨女士知道单位账户的资金必须同时持有会计和出纳两人的U盾才能运转清查。第二天一早杨女士到单位,跟会计说想看一下单位账户的情况,按照程序,要借会计的U盾用一下,写了借条后,便借走了会计的U盾。于是杨女士按照所谓的孙检察官的要求在一家宾馆的电脑上登录了对方指定的网页,打开之后,看到的是中华人民共和国最高人民检察院的一个网站,页面设置有案件管理、清查程序等,她按照对方指令打开网上一个类似通缉令的东西,竟看到上面贴着自己的通缉令,还盖有红章,杨女士顿时吓呆了。这样一来她对孙检察官的话更是言听计从了,按照对方的口令,点击下载相关文件,插入自己持有的单位资金U盾,配合执行所谓的清查程序。

一天后杨女士接到农行的电话,询问她们单位的账户,怎么会有多笔5万的资金转入了个人账户,保证金已转走好多笔。杨女士赶紧给所谓的检察官打电话,对方说:"转账是经过银监局³同意的,这样做就是为了把涉案的人逼出来。"此后杨女士决定直接到上海松江公安分局,在现场配合清查。

出纳:办理本单位的现金收付、银行结算及有关账务,保管库存现金、有价证券、财务印章及有关票据等工作的人员。

洗钱:一种将非法所得合法化的行为。

U盾:USBkey,是办理网上银行业务的高级别安全工具。

指令:指示命令。

言听计从:形容对某人十分信任,对其说的话和出的主意都采纳照办。

保证金:在经济活动中为了履行某种约定而缴纳的一定数量的钱。

第三单元 中国法律案例

第十三课 电信诈骗案

就在杨女士前往上海的时候,贵州警方接到报案,称单位出纳杨女士已经失踪好几天,单位两个账户1.17亿元资金已被转走。警方很快在上海找到了杨女士。

这个骗人的把戏,明眼人一眼就能看穿,但是杨女士却被电话里所谓的警察、检察官吓得魂飞魄散,又急于洗清自己,在骗子的恐吓之下一步步落入圈套,直到上亿元的资金被骗子一笔笔地转走,自己被真正的警察找到,才如梦初醒。

经贵州、上海警方调查,这是一起典型的电信诈骗案。由于涉案金额特别巨大,公安部将此案作为督办案件,贵州省公安厅组成专案组,抽调大批警力全力侦破此案。经过侦查,警方发现,此案嫌疑人所用的办案手段是利用网络电话平台,在这个电话平台上加装了改号软件,可以在被害人的电话上冒称公检法机关的电话,骗取受害人的信任。这起案件中几个主要的嫌疑人在全国统一招募话务人员,统一办理出国手续,统一组织集体出境,统一管理食宿,统一组织业务培训,统一分配工号上岗,统一发放工资提成。在境外搭建话务窝点,运用远程操控等技术手段,骗取钱财。显然这是一个团伙组织,抓捕迫在眉睫。2016年1月13日专案组开始分阶段实施收网行动,辗转境内外,几十名骗子悉数落网。

据涉案人交代,团伙作案时涉案人员分为三线。在这起特大诈骗案中给杨女士打第一个电话自称是农业银行法务部门工作人员的是一线话务员,一线话务员一般都按公司提供的信息拨打电话,照本宣科;所谓的警察就是对杨女士继续行骗的二线话务员,当发现杨女士已经上钩之后,就会说,因为案情重大,要把电话转给专案检察官;所谓的检察官就是诈骗公司的三线话务员,也是电信诈骗非常重要的一环,所以公司对三线话务员的要求很高。根据嫌疑人准备在培训时使用的长达两个多小时的录音,公

把戏:蒙骗人的手法。
魂飞魄散:形容惊恐万分,极度害怕。
如梦初醒:比喻过去一直糊涂,在别人或事实的启发下,刚刚明白过来。
督办:监督检查,督促执行。
公检法机关:公安局、检察院、法院的简称。
招募:招收(人员)。
工号:工作人员的工作号码。
提成:从钱财的总数中按一定的比例提出来。
窝点:违法犯罪分子聚集窝藏、进行秘密活动的地方。
迫在眉睫:形容事情临近眼前,十分紧迫。
收网:最后结束。
悉数:全部。
照本宣科:死板地照现成文章或稿子宣读。比喻不能灵活运用。
上钩:比喻人被引诱上当。

安人员发现诈骗人精心编制了剧本,在推测受害人已经半信半疑之后,通过严厉强硬的语气震慑并控制受害人。正是因为掌握受害人的心理,冒牌的检察官也就是三线话务员才能诈骗成功。

为了最大限度地追回资金,公安部协调专案组在北京公安局的大力支持下开展迅速止步和快速冻结工作,冻结涉案银行卡9992张、资金余额上亿元。检察机关也对涉案有关责任人员失职[4]渎职[5]行为展开调查,涉嫌职务犯罪[6]的杨女士等四人被逮捕。

（主编：王亚丹　李想　熊曼琳
选自CCTV《经济半小时·警惕身边的诈骗陷阱：揭秘1.17亿特大电信诈骗案》，2016年10月，有删改）

震慑：震动使害怕。

【专业词语】

1. <u>电信诈骗</u>：指不法分子通过电话、网络和短信方式，编造虚假信息，设置骗局，对受害人实施远程、非接触式诈骗，诱使受害人给不法分子打款或转账的犯罪行为。
2. <u>检察院</u>：人民检察院是国家法律监督机关。中华人民共和国设立最高人民检察院、地方各级人民检察院和军事检察院等专门人民检察院。

   人民检察院通过行使国家检察权来完成自己的任务。它对于危害国家安全案、危害公共安全案、侵犯公民人身权利民主权利案和其他重大犯罪案件，行使检察权；对于公安机关侦查的案件进行审查，决定是否逮捕、起诉或者不起诉；对于刑事案件提起公诉、支持公诉；对于公安机关、人民法院和监狱、看守所、劳动改造机关的活动是否合法，实行监督。

3. 银监局：中国银行业监督管理委员会（简称中国银监会或银监会，英文为 China Banking Regulatory Commission，简称 CBRC），是国务院直属事业单位。根据国务院授权，统一监督管理银行、金融资产管理公司、信托投资公司及其他存款类金融机构，维护银行业的合法、稳健运行。银监会在各省市自治区下设银监局。

4. 失职：指工作人员对本职工作不认真负责，未依照规定履行自己的职务，致使单位或服务对象造成损失的行为。当行为人是国家机关工作人员或国有企业工作人员时，失职造成严重损失的，也可以构成犯罪。

5. 渎职：指专业服务者（如医药人员）或国家机关工作人员在履行职责或者行使职权过程中，玩忽职守、滥用职权或者徇私舞弊，造成伤害或损失，致使国家财产、国家和人民利益遭受重大损失的行为，构成渎职犯罪。

6. 职务犯罪：指国家机关、国有公司、企业事业单位、人民团体工作人员利用已有职权，贪污、贿赂、徇私舞弊、滥用职权、玩忽职守，侵犯公民人身权利、民主权利，破坏国家对公务活动的规章规范，依照刑法应当予以刑事处罚的犯罪，包括刑法规定的"贪污贿赂罪""渎职罪"和国家机关工作人员利用职权实施的侵犯公民人身权利、民主权利犯罪。

【常见句型】

一、……自称……

◎ 对方自称是农业银行法务部门的杨勇，说杨女士在上海办的信用卡有问题。

▲ 说明：自己说明自己的名字或身份；在描述案件的语句中，所称常常不是真实的名字或身份。

1. 一个人自称是月球的所有者，在网上拍卖领土所有权。
2. 他自称是一个有名的记者。

二、先行……以防(预防)……

◎ 因为你涉及的是一个国际诈骗案件,自然可以怀疑你名下账户资产都是诈骗所得,先行冻结起来,以防你转移资产。

▲ 说明:"先行"表示首先采取某种措施,"以防"表示其目的是防止产生不良后果。

1. 教育孩子时,要先行控制危险因素以预防问题行为的发生。
2. 浇筑仓库时,下出口应先行封闭并搭设脚手架以防人员坠落。

三、所谓的……

◎ 于是这位所谓的孙检察官指示杨女士必须带着所有的银行卡和U盾,找一个安静一点儿、电脑网络好一点儿的地方配合清查。

▲ 说明:这是"所谓"的另一种用法,表示不承认、不是事实的意思。注意与表示解释性的"所谓"相区别。

1. 那个所谓的"名医",连起码的医学常识也不懂。
2. 因经常抄袭他人作品,这个所谓的"作家"被作家协会开除了。

四、在……的恐吓之下……

◎ 杨女士在骗子的恐吓之下一步步地落入圈套,直到上亿元的资金被骗子一笔笔地转走,自己被真正的警察找到,才如梦初醒。

▲ 说明:表示在某人话语或手段的威胁下,后接所产生的不好的结果。

1. 程序员在翟某的恐吓威胁之下,从楼上跳了下去,一死了之。
2. 他被骗后才知道自己犯了罪,但在坏人的恐吓之下不敢报警。

第三单元 中国法律案例

第十三课 电信诈骗案

【专业知识】

电信诈骗的特点

电信诈骗是指犯罪分子通过电话、网络和短信方式，编造虚假信息，设置骗局，对受害人实施远程、非接触式诈骗，诱使受害人给犯罪分子打款或转账的犯罪行为。

当前电信诈骗犯罪呈现"虚拟化、智能化、集团化、国际化"的特点：

——虚拟化。犯罪分子不露真容，作案过程均在虚拟空间进行，通过电话、短信或网络进行诱骗、恐吓，通过网上银行转账，或是冒充银行工作人员骗取U盾密码，直接将钱盗走。

——智能化。犯罪分子利用任意显号软件、非法改号软件、网络电话对接技术等，使拨出的号码显示出其所需的任意号码，智能程度更高、伪装更彻底。

——集团化。有专人负责诈骗网络平台技术，有专人拨打电话和群发诈骗短信，还有专人负责转取赃款，形成分工明确的诈骗链。

——国际化。跨国（境）电信诈骗犯罪集团雇用中国籍人员搭设网络平台，提供境外服务器，完成诈骗全过程的跨境虚拟流转，通过地下钱庄将赃款转移到境外。

最高人民法院2011年4月7日对外通报了《最高人民法院、最高人民检察院关于办理诈骗刑事案件具体应用法律若干问题的解释》。根据解释，电信诈骗行为将受到从严惩处。

（根据网络资料整理）

【阅读材料】

电话诈骗

近来,一种利用网上"同学录"的有关信息实施诈骗的手段"面世",让人防不胜防。

9月9日一大早,浙江省天台县的李先生接到一个电话,对方自称是在上海工作的一位大学同学,在双休日将驾车到天台旅游,让他通知天台的其他同学,大家顺便聚一聚,并给她预定一间客房。没过几天,"上海同学"又给李先生打来电话,说刚刚在来天台的路上出了车祸,不慎把一位过路行人撞了,还挺严重的,目前已经把伤者送到医院救治了。"上海同学"告诉他,被撞伤的人脑出血,伤势很严重,医院要她交两万元的住院押金。"上海同学"说想向李先生借1.2万元,并把她的银行卡号告诉了李先生。

李先生当时只想着筹钱救人,就按照"同学"提供的银行卡号把1.2万元打到了她的卡上。等到下午再打"同学"手机询问事故处理情况时,发现手机已经关了,后来又打了几次,一直关机。这时候李先生开始怀疑,于是打电话给上海的其他同学询问情况,等联系上真正的上海同学时,才发现上当受骗了。

民警分析,诈骗分子采取这种手段骗取钱物,是一种典型的"杀熟"现象。在这个骗局里,诈骗分子从网上"同学录"里查到相关信息,通过聊天记录找出同学之间联系较少的,然后冒充其中一位给另一位同学打电话,邀请其他同学"聚会"。从接电话开始,受骗者就已经陷入诈骗分子精心布下的骗局之中了。

面世: 本指作品、产品与世人见面。这里指出现。

防不胜防: 要防备的太多,防备不过来。

筹钱: 筹集钱款。

杀熟: 利用熟人对自己的信任,采取不正当手段赚取其钱财。

第三单元 中国法律案例

第十三课 电信诈骗案

诈骗分子利用网上"同学录"的有关信息进行诈骗，是一种花样翻新的诈骗手段。当一些不法分子通过某种渠道得到一些信息后，就会通过网络进行对比，从而获得伪造网民身份所需要的一切隐私信息。实际上，网络完全可以克隆出另一个真实的网民，并打着这个人的旗号去进行各种诈骗犯罪活动。

网上个人信息遭泄露，是一种严重的个人隐私权遭到侵犯的行为。网络隐私权作为隐私权在网络空间的延伸，正面临着越来越多的危险。民警提醒，人们在上网聊天儿时尽量不要过多地透露诸如家庭住址、电话号码等个人信息，以防被有不良企图的人利用。

（选自中国新闻网 2006 年 9 月，有删改）

花样翻新：变换各种式样和种类。

信用卡诈骗案

（一）基本案情

2013 年 5 月，被告人张某伙同他人事先预谋后，以虚假身份在上海某超市应聘工作。他利用担任该超市收银员的身份，趁顾客刷卡时通过读卡器盗取顾客的银行卡信息并偷记密码，之后在广州利用盗取的信息制成伪卡。2013 年 9 月 18 日、19 日，被告人张某使用其中一张伪卡在陕西华阴市盗取受害人朱某现金 3.5 万元。当月 20 日晚，被告人张某又使用另外一张伪卡在中国银行安阳市文明大道支行盗取被害人筱崎（Xiǎoqí）某某（日本籍）现金 2 万元，另转款 4 万元至张某所控制的银行卡上，随后张某又从其所控制的这张银行卡上取走现金 2 万元。当张某在

伙同：跟别人合在一起（做事）。

伪卡：这里指假造的、不合法的银行卡。

211

另一家中国银行准备再次取钱时被抓获，从他身上搜出现金 71200 元、银行卡 8 张、不同姓名的身份证 7 张、口罩 4 个、帽子 1 个。案发后，公安机关追回赃款 71200 元，退还受害人朱某 31200 元，退还筱崎某某 40000 元。另查明，张某因犯妨害信用卡管理罪，曾于 2011 年 8 月 15 日被温州市鹿城区人民法院判处有期徒刑十个月，并处罚金人民币 50000 元，后刑满释放。公诉机关指控，被告人张某的行为属于伪造信用卡并使用的情形，构成信用卡诈骗罪，应予处罚。

赃款：通过贪污、受贿或抢劫、盗窃等非法手段得来的钱。

（二）裁判结果

河南省安阳市龙安区人民法院依照《中华人民共和国刑法》第一百九十六条、第六十五条、第五十二条、第五十三条、第六十四条作出（2014）龙刑初字第 27 号刑事判决书，判决被告人张某犯信用卡诈骗罪，判处有期徒刑六年六个月，并处罚金人民币 60000 元。责令被告人张某退赔被害人朱某人民币 3800 元，退赔被害人筱崎某某人民币 20000 元。一审宣判后，被告人未上诉，公诉机关未抗诉，判决已发生法律效力。

（三）典型意义

张某信用卡诈骗案是一起将盗取的信用卡信息进行复制，再利用复制的伪卡盗取现金的信用卡诈骗案，是近年来信用卡诈骗案中出现的新型作案手段。该案例明确了盗窃信用卡信息又复制伪卡、使用伪卡盗取现金的行为，应按照信用卡诈骗罪定罪处罚。近年来，随着信息技术的快速发展和广泛应用，一方面给人们提供了高效便捷的生产生活方式，另一方面也给一些犯罪分子利用信息技术实施犯罪提供了便利条件。该案例既彰显了人民法院依法严惩利用信息技术实施犯罪的决心，同时也提醒人们要提高

彰显：鲜明地显示。

公民个人信息保护意识，维护好个人信息安全，不给犯罪分子以可乘之机。

（选自中国法院网 2015 年 12 月 6 日，有删改）

【讨论题】

1. 根据"专题报告"中这起特大诈骗案的作案过程，分析诈骗能够得逞的原因。
2. 分析提出防范网络诈骗的方法和有力措施。
3. 在网上查询，各国是否有相关的防范措施，并进行比较。

【综合练习】

一、熟读下列短语

信息泄露　　冻结资产　　转移资产　　解脱嫌疑
远程操控　　悉数落网　　统一招募　　辗转境内外
涉案金额特别巨大　　　对失职渎职行为展开调查

二、解释下列专业词语

电信诈骗　　失职　　渎职　　职务犯罪

三、近义词辨析

自称——所谓的　　　　　冒称——冒牌的

四、成语造句
　　魂不守舍：_____
　　迫在眉睫：_____
　　照本宣科：_____
　　半信半疑：_____

五、句型练习
1. ……自称……
- 一位体重436公斤的男子_____是"世界上最强壮的男人"！
- 双方在现场僵持不下。十分钟后，一名自称是_____的女士表示同意双方派代表对此事进行协商。
- 一名自称是她哥哥的男子说，_____。
- _____自称_____。

2. 先行……以防（预防）……
- 居住小区的物业管理费要先行约定，以防_____。
- 需要先行派几个人到灭火现场检查一下，以防_____。
- 学校先行安排了艾滋病专题讲座宣传活动，让学生们了解艾滋病传播途径，以防_____。
- _____以防（预防）_____。

3. 所谓的……
- 中国商务部新闻发言人高峰回应称，"中国自身的经历让我们从来没有、永远也不会实行_____经济侵略政策。"
- 所谓的算命，_____。
- 经调查，这些所谓的"专家"身份和头衔全都是虚假的，是_____。

第三单元 中国法律案例
第十三课 电信诈骗案

- ＿＿＿＿＿＿＿＿＿＿所谓的＿＿＿＿＿＿＿＿＿＿＿。

4. 在……的恐吓之下……

- 匪徒用车将受害人带至武昆高速上，对其大打出手，受害人在匪徒的＿＿＿＿＿＿＿＿＿＿＿＿＿＿，从高架桥跳下，坠地而亡。
- 七旬老人在＿＿＿＿＿＿的恐吓之下，告知了＿＿＿＿＿＿＿＿。
- 在＿＿＿＿＿＿＿＿＿＿＿＿，老板写下6万元欠条。
- 在＿＿＿＿＿＿的恐吓之下＿＿＿＿＿＿＿＿＿＿＿＿。

六、写作

在网上观看电影《弥天之谎》，从法律的角度分析其中的案情。

要求：

（1）叙事清晰；

（2）观点明确，有法律依据；

（3）语言简洁，有力。

第十四课　环境保护案

【专题报告】

2015年2月23日上午,良凤江国家森林公园的护林员老刘发现有一部挖掘机在公园的林地上推倒了一些樟树和杂木,并挖出一个平台。开挖掘机的人是绰号"阿牛"的一个村民,老刘立即制止了他的行为,并打电话通知了森林公园。

良凤江国家森林公园隶属于广西壮族自治区林业厅,总共有5.7万亩林地,其中可供游人休闲的区域有5000亩。公园主要是经营植物园、收集树种、普及植物知识和建设风景区。森林公园请专业机构对毁坏的林地进行了估算,面积1.14公顷,毁坏林木共计863株,林木蓄积量39.397立方米;其中被毁坏的最珍贵的树种是野生樟树,共55株,林木蓄积量3.68立方米。

樟树是国家二级保护植物。樟树树干、树根、树叶都有比较高的经济价值,木材可以防虫,树根和叶子可以提炼樟油,樟油比较珍贵。樟树树形也好看,可以作为行道树。在这起案件中涉及的那50多株樟木,树龄有30来年。因为樟树具有经济价值,被砍伐的现象时有发生,在1992年它就被列入了《国家重点保护野生植物名录》。我国刑法中有非法采伐、毁坏国家重点保护植物罪,情节严重的处三年以上七年以下有期徒刑[1]。砍掉2株重点保护野生植物就属于情节严重的犯罪行为,而这次被砍伐的野生樟树竟有55株。

樟树:常绿乔木。

绰号:外号。

隶属:从属,(区域、机构等)受管辖。

估算:估计测算。

蓄积量:积聚存储的数量。

第三单元 中国法律案例

第十四课 环境保护案

公安部门接到报案后,勘察现场发现,林木被毁坏,都堆在那里,而且有些地方已经挖成梯田状。开挖掘机的"阿牛"说不清楚雇主是哪个村的。这片山林是良凤江国家森林公园的凤凰岭林区,以一条道路为界线,山下是高岭村的土地,山上是森林公园的,警方判断是开荒,嫌疑人是本地村民的可能性最大。按照护林员老刘和"阿牛"提供的线索,警方很快找到了嫌疑人张树添。

张树添,44岁,初中文化,是个农民。他在第一次被传讯[2]时就承认自己想开个荒,种点儿芭蕉树来贴补家用,就花了3000块钱雇挖掘机破坏了林地。这一行为因涉嫌非法毁坏国家重点保护植物罪,张树添被批准逮捕。

此案很快移交给了检察机关。

检察机关在接到案件材料后,第一时间赶赴案发现场核实林地毁坏的状况。钟毅检察官是本案的公诉人[3]。他审查案件所关注的重点不仅是案件的事实证据[4],还有张树添这个嫌疑人的主观故意[5]。

被羁押[6](jīyā)的被告人告诉检察官,自己从来都不知道樟树是国家保护的植物。检察官认为犯罪嫌疑人张树添砍伐樟树应该不是为了牟利,只是认知上的错误,如果知道的话他绝对不敢动。这一点,警方也是认可的。张树添的家就在被毁林地边上的一栋白色楼房里,至今盖房子的钱还欠着人家十几万。他家有两个孩子,大儿子18岁,小儿子9岁,年迈的父母也靠张树添来赡养。当时,他父亲中风住院,大儿子考上了大专,要交学费,他必须想办法解决这些开支。在他看来屋后的土地就是无主的荒地,荒着不种可惜,就想开荒种一些芭蕉贴补家用。

钟毅认为,在这样的情况下,简单地对被告人处以刑罚,虽然可以起到一定的震慑作用,但是对于被破坏的

梯田: 沿着山坡开辟的一级一级农田,形状像阶梯。

雇主: 雇用工人的人。

贴补: 用积蓄的财物弥补日常的消费。

牟利: 谋取私利。

年迈: 年纪大。

中风: 多因脑血栓、脑出血引起的病,病后导致半身不遂等严重后遗症。

大专: 大学程度的专科学校的简称。

林地难以达到有效救济的目的,而被告人一家的生活也很可能就此被毁掉。在案件讨论时,他提出了自己的看法,认为法律效果和社会效果在这起案件当中应该是可以统一的,力求达到惩治犯罪和保护生态环境的双重目的。最终检察院形成的主导意见是促成受害人和被告人的刑事和解[7],一旦达成和解,在判决时就可以争取从轻处罚被告人张树添了。如果没有和解协议,没有被告人自身的补救措施,那么等待他的将是法律的严惩。这对张树添、对他整个家庭来说可能都是一个非常不利的结果。

　　该案的公诉人开始和森林公园一方沟通,对于跟张树添和解,森林公园表示完全不能接受。森林公园担心,如果跟被告人达成和解,会**纵容**这种毁林的行为,他们更担心被毁林地的恢复。为此,钟毅提出了一个建议:在案件开庭之前可以让张树添取保候审[8],回家去种树。经过多次沟通,森林公园渐渐理解了公诉方的理念。

　　2016年1月29日,在检察院和调解人的参与、主持下,被告人张树添和辩护律师与良凤江国家森林公园进行了调解。在开庭前达成了和解协议,张树添真诚悔罪,保证绝不再犯,他向广西良凤江国家森林公园道歉、赔偿经济损失16612元,并按照森林公园的安排,用上述赔偿款购买树苗,在被破坏的林地上重新种植。受害方良凤江国家森林公园向检察院出具请求,请求司法机关对张树添从宽处理。森林公园指定张树添种植仪花等几种树苗共2000株,用他赔偿的1.6万余元从森林公园购买这些树苗。

　　达成协议之后,检察院同意张树添取保候审,回家种树,在庭审之前,嫌疑人如果能**履行**协议的话,那么在开庭之后法官对他的行为的认可态度将是不一样的。嫌疑人取保候审时正是春季,比较适合种树。张树添在自己破

纵容:对错误行为不加阻止,任其发展。

履行:去做自己答应做的或应该做的事。

第十四课　环境保护案

坏的土地上种下了买来的珍贵树苗2000株，并开始了护理。在开庭前，检察官和森林公园的工作人员一起检查了树苗的成活情况和被毁林地的恢复情况。一年后，检察官和森林公园工作人员还将再次检查被毁林地恢复情况。

2016年2月3日南宁市江南区人民法院公开开庭审理了被告人张树添涉嫌非法毁坏国家重点保护植物罪一案。在庭审中，公诉人指出被告人张树添非法毁坏珍贵林木，其行为**触犯**了《中华人民共和国刑法》第三百四十四条之规定，犯罪事实清楚，证据确实充分，应当以非法毁坏国家重点保护植物罪**追究**其刑事责任。鉴于被告人张树添与被害人良凤江国家森林公园已经达成了刑事和解，赔偿了被害人的全部经济损失，在被破坏的林地上种植珍贵树木，并进行护理恢复林地生态，建议**酌情**予以从轻**处罚**。该案的公诉人在法庭上还播放了张树添对被毁林地进行护理的视频。

江南区法院最终判决被告人张树添构成非法毁坏国家重点保护植物罪，鉴于被告人张树添与被害人达成了刑事和解，即在被破坏的林地上种植珍贵树木，并进行护理恢复林地生态，所以酌情**予以从轻处罚**，被告人张树添犯毁坏国家重点保护植物罪，判处有期徒刑2年，缓刑[9]3年，并处罚金人民币3000元。法庭认为张树添后期的行为最大限度地恢复了生态，对被告人判处缓刑，更有利于生态环境的修复，也有利于他在缓刑考验期内更好地去保护、护理这些珍贵树苗。

（选自CCTV《今日说法·五十五棵香樟树》，2017年3月，有删改）

触犯：侵犯。

追究：追查（原因、责任）。

酌情：斟酌（考虑）情况。

【专业词语】

1. 有期徒刑：徒刑的一种。在一定期限内将犯罪分子关押在一定的场所，并强制其劳动的刑罚。我国刑法规定，有期徒刑的最高期限为15年，最低期限为6个月；在数罪并罚和死刑缓期执行减为有期徒刑时可以延长到20年，无期徒刑减为有期徒刑时，不能少于10年。

2. 传讯：司法机关传唤犯罪嫌疑人、刑事被告人按照指定的时间到达指定的场所接受讯问的措施。

3. 公诉人：代表国家提请法院追究被告人刑事责任的检察官。在我国检察官作为公诉人，不是当事人，在诉讼中具有双重责任。他不仅负有控告、揭露、证实被告人罪行的基本责任，出庭支持公诉，参加法庭调查和法庭辩论，而且同时对法庭的审判活动是否合法实行法律监督，代表国家行使公诉权和法律监督权。

4. 证据：一切能够证明案件真实情况的事实。现代法律规定证据有三个基本属性：客观性、相关性、合法性。中国可作为证据的，有七种：证人证言；被害人陈述；犯罪嫌疑人、被告人供述和辩解；鉴定结论；物证、书证；勘验、检查笔录；视听资料。以上各种证据必须经过查证属实，才能作为定案的根据。

5. （犯罪）故意：《中华人民共和国刑法》第十四条第一款规定：犯罪故意是指明知自己的行为会发生危害社会的结果，并且希望或者放任这种结果发生的主观心理状态。这种由犯罪故意而承担的刑事责任，就是故意责任。故意责任是责任的主要形式，它意味着行为人是在一种故意的心理状态下实施犯罪的，因而属于责任形式。作为一种责任形式，故意不仅是一种心理事实，而且包含着规范评价，由此形成统一的故意概念。

6. 羁押：司法机关依法将犯罪嫌疑人或被告人关押在一定场所，限制其人身自由的措施的总称。目的在于防止逃跑、串供、毁灭罪证、继续犯罪或自杀，保全证据并使侦查、审判工作和刑法的执行顺利进行。羁押有法定期限，在法定情形下，羁押时间可以适当延长。

7. 和解：在法律上指诉讼当事人之间为处理和结束诉讼而达成的解决争议问

题的协议；也指当事人在自愿互谅的基础上，就已经发生的争议进行协商并达成协议，是自行解决争议的一种方式。

8. 取保候审：司法机关责令犯罪嫌疑人、刑事被告人提出保证人或者缴纳保证金，保证不逃避侦查、起诉和审判，并随传随到的强制措施。

9. 缓刑：全称暂缓量刑，也称为缓量刑，是指对触犯刑律、经法定程序确认已构成犯罪、应受刑罚处罚的行为人，先行宣告定罪，暂不执行所判处的刑罚。缓刑由特定的考察机构在一定的考验期限内对罪犯进行考察，并根据罪犯在考验期内的表现，依法决定是否适用具体刑罚的一种制度。

【常见句型】

一、……隶属于……

◎ 良凤江国家森林公园隶属于广西壮族自治区林业厅。

▲说明：明确上下级关系，用于说明某区域、机构受某一上级机构管辖、管理，是上级机构的下属单位。

1. 中国银监会隶属于国务院。

2. 改革开放以前，深圳是一个小镇，隶属于新安县，现在是一个特区，隶属于广东省。

二、……因涉嫌……罪，……（被）批准逮捕。

◎ 这一行为因涉嫌非法毁坏国家重点保护植物罪，张树添被批准逮捕。

▲说明：这一句型是法律文件中的常见句型，说明某人被捕的事实、所触犯的法律，语句紧凑、严谨，包含了三个必要内容：罪名、人名、被批准，说明被捕事件不是随意的。人名可放句首，也可放句中。

1. 张某因涉嫌放火罪被批准逮捕。

2. 因涉嫌非法吸收公众存款罪，犯罪嫌疑人徐某被批准逮捕。

三、……触犯了《……法》……之规定,犯罪事实清楚,证据确实充分,应当以……罪追究其刑事责任。

◎ 在庭审中,公诉人指出被告人张树添非法毁坏珍贵林木,其行为触犯了《中华人民共和国刑法》第三百四十四条之规定,犯罪事实清楚,证据确实充分,应当以非法毁坏国家重点保护植物罪追究其刑事责任。

▲ 说明:这一句型是法律公文中的常用句型,明确指出犯罪嫌疑人触犯了哪一条哪一款法律,在事实与证据已经落实的前提下,说明追究刑事责任的具体罪名。

1. 王某触犯了《中华人民共和国刑法》第三百四十七条第四款之规定,犯罪事实清楚,证据确实充分,应当以贩卖毒品罪追究其刑事责任。

2. 其行为触犯了《中华人民共和国刑法》第三百三十八条之规定,犯罪事实清楚,证据确实充分,应当以污染环境罪追究其刑事责任。

四、鉴于……,(建议)予以……处罚。

◎(公诉人)鉴于被告人张树添与被害人良凤江国家森林公园已经达成了刑事和解,赔偿了被害人的全部经济损失,在被破坏的林地上种植珍贵树木,并进行护理恢复林地生态,建议酌情予以从轻处罚。

◎(法院)鉴于被告人张树添与被害人达成了刑事和解,即在被破坏的林地上种植珍贵树木,并进行护理恢复林地生态,所以酌情予以从轻处罚。

▲ 说明:这一句型常见于法律公文,说明予以处罚的原因,因检察机关对于处罚只有建议权,则应加"建议"二字,而法院是直接作出判决。这一句型也可用于其他公文中,说明奖赏或处分的原因和结果。

1. 鉴于被告人张某已赔偿了被害人的经济损失,得到了被害人的谅解,本院酌情予以从轻处罚。

2. 鉴于你单位能够及时改正价格违法行为,且从轻处罚能够起到教育作用,建议予以从轻处罚。

第三单元　中国法律案例
第十四课　环境保护案

【专业知识】

环境与资源保护法

环境与资源保护法，是环境法和自然资源法的统称。

环境法是由国家制定或认可，并由国家强制力保证执行的关于保护环境和自然资源、防治污染和其他公害的法律规范的总称。

自然资源法是调整人们在开发、利用、保护和管理自然资源过程中发生的各种社会关系的法律规范的总称。一般包括土地法、水法、矿产资源法、水产资源法、森林法、草原法、海洋法、风景名胜区法、野生动植物资源法等。自然资源法与环境法是两个联系密切，相互交叉，又有所不同的法律部门。

环境与资源保护法的性质：不否认环境与资源保护法具有阶级性，但阶级性不是环境与资源保护法唯一的本质属性。

环境与资源保护法的特点：1. 综合性；2. 技术性；3. 社会性；4. 共同性。

（选自周珂、王利明《环境与资源保护法》）

【阅读材料】

非法猎捕野生动物案

于亮等5人非法猎捕珍贵、濒危野生动物，非法收购、运输、出售珍贵、濒危野生动物。

（一）案件事实

2012年5月至7月，于磊联系王顺康，欲收购猕猴。王顺康遂联系杨正华，后杨正华先后在四川省金川县内非法猎捕猕猴19只。12月2日，王顺康以1.08万元的价格从杨正华处购得猕猴19只，后以3万元的价格出售给于磊的弟弟于亮。于亮与其妻卓娟在运输猕猴途经汶川县时，被森林公安查获。

经鉴定，涉案的19只动物均为国家二级保护动物猕猴。

（二）诉讼过程

案发后，林业检察处及时派员提前介入，指导侦查机关收集、固定证据，为案件的成功办理打下了坚实的基础。2013年10月16日，汶川县人民法院以非法收购、运输、出售珍贵、濒危野生动物罪，判处王顺康有期徒刑十年二个月，并处罚金1万元；以非法收购、运输珍贵、濒危野生动物罪，判处于亮有期徒刑十年，并处罚金1万元；以非法猎捕珍贵、濒危野生动物罪，判处杨正华有期徒刑六年，并处罚金8000元；以包庇罪判处于磊有期徒刑一年，缓刑二年；卓娟免予刑事处罚。此判决为生效判决。

（三）典型意义

近年来，不法分子出于谋取非法利益、打猎取乐等

濒危：接近危险的境地；临近死亡。

猕猴：猴的一种，猕猴属代表物种。

介入：插入事件之中进行干预。

第三单元 中国法律案例

第十四课 环境保护案

目的，疯狂攫取（juéqǔ）四川境内珍贵、濒危野生动物资源，导致危害珍贵、濒危野生动物类案件数量激增，野生动物资源遭受严重破坏。针对该类案件呈现出的跨区域化、有组织化、专业化等特点，四川省人民检察院林业检察处密切结合正在开展的"四川省集中打击整治破坏森林和野生动植物资源违法犯罪专项行动"，有针对性地加大了对该类案件的打击力度，有力地保护了珍贵、濒危野生动物资源。	攫取：抓取、拿取或掠取，多用于贬义。

（选自 3edu 教育网 2015 年 4 月）

如何治理雾霾

严格控制污染物排量

控制污染物排量是最直接的防治措施，也是最有效的。

1. 控制重点行业污染，加强扬尘治理。强化各类烟粉尘污染物治理，推进淘汰设备除尘设施升级改造，确保颗粒物排放达到新标准的特别排放限值要求，加快重点企业脱硫、脱硝设施建设。

2. 发展绿色交通，加强机动车尾气排放治理。大力发展城市公交系统和城际轨道交通系统，鼓励绿色出行，积极推广电动公交车和出租车，大力发展电能、太阳能等新能源汽车，鼓励燃油车辆加装压缩天然气，促进天然气等清洁能源作为汽车动力燃料，为汽车安装净化装置，实现汽车尾气催化净化。

淘汰：去掉不合适的，保留合适的。

脱硫：指燃烧前脱去燃料中的硫成分以及烟道气排放前的去硫过程。

脱硝：燃烧烟气中去除氮氧化物的过程，防止环境污染。

制定相关国家法律

将雾霾的治理提升到国家意志层面上来,体现出雾霾问题的严重性,同时表现出国家治理雾霾的决心。加强和完善雾霾防治工作的立法、执法是治理雾霾问题的关键。继续完善大气污染防治法,重点细化法规,加强执法和监督,加强环保机构的立法、执法和处罚权力,赋予环保机构执法手段,环保机构有权进行立法、执法、处罚等,并通过强制执行手段和监控、技术改进等方式开展工作。可参考美国模式,建立区域环境管理机制,对区域内的环境问题进行全盘整合式管理。同时,设立举报平台,通过民间组织和民众力量监督环境执法行为。

积极发展生态公益

1. 优化产业结构,进一步深化工业污染治理。坚决淘汰国家确定的落后生产工艺装备和产品,严控"两高"行业产能,大力淘汰钢铁、建材和纺织等一批不符合产业政策和节能减排要求的落后产品、技术和工艺设备。

2. 发展节能环保产业。发挥政府主导作用,协调节能环保产业发展规划,制定节能环保产业技术标准和规范,加大节能环保产业技术研发扶持力度,加快发展节能环保产业,支持节能环保产业成为新兴支柱产业。

3. 政府发挥主导地位,大力发展清洁能源。积极发展风能、太阳能、地热能、生物能、潮汐(cháoxī)能等新能源和可再生能源,提高能源利用效率,鼓励节约能源,积极推进建筑节能,加快推进既有建筑节能改造和绿色建筑发展,推广使用太阳能光热、光电建筑一体化和地源热泵等技术。

"两高"行业: 高污染、高耗能行业。

潮汐: 海水的定时的涨落,由月球和太阳的引力所造成。早潮叫潮,晚潮叫汐。

第三单元 中国法律案例

第十四课 环境保护案

增强公民的环保意识 　　加强典型示范活动的建立，增强示范效应，使生态文明理念深入人心，生态文明意识大大提高，倡导全社会形成文明、节约、绿色环保的生产、消费和生活方式。建立政务微博新媒体沟通渠道，健全环境信访<u>舆情</u>执法联动工作机制，实行政府环境信息公开制度，督促企业主动公开环境信息。通过典型示范、专题活动、展览展示、岗位创建、合理化建议等多种形式，带动各行各业关注、支持和参与大气污染防治工作。 （选自天气网 2016 年 11 月，有删改）	舆情：公众的意见和态度。

【讨论题】

1. 对于"专题报告"中毁坏珍贵香樟树案件的处理过程和最终的法律判决，你有什么看法？

2. "阅读材料"提出关于雾霾治理的各种措施，请从法律的角度提出具体的实施办法。

【综合练习】

一、熟读下列短语

经济价值　　非法毁坏　　主导意见　　真诚悔罪
从宽处理　　恢复生态　　珍贵树木　　生态环境

二、解释下列专业词语

传讯　　（犯罪）故意　　羁押　　缓刑

三、选择合适的词语填空

认可　认同

1. 法律服务业的投资机会和市场价值日益获得资本的重视和_____。
2. 这位代表建议在全区重播大型纪录片《记住乡愁》，以提高人民的中华文化_____感。
3. 他们提交了关于芬兰_____中国驾照的相关提案。
4. 而在国内，社工的社会_____感不高与大环境有关，市民应该对社工有更多的包容，社工自己也要提高素质，做出一些成绩来，争取用3—5年的时间实现社会对社工的_____。

沟通　串通

1. 经与法官_____，主审法官决定于2月22日再次开庭。
2. 一个盘踞招投标中心的特大_____投标犯罪团伙被宁都警方摧毁。
3. 现实生活中，夫妻双方_____"坑"债权人，或者夫妻一方与债权人_____"坑"另一方等典型案例时有发生。
4. 玩儿《旅行青蛙》游戏的年轻人，不约而同地将内心的孤独和_____困境显现了出来。

四、句型练习

1. ……隶属于……
   - 唐代国子监_____尚书省礼部，管辖六学，即国子学、太学、四门学、律学、书学、算学。
   - 所谓直辖市，就是直接_____国务院的城市。
   - 这家小贸易公司隶属于_____。
   - _____隶属于_____。

第三单元　中国法律案例

第十四课　环境保护案

2. ……因涉嫌……罪，……（被）批准逮捕。

- 南京宝马肇事案车主王某因涉嫌＿＿＿＿＿＿＿＿＿＿罪，被南京市秦淮区检察院＿＿＿＿＿＿＿＿＿＿。
- 2015年3月30日，高峰等三人因＿＿＿＿＿＿＿＿＿＿罪＿＿＿＿＿＿＿＿＿＿＿＿＿＿。
- 歌星李某因＿＿＿＿＿＿＿＿＿＿，今被＿＿＿＿＿＿＿＿＿＿。
- ＿＿＿＿＿＿＿＿因涉嫌＿＿＿＿＿＿＿＿罪，被＿＿＿＿＿＿＿＿批准逮捕。

3. ……触犯了《……法》……之规定，犯罪事实清楚，证据确实充分，应当以……罪追究其刑事责任。

- 因擅离岗位而发生事故，造成一人死亡，其行为＿＿＿＿＿＿＿＿《中华人民共和国刑法》第一百三十四条＿＿＿＿＿＿，犯罪事实清楚，证据确实充分，＿＿＿＿＿＿重大责任事故罪＿＿＿＿＿＿＿＿。
- 本院认为，被告人郭某明知是毒品而予以非法持有，其行为触犯了《中华人民共和国刑法》第三百四十八条之规定，＿＿＿＿＿＿＿＿，＿＿＿＿＿＿＿＿，＿＿＿＿＿＿非法持有毒品罪＿＿＿＿＿＿＿＿。
- 赵某使未满14周岁的未成年人脱离监护人，其行为触犯了《＿＿＿＿＿＿＿＿法》第二百六十二条之规定，犯罪事实清楚，证据确实充分，＿＿＿＿＿＿拐骗儿童罪＿＿＿＿＿＿＿＿＿＿。
- ＿＿＿＿＿＿＿＿触犯了《＿＿＿＿＿＿法》＿＿＿＿＿之规定，犯罪事实清楚，证据确实充分，应当以＿＿＿＿＿＿＿＿罪追究其刑事责任。

4. 鉴于……，（建议）予以……处罚。

- ＿＿＿＿＿＿＿＿高玉华到案后主动交代事实并主动退还赃款，检察机关向法院＿＿＿＿＿＿＿＿＿＿＿＿＿＿＿＿。
- ＿＿＿＿＿＿＿＿代签名行为的恶劣影响，保险行业也制定了极为严厉的规定，营销员王某已在当地行业内通报，可建议＿＿＿＿＿＿＿＿＿＿＿＿＿＿＿＿＿＿＿＿＿＿。

- ＿＿＿＿＿＿＿＿＿＿被告人罗某系自首，依法予以从轻处罚，＿＿＿＿＿＿＿＿＿＿＿＿＿有期徒刑一年以下并处罚金的刑事处罚。
- 鉴于＿＿＿＿＿＿＿＿＿＿＿＿，建议＿＿＿＿＿＿＿＿＿＿＿＿＿＿＿＿＿。

五、写作

按照"阅读材料"中《非法猎捕野生动物案》的格式简述"专题报告"中的案件。

要求：

（1）分为案件事实、诉讼过程、典型意义三个部分；

（2）叙述清楚，语句通顺；

（3）300—400字。

第三单元　中国法律案例
第十五课　古代诬告案

第十五课　古代诬告[1]案

【专题报告】

智断凶案

邑（yì）人胡成，与冯安同里，世有隙（xī）。胡父子强，冯屈意交欢，胡终猜之。一日，共饮薄醉，颇倾肝胆。胡大言："勿忧贫，百金之产不难致也。"冯以其家不丰，故嗤（chī）之。胡正色曰："实相告：昨途遇大商，载厚装来，我颠跃（diānyuè）于南山眢井（yuānjǐng）中矣。"冯又笑之。时胡有妹夫郑伦，托为说合田产，寄数百金于胡家，遂尽出以炫（xuàn）冯。冯信之。

[译文]
　　淄川县有个叫胡成的人和冯安是同乡，但是（两家）世代有矛盾。胡家的父亲和儿子都很强悍（qiánghàn），冯家只能违心地和胡家搞好关系，但是胡家始终不信任他。有一天，两人一起喝酒，喝得稍稍有些醉，说了很多心里话。胡成夸口说："不用担心穷困，百两钱财的资产是不难弄到手的。"冯安觉得胡家并不富裕，所以讥笑他。胡成严肃地说："实话告诉你，我昨天在路上遇到了一个大富商，车里装了很多货物过来，我杀了他夺了财货，把他放到了南山的枯井里。"冯安又讥笑他。当时胡成的妹夫郑伦托他撮合（cuōhe）购买田产，有几百两银子放在胡安家，于是全部拿出来向冯安炫耀。冯安相信了。

凶案：杀人案件。
邑：乡镇，指淄川县。
里：乡里。
世：世代。
隙：隙缝。有隙，有矛盾。
强：强悍、厉害。
屈意交欢：违背本意，勉强交往搞好关系。
终：始终。
猜：猜疑。
薄醉：稍微有些醉。
颇：非常，很。
倾肝胆：说心里话。
大言：说大话。
百金：指大量钱财。
致：得到。
丰：富裕。
嗤：讥笑。
正色：态度严肃。
载厚装：车里装了很多货物。
颠跃：杀人取货。
眢井：干枯的井。
说合：从中介绍，促成别人的事。
寄：寄存。
炫：炫耀、显示。

既散，阴以状报邑。公拘胡对勘（duìkān），胡言其实，问郑及产主皆不讹（é）。乃共验诸眢井，一役缒（zhuì）下，则果有无首之尸在焉。胡大骇（hài），莫可置辩，但称冤苦。公怒，击喙（huì）数十，曰："确有证据，尚叫屈耶！"以死囚具禁制之。尸戒勿出，惟晓示诸村，使尸主投状。

[译文]
　　分手以后，冯安偷偷写了状子向县里报告。县令逮捕胡成进行调查，胡成说了实情，又询问了他的妹夫郑伦和田产主，都证明他说的没错。于是县令和胡成一起到枯井去验证这个情况，将一名衙役（yáyì）拴了绳子放到井里，果然有一具没有头的尸体在里面。胡成非常害怕，无法辩驳，只是连连喊冤叫苦。县令很生气，在他脸上打了几十下，说："已经有确实的证据，还叫冤屈！"于是用关押死刑犯人的刑具把他囚禁起来。县令警告，不要把尸体拿出来，只通知各村，让尸体的主人来报案。

既散：分手以后。
阴：偷偷地。
状：向上级报告的文书。
公：指淄川县县令费祎祉（Fèi Yīzhǐ）。
拘：逮捕、拘留。
对勘：复核调查。
讹：错误。
诸：之于。
役：衙役，官府中的仆役。
缒：用绳子拴住人，从上往下送。
在焉：在里面。
大骇：非常吃惊害怕。
莫可置辩：不能辩驳。
喙：嘴。
尚：还。
死囚具：关押死刑犯人的刑具。
禁制：囚禁制裁。
戒：告诫、警告。
惟：只是。
晓示：让人知道。
投状：向官府递交文书。

第三单元　中国法律案例

第十五课　古代诬告案

逾日（yú rì），有妇人报状，自言为亡者妻，言："夫何甲，揭数百金出做贸易，被胡杀死。"公曰："井有死人，恐未必即是汝（rǔ）夫。"妇执言甚坚。公乃命出尸于井，示之，果不妄。妇不敢近，却立而号（háo）。公曰："真犯已得，但骸躯（háiqū）未全。汝暂归，待得死者首，即招报令其抵偿。"遂自狱中唤胡出，呵（hē）曰："明日不将头至，当械折股。"役押去终日而返，诘（jié）之，但有号泣。乃以梏具（gùjù）置前作刑势，却又不刑，曰："想汝当夜扛尸忙迫，不知坠落何处，奈何不细寻之？"胡哀祈（āiqí）："容急觅（mì）。"公乃问妇："子女几何？"答曰："无。"问："甲有何戚属？"云："但有堂叔一人。"公慨然（kǎirán）曰："少年丧夫，伶仃（língdīng）如此，其何以为生矣！"妇乃哭，即求怜悯（liánmǐn）。公曰："杀人之罪已定，但得全尸，此案即结；结案后，速醮（jiào）可也。汝少妇，勿复出入公门。"妇感泣，叩头而下。公即票示里人，代觅其首。经宿（xiǔ），即有同村王五，报称已获。问验既明，赏以千钱。唤甲叔至，曰："大案已成；然人命重大，非积岁不能得结。侄既无出，少妇亦难存活，早令适人。此后亦无他务，但有上台验驳（yànbó），止须汝应身耳。"甲叔不肯，飞两签下；再辩，又一签下。甲叔惧，应之而出。妇闻，诣（yì）谢公恩。公极意慰谕（wèiyù）之。又谕："有买妇者，当堂关白。"既下，即有投婚状者，盖即报人头之王五也。公唤妇人上，曰："杀人之真犯，汝知之乎？"答曰："胡成。"公曰："非也。汝与王五乃真犯耳。"二人大骇，力辩冤枉。公曰："我久知其情，所以迟迟而发者，恐有万一之屈耳。尸未出井，何以确信为汝夫？盖先知其死矣。且甲死犹衣（yì）败絮（bàixù），数百金何所自来？"又谓王五曰："头之所在，汝何知之熟也！所以如此之急者，意在速合耳。"两人惊颜

逾日：过了一天。
亡者：死去的人。
揭：拿着。
恐：恐怕。
即是：就是。
汝：你。
执言：坚持她的说法。
甚坚：非常坚决。
示：给人看。
妄：虚妄，不真实。
立而号：站着大声哭。号，大声地哭。
骸躯：死人尸骨。
归：回家。
招报：招供后报告上司。
呵：大声呵斥。
当械折股：用刑具折断大腿。
去：离开。
诘：责问。
梏具：刑具。
作刑势：做出要用刑的样子。
忙迫：匆忙、急迫。
奈何：为什么。
哀祈：哀告请求。
容：允许。
觅：抓紧寻找。
几何：几个。
戚属：亲戚家属。
慨然：感慨的样子。
伶仃：孤独的样子。
何以：以何，靠什么。
怜悯：怜惜同情。
醮：结婚，指再婚。
公门：衙门，官府。
票示里人：发出布告，告诉村里人。
经宿：经过一夜。
问验：审问查验。

如土，不能强置一词。并械之，果吐其实。盖王五与妇私已久，谋杀其夫，而适值胡成之戏也。乃释胡。冯以诬告，重笞（chī），徒²三年。事既结，并未妄刑一人。

千钱：一千铜钱。
积岁：一年时间。
无出：没有子女。
适人：嫁人。
他务：别的事情。
上台：这里指上司。
验驳：复查。
止：只。
耳：句尾语气词。
签：官府处置犯人的签牌。这里表示要对甲叔用刑。
诣：到……去。
极意：尽心尽意地。
慰谕：安慰。
谕：告示。
关白：禀告，向上级报告。
盖：句首语气词。
乎：吗？
所以迟迟而发者：推迟很久才说破的原因。
衣：穿。
败絮：指破旧的衣服。
何所自来：从哪里来？
所在：存在的地方。
速合：很快结合。
并械之：对他们一起用刑。
私：不正当的男女关系。
适值：刚好在……时候。
戏：开玩笑。
释：释放。
笞：古代刑法，用竹板或荆条打。
妄刑：随便处罚。

[译文]

　　第二天就有一个女人向官府报案，自称是死者的妻子，说："我的丈夫何甲，拿了几百两银子出去做买卖，被胡成杀死了。"县令说："井里确实有死人，但是不一定就是你的丈夫。"妇人一口咬定就是她的丈夫。县令便命令把死尸从井里拿出，给她看，确实没错。妇人不敢靠近，却站在远处大声哭号。县令说："真正的犯人已经抓到，只是尸骨不完整。你先回家，等找到了尸体的头，马上让他招供，作出判罪，让犯人偿命。"于是从狱中把胡成叫出。申斥说："明天不把人头拿来，就用刑具折断你的大腿。"衙役把胡成押出去一天，回来后，责问结果，他只是哭泣。于是把刑具摆在他面前做出要用刑的样子，但是又不用刑，说："猜想你当晚扛着尸体跑，很匆忙，不知把头掉在哪里了，为什么不仔细找找呢？"胡成哀告祈求："请允许我尽快寻找。"

　　县令问妇人："你有几个子女？"回答说："没有。"又问："何甲有什么亲戚？"说："只有一个堂叔。"县令非常感慨地说："年纪轻轻的，就死了丈夫，这样孤苦伶仃，今后怎样生活呢？"妇人哭了起来，哀求可怜可怜她。县令说："杀人的罪已经判定，只要得到完整的尸体，就了结此案；结案以后，你就可以快快再婚。你是一个年轻的妇人，不要再进出衙门了。"妇人感动得流下眼泪，叩头后离开公堂。县令随后发出告示，告诉村里的人，帮助寻找尸体的头。

　　过了一夜，同村有一个叫王五的人，报告说已经找

第三单元　中国法律案例

第十五课　古代诬告案

到人头。县令审问查验清楚以后，赏赐给他一千铜钱。又把何甲的堂叔叫来，说："这起大案已经查明，但是人命的事情很重大，没有一年的时间是不能结案的。既然你的侄子没有子女，年轻妇人也很难生活，早一点让她嫁人吧。以后也没有别的事情了，如果有上司来复查，只需要你来回应一下就行了。"何甲的堂叔不答应，县令扔出两个对他用刑的签牌，他继续争辩，县令又扔出一个签牌。何甲的堂叔害怕了，只好答应下来，离开了衙门。妇人听说后，到衙门来感谢县令的恩德，县令尽心尽意地安慰她。

随后又发告示："如果有人想要这个妇人，可以向衙门报告。"公告贴出后，马上有人递上求婚报告，而这人就是报告人头下落的王五。县令把妇人叫来，问："杀人的真正凶手，你知道是谁吗？"回答说："胡成。"县令说："不对，你和王五才是真正的罪犯。"两人非常害怕，极力辩解，大喊冤枉。县令说："我早就知道案子的实情，一直没有说破的原因是怕万一冤屈了好人。尸体还没有从井中取出，你怎么就能确认是你的丈夫？那一定是你先知道他死了。而且何甲死时穿着破旧的衣服，你说的那几百两银子是从哪里来的？"又对王五说："人头放在什么地方，你怎么知道得那么清楚？你这么着急，不过就是为了尽快成亲罢了。"两人吓得脸如土色，再也说不出一句辩驳的话。一起对他们用刑，果然招出实情。原来王五和妇人早就私通，两人密谋杀害了妇人的丈夫，而这时碰巧胡成开玩笑说杀了人。于是县令放了胡成，冯安因为诬告，挨了顿板子，被判了三年劳役。整个案件并没有对任何人随便动刑。

选自《聊斋志异·折狱》

【专业词语】

1. **诬告**：古代凡向有关机关做了不符合实际情况的报告的行为均称为诬告。现代法律对诬告和错告进行了严格区别。诬告是指捏造犯罪事实，向有关机关告发，意图使无罪者入于罪，或使有轻罪者入于重罪的行为，属侵犯公民人身权利的一种，是犯罪行为。错告是指行为人由于对情况了解不确实，或者认识上的片面性，向有关机关做了不符合实际情况的告发行为，其特点是主观没有陷害他人的目的，客观上不是捏造事实，不是有意诬陷，不构成犯罪。

2. **徒**：徒刑。将犯罪分子拘于一定的场所，剥夺其自由并强制其劳动的刑罚。古代徒刑具有奴役的性质，现代刑法是通过强制劳动促使犯罪分子改过迁善，适应社会共同生活。在我国徒刑分为无期徒刑和有期徒刑两种。

【常见句型】

一、但……

◎ 胡大骇，莫可置辩，但称冤苦。

▲ 说明："但"在古代不做"但是"讲，表示"只""仅"。这个意义在现代汉语中还保留着。

1. 真犯已得，但骸躯未全。
2. 问："甲有何戚属？"云："但有堂叔一人。"
3. 杀人之罪已定，但得全尸，此案即结。
4. 但愿这次法院调解能够成功。
5. 但凡有一点儿办法，我也不会去借高利贷。

二、……未必……

◎ 并有死人，恐未必即是汝夫。

▲ 说明：表示"不一定""也许不"的意思。在句中用"未必"表达自己的意思，可以使语气显得缓和一些。用"未必"接否定式时，成为肯定的估计，即"有可能"。

1. 我说："根据目前情况看，这场官司未必能打赢。"律师却说："未必打不赢。"

2. 好听的话未必是真话。

三、非……不……

◎ 大案已成；然人命重大，非积岁不能得结。

▲ 说明：用这个句式组成一个条件复句，与"只有……才……"意思相同，但是它用双重否定来表示，更强调了条件的重要性，即没有某种条件，就不能达到某种结果。

1. 非有第一手资料，不能得出正确结论。

2. 我认为对这个犯人必须处以死刑，非死刑不足以平民愤。

四、所以……（者）

◎ 我久知其情，所以迟迟而发者，恐有万一之屈耳。

▲ 说明：在古代常用"所以……者"这种句式表示原因，而现代汉语中"所以"的最常用义是表示结果；但是古代的用法，在现代书面语中还保留着，常用"……之所以……"的形式。

1. 头之所在，汝何知之熟也！所以如此之急者，意在速合耳。

2. 法院之所以没有判决，是在等候复审的资料。

【专业知识】

中国古代法制发展概况

中国是一个文明古国,按照最保守的说法,法制发展的历史起码有四千年。历史资料证明,公元前21世纪的夏王朝已经是一个正式的国家,中国古代法律制度随着国家的发达而经历了一个不断积累、不断发展的辉煌历程。

中国早期法制,一般是指夏、商、西周时期(前21世纪—前771年)的法制。这个时期法制的主要特点是以习惯法为基本形态,法律是不公开、不成文的。

中国古代法制,一般是指春秋以后到鸦片战争以前(前770—公元1840)的法律制度。这个漫长的历史时期划分为以下几个阶段:

春秋战国时期是由早期习惯法向成文法转变的重要阶段。一些主要的诸侯国都制定了成文的法律,并予以公布。

秦汉时期是古代成文法律体系全面确立的阶段。秦朝的法制观念极强,法律制度很严密。汉朝前期继承秦朝制度,后期法制朝着儒家化的方向发展。

三国两晋南北朝时期是中国传统法制迅速发展阶段。立法技术提高,立法理论发展,具体法律制度儒家化程度加强。

隋唐时期[①]是法律制度的鼎盛阶段。以《唐律疏议》为代表的优秀法典相继问世,儒家的基本主张被精巧地纳入到法典当中,礼法结合,法律儒家化过程基本完成。

宋元明清时期[②]是中国古代法制走向专制的阶段。基本法典仍是国家法制的基础,但是起实际作用的"条例"等附属立法频繁修订,统治者利用法律形式和手段维护皇权,加强专制,调解社会。

(根据曾宪义主编《中国法制史》第4—7页改写)

[①] 时间上包括从公元581年隋代建立到公元960年宋代建立以前。
[②] 时间上包括从公元960年宋代建立到公元1840年鸦片战争以前。

第三单元 中国法律案例

第十五课 古代诬告案

【阅读材料】

公堂辨诬

太原有民家，姑妇皆寡（guǎ）。姑中年，不能自洁，村无赖（wúlài）频频就之。妇不善其行，阴于门户墙垣（qiángyuán）阻拒之。姑惭，藉端出妇，妇不去，颇有勃谿（bóxī）。姑益恚（huì），反相诬，告诸官。官问奸夫姓名，媪（ǎo）曰："夜来宵去，实不知其何谁，鞫（jū）妇自知。"因唤妇，妇果知之，而以奸情归媪，苦相抵。拘无赖至，又哗辩："两无所私，彼姑妇不相能，故妄言相诋毁耳。"官曰："一村百人，何独诬汝？"重笞之。无赖叩乞免责，自认与妇通。械妇，妇终不承，遂去之。妇忿告宪院，仍如前，久不决。

[译文]

太原有一户人家，婆婆和儿媳妇都守寡。婆婆已到中年，但是不能洁身自好，村子里有个无赖经常和她来往。媳妇觉得这种行为不好，就总是在门口、院墙外阻止他进入。婆婆感到羞愧，找了一个借口要休弃媳妇，但媳妇就是不离开家，婆媳间发生了很厉害的争斗。婆婆更加恼怒，反过来诬告媳妇，向官府告状。官员询问奸夫的名字，老妇说："他夜里来往，实在不知道是谁，审审媳妇自然就知道了。"于是叫来媳妇，她果然知道，但是把奸情推给婆婆，婆媳俩尽力互相指责。又把无赖抓来，无赖吵闹着辩解："我和她们都没有私情，她们婆媳不和，不过随便说污蔑我罢了。"官员说："一个村子上百人，为什么只诬告你？"狠狠地打他。无赖叩头求饶，承认与媳妇通奸。又对媳妇用刑，但她始终不承认。于

姑妇：婆婆、媳妇。
寡：丧夫。
自洁：洁身自好。
无赖：游手好闲、品行不端的人。
就：接近。
不善其行：认为他的行为不好。
门户：指院门。
墙垣：指院墙外。
惭：羞愧。
藉端：找了一个借口。
出妇：休弃媳妇，将其赶出家门。
勃谿：家庭中争吵。
恚：恼怒。
奸：指男女之间不正当的性关系。
媪：老女人。
鞫：审讯。
苦相抵：指婆媳俩尽力相互指责。
哗辩：吵闹着辩解。
两无所私：与两个人都没有奸情。
能：和睦。
诋毁：毁谤、污蔑。
叩：磕头。
乞：请求。
免责：免于责罚。
通：指有不正当男女关系。
械：刑具，这里用作动词，用刑具打。
承：承认。
宪院：省级刑狱衙门。
决：判决。

是只好放了她。妇人气愤地到上级衙门告状，还是像以前一样，久久没有判决。

  时淄邑（Zīyì）孙进士柳下令临晋，推折狱才，遂下其案于临晋。人犯到，公略讯一过，寄监讫（qì），便命隶人备砖石刀锥，质明听用。共疑曰："严刑自有桎梏（zhìgù），何将以非刑折狱耶？"不解其意，姑备之。明日升堂，问知诸具已备，命悉置堂上。乃唤犯者，又一一略鞫之。乃谓姑妇："此事亦不必甚求清析。淫妇虽未定，而奸夫则确。汝家本清门，不过一时为匪人所诱，罪全在某。堂上刀石具在，可自取击杀之。"姑妇趑趄（zījū），恐邂逅（xièhòu）抵偿。公曰："无虑，有我在。"于是媪妇并起，掇（duō）石交投。妇衔（xián）恨已久，两手举巨石，恨不即立毙（bì）之；媪惟以小石击臀（tún）腿而已。又命举刀。妇把刀贯胸膺（xiōngyīng），媪犹逡巡（qūnxún）未下。公止之曰："淫妇我知之矣。"命执媪严梏之，遂得其情。笞无赖三十，其案始结。

[译文]
  当时山东淄邑县的进士孙柳下做山西临晋县令，他是公认的具有办案能力的人才，于是上级把这个案子下放到临晋县审理。案犯押到后，孙县令粗略地审讯了一次，就把犯人关进了监狱，接着命令差役准备砖头、石块、刀和锥子，准备明天审讯用。差役们都猜疑说："严厉的刑具自然有各种各样的，为什么要用不是刑具的东西办案呢？"大家都不明白他的意思，只好先准备。第二天孙县令升堂，询问知道各种东西都已准备好，就命令把它们都

淄邑：地名，位于山东。
进士：通过中央考试后获得的称号。
令：做县令。
临晋：地名，位于山西。
推折狱才：公认有办案才能。折狱，判案。
一过：一次。
寄监：关进监狱。
讫：终了。
隶人：差役，官府中办事人员。
质明：天刚亮，指明天。
听用：准备使用。
桎梏：脚镣和手铐，泛指刑具。
姑：姑且，暂时的。
悉：全部。
清析：清楚明白。
清门：清白人家。
匪人：坏人。
趑趄：犹豫，想前进又不敢前进。
邂逅：偶然遇到。指以后再见面。
抵偿：这里指报复。
虑：顾虑、担心。
掇：拾取。
衔恨：怀恨。
毙：死。
臀：屁股。
把：拿起。
贯：扎。
胸膺：胸膛。
逡巡：有顾虑而徘徊不前。
执：抓住。
严梏：使用严厉刑法。
始：才。

第三单元　中国法律案例

第十五课　古代诬告案

放到审讯的大堂上。然后县令叫来犯人，一一略加审讯，就对婆婆和媳妇说："这个事情不必追究得那么清楚明白。淫妇虽然没有确定，但是淫夫已是确定的。你们家本来是清白人家，只不过一时被坏人所引诱，罪过全在他身上。现在大堂上有刀和石块等，你们可以自己拿这些东西打他杀他。"婆媳俩很犹豫，担心以后见面会遭报复。县令说："不用担心，由我负责。"于是老妇和媳妇一起起来，捡起石头，不断地扔。媳妇怀恨已久，用两手举起大石头，恨不得马上让他死；老妇只不过用小石头打他的屁股、腿。孙县令又命令她们用刀，媳妇拿起后去扎无赖的胸膛，老妇犹豫不决，举着刀没有下手。县令制止了他们，说："淫妇是谁，我知道了。"命令对老妇用严厉的刑法，便知道了真实的情况。最后打了无赖三十大板，这个案子才了结了。

选自《聊斋志异·太原狱》

移尸诬人

山左，某甲与乙不相能。适甲之妇因他故自缢，甲视为奇货，乘夜负尸于乙之门，悬于楣（méi）上。明日乙起，见而大惧。正皇遽（huángjù）间，甲至，伏尸哀恸（āitòng），控于官。谓："与乙素相往来，昨以贫故令妇乞米，迨（dài）夜不归，方深疑虑，不知因何在门首投缳（tóuhuán）毙命（bìmìng），乞官追究。"乙本谨愿（jǐnyuàn），闻之益惴惴（zhuìzhuì）。

移尸：挪动尸体。

山左：某座山的东边。
适：刚巧。
自缢：自己用绳吊死
奇货：珍奇少见的物品，这里指难得的机会。
负：背着。
悬：吊挂。
楣：门框上边的横木。
皇遽：恐惧、慌忙。

[译文]

在山的东边,某甲和某乙有矛盾。正好甲的媳妇因为其他原因自杀了,甲把这看作是个难得的好机会,趁着夜深人静把尸体背到了乙家门口,将尸体吊在门框上。第二天乙起床后,看见尸体非常害怕。正在乙恐惧的时候,甲到了乙家,趴在尸体上伤心地痛哭,于是向官府报了案。甲说:"我和乙一向有来往,昨天,因为我家没钱,就让我媳妇向乙借粮食,一直到夜里也没回家,我正为此焦虑担心,不知道她为什么在乙家门前上吊死了,请求官府追究这件事情。"乙本来是老实人,听说甲已报官,更加害怕。

官至,解验毕,复谛视(dìshì)良久,谓甲曰:"此非乙罪,是尔移尸。"甲哗辩。官曰:"尔勿哓哓(xiāoxiāo),吾有一言,令尔心服。昨夕大雨,方今街路泥泞,观尔妇弓鞋土燥而染薄,非尔负之而何?"甲失色,遂吐实焉。

[译文]

官员来到乙家,解下尸体检验完了,又仔细地观察了半天,对甲说:"这不是乙的罪,是你把尸体搬过来的。"甲大声地辩解。官员说:"你别乱吵,我有一个理由,让你心服口服。昨天晚上下大雨,今天路上还有烂泥不好走,可看你媳妇的鞋上面是干燥的浮土,而且很少,不是你背来的还是什么?"甲吓得变了脸色,于是坦白了实情。

(选自[清]冯晟(Féng Shèng)《谈屑》,转引自《折狱龟鉴补》卷二)

伏尸:趴在尸体上。
哀恸:悲伤痛哭。
控:告状。
素:平时、向来。
以贫故:因为穷的缘故。
迨:等到。
方:正。
投缳:结绳上吊。
谨愿:诚实。
益:更加。
惴惴:又忧愁、又恐惧。

解验:解下悬挂的尸体,进行检验。
谛视:仔细观察。
是:这。
尔:你。
哓哓:因害怕而乱嚷乱叫的声音。
弓鞋:弓形的鞋,古时指妇女所穿的鞋。
燥:干燥。
染薄:沾染很少(泥土)。
失色:因害怕而脸色苍白。
吐实:吐露真实情况。

第三单元　中国法律案例
第十五课　古代诬告案

【讨论题】

1. 古人侦破案件主要采用什么方法？这些方法在今天是否适用？
2. 在《智断凶案》中是哪些巧合事件造成了案件的复杂性？
3. 在《智断凶案》和《公堂辨诬》中到底谁犯有诬告罪？古代对诬告者是怎样处置的？如果这种事情发生在今天，应该如何处理？

【综合练习】

一、朗读下列古今对应词语

颇——很　　丰——富裕　　嗤——讥笑　　炫——炫耀
喙——嘴　　阴——偷偷的　但——只是　　妄——不真实
归——回家　戏——开玩笑　诘——责问　　乎——吗

二、解释下列句中带点的词语

1. 既散，阴以状报邑。
2. 公拘胡对勘，胡言其实，问郑及产主皆不讹。
3. 胡大骇，莫可置辩，但称冤苦。
4. 逾日，有妇人报状，自言为亡者妻。
5. 言："夫何甲，揭数百金出做贸易，被胡杀死。"
6. 公曰："井有死人，恐未必即是汝夫。"
7. 汝暂归，待得死者首，即招报令其抵偿。
8. 役押去终日而返，诘之，但有号泣。
9. 侄既无出，少妇亦难存活，早令适人。
10. 既下，即有投婚状者，盖即报人头之王五也。
11. 且甲死犹衣败絮，数百金何所自来？
12. 乃释胡。冯以诬告，重笞，徒三年。

三、句型练习

1. 但……
   - 我州_____有断头将军，无有降将军也。
   - 真是走投无路了，但凡_____。
   - _____，但愿这次能够成功。
   - _____，但_____。

2. ……未必……
   - 小时了了，大_____佳。（了了：非常聪明。）
   - 我看他说的这些话未必_____。
   - _____，未必是理想的人选。
   - _____，未必_____。

3. 非……不……
   - 我决心已定，_____此女子则_____娶。
   - 大家认为这件事，非_____不_____。
   - _____，非到法院办理不可。
   - _____，非_____不_____。

4. 所以……（者）/……之所以……
   - 国之_____兴_____，农战也。（兴：兴盛。）
   - 我之所以这么着急，就是因为_____。
   - _____之所以_____，是在观察他的表现。
   - _____之所以_____，_____。

四、翻译

1. 将古文《智断凶案》翻译成现代汉语。
2. 将下面的古文翻译成现代汉语。

第三单元　中国法律案例

第十五课　古代诬告案

　　张举，吴人也，为句章令。有妻杀夫，因放火烧舍，乃诈称火烧夫死。夫家疑之，诣官诉妻。妻拒而不承。举乃取猪二口，一杀之，一活之。乃积薪烧之，察杀者口中无灰，活者口中有灰。因验夫口中，果无灰。以此鞫妻乃伏罪。

（五代）和凝《疑狱集》卷一

专题报告词汇表

音序	词	拼音	所在课序号
A	哀祈	āiqí	15
B	把戏	bǎxì	13
	百金	bǎijīn	15
	败絮	bàixù	15
	保安	bǎo'ān	11
	保证金	bǎozhèngjīn	13
	报警	bàojǐng	11
	变更	biàngēng	12
	并械之	bìng xiè zhī	15
	薄醉	bózuì	15
C	猜	cāi	15
	撤销	chèxiāo	12
	沉没	chénmò	12
	笞	chī	15
	嗤	chī	15
	抽身	chōu shēn	11
	出纳	chūnà	13
	处分	chǔfèn	12
	触犯	chùfàn	14
	触礁	chù jiāo	12
	传真	chuánzhēn	13
	绰号	chuòhào	14
D	大骇	dàhài	15
	大言	dàyán	15

	大专	dàzhuān	14
	当械折股	dāng xiè zhé gǔ	15
	抵触	dǐchù	12
	颠跃	diānyuè	15
	订婚	dìng hūn	11
	冻结	dòngjié	13
	督办	dūbàn	13
	对勘	duìkān	15
E	讹	é	15
	耳	ěr	15
F	法务部门	fǎwù bùmén	13
	分割	fēngē	12
	粉碎性骨折	fěnsuìxìng gǔzhé	11
	丰	fēng	15
G	改嫁	gǎi jià	12
	盖	gài	15
	高位截瘫	gāowèi jiétān	11
	工号	gōnghào	13
	公	gōng	15
	公检法机关	gōngjiǎnfǎjīguān	13
	公门	gōngmén	15
	估算	gūsuàn	14
	梏具	gùjù	15
	雇主	gùzhǔ	14
	关白	guānbái	15
	关系人	guānxìrén	12
	归	guī	15
H	骸躯	háiqū	15

	海誓山盟	hǎishì-shānméng	11
	呵	hē	15
	何所自来	hésuǒzìlái	15
	何以	héyǐ	15
	乎	hū	15
	喙	huì	15
	魂不守舍	húnbùshǒushè	13
	魂飞魄散	húnfēi-pòsàn	13
J	积岁	jīsuì	15
	即是	jíshì	15
	极意	jíyì	15
	几何	jǐhé	15
	既散	jì sàn	15
	寄	jì	15
	醮	jiào	15
	揭	jiē	15
	诘	jié	15
	解脱	jiětuō	13
	戒	jiè	15
	禁制	jìnzhì	15
	经宿	jīng xiǔ	15
	颈椎	jǐngzhuī	11
	拘	jū	15
K	慨然	kǎirán	15
	恐	kǒng	15
L	里	lǐ	15
	立而号	lì ér háo	15
	利害	lìhài	12

	隶属	lìshǔ	14
	怜悯	liánmǐn	15
	伶仃	língdīng	15
	履行	lǚxíng	14
M	忙迫	mángpò	15
	蒙	mēng	13
	觅	mì	15
	莫可置辩	mòkě-zhìbiàn	15
	牟利	móu lì	14
N	奈何	nàihé	15
	年迈	niánmài	14
P	片子	piānzi	11
	票示里人	piào shì lǐrén	15
	颇	pō	15
	迫在眉睫	pòzàiméijié	13
Q	戚属	qīshǔ	15
	千钱	qiānqián	15
	签	qiān	15
	强	qiáng	15
	倾肝胆	qīng gāndǎn	15
	屈意交欢	qūyì-jiāohuān	15
	去	qù	15
R	容	róng	15
	如梦初醒	rúmèngchūxǐng	13
	汝	rǔ	15
S	刹车	shā chē	11
	上钩	shàng gōu	13

	上台	shàng tái	15
	尚	shàng	15
	涉嫌	shèxián	11
	甚坚	shèn jiān	15
	失踪	shīzōng	12
	实施	shíshī	12
	世	shì	15
	示	shì	15
	适人	shì rén	15
	适值	shìzhí	15
	释	shì	15
	收网	shōu wǎng	13
	说合	shuōhe	15
	私	sī	15
	死囚具	sǐqiújù	15
	速合	sùhé	15
	所以迟迟而发者	suǒyǐ chíchí ér fā zhě	15
	所在	suǒzài	15
T	他务	tāwù	15
	瘫痪	tānhuàn	11
	逃逸	táoyì	11
	梯田	tītián	14
	提成	tíchéng	13
	贴补	tiēbǔ	14
	投状	tóuzhuàng	15
U	U盾	U dùn	13
W	亡者	wángzhě	15
	妄刑	wàngxíng	15

	惟	wéi	15
	慰谕	wèiyù	15
	问验	wènyàn	15
	窝点	wōdiǎn	13
	无出	wú chū	15
X	悉数	xīshù	13
	隙	xī	15
	洗钱	xǐ qián	13
	戏	xì	15
	下落不明	xiàluò bù míng	12
	嫌疑	xiányí	13
	晓示	xiǎoshì	15
	凶案	xiōng'àn	15
	蓄积量	xùjīliàng	14
	炫	xuàn	15
Y	言听计从	yántīng-jìcóng	13
	验驳	yànbó	15
	遗骸	yíhái	12
	衣	yì	15
	邑	yì	15
	役	yì	15
	诣	yì	15
	阴	yīn	15
	优先	yōuxiān	12
	逾日	yú rì	15
	谕	yù	15
	眢井	yuānjǐng	15
Z	在焉	zài yān	15

载厚装	zài hòu zhuāng	15
诈骗	zhàpiàn	13
债务	zhàiwù	12
辗转	zhǎnzhuǎn	12
樟树	zhāngshù	14
招报	zhāobào	15
招募	zhāomù	13
照本宣科	zhàoběn-xuānkē	13
肇事	zhàoshì	11
震慑	zhènshè	13
正色	zhèngsè	15
执言	zhíyán	15
止	zhǐ	15
指令	zhǐlìng	13
致	zhì	15
终	zhōng	15
中风	zhòng fēng	14
诸	zhū	15
状	zhuàng	15
追究	zhuījiū	14
缀	zhuì	15
酌情	zhuóqíng	14
纵容	zòngróng	14
作刑势	zuò xíng shì	15

专业词汇表

音序	词	拼音	所在课序号
C	传讯	chuánxùn	14
D	电信诈骗	diànxìn zhàpiàn	13
	动产	dòngchǎn	12
	渎职	dúzhí	13
F	（犯罪）故意	(fàn zuì) gùyì	14
	房产	fángchǎn	12
G	公诉人	gōngsùrén	14
	过错责任	guòcuò zérèn	11
H	和解	héjiě	14
	缓刑	huǎnxíng	14
J	羁押	jīyā	14
	检察院	jiǎncháyuàn	13
	交通事故	jiāotōng shìgù	11
Q	取保候审	qǔbǎo hòushěn	14
S	失职	shīzhí	13
T	通缉	tōngjī	11
	徒	tú	15
W	违约	wéi yuē	11
	诬告	wūgào	15
Y	严格责任	yángé zérèn	11
	遗赠	yízèng	12
	遗嘱	yízhǔ	12
	意思	yìsi	12
	银监局	yínjiānjú	13

Z	有期徒刑	yǒuqī túxíng	14
	运输合同	yùnshū hétóng	11
	债权	zhàiquán	12
	证据	zhèngjù	14
	职务犯罪	zhíwù fànzuì	13

第三单元 中国法律案例
阅读材料词汇表

阅读材料词汇表

音序	词	拼音	所在课序号
A	哀恸	āitòng	15
	媪	ǎo	15
B	把	bǎ	15
	毙	bì	15
	别墅	biéshù	12
	濒危	bīnwēi	14
	勃谿	bóxī	15
	不善其行	búshàn-qíxíng	15
	不谙世事	bù'ān-shìshì	11
C	惭	cán	15
	潮汐	cháoxī	14
	陈逸飞	Chén Yìfēi	12
	承	chéng	15
	筹钱	chóu qián	13
	出妇	chū fù	15
D	迨	dài	15
	诋毁	dǐhuǐ	15
	抵偿	dǐcháng	15
	谛视	dìshì	15
	动态	dòngtài	12
	掇	duō	15
E	尔	ěr	15
F	法人	fǎrén	11
	方	fāng	15

255

	防不胜防	fángbúshèngfáng	13
	匪人	fěirén	15
	伏尸	fúshī	15
	负	fù	15
G	弓鞋	gōngxié	15
	公寓	gōngyù	12
	姑	gū	15
	姑妇	gūfù	15
	股权	gǔquán	12
	寡	guǎ	15
	贯	guàn	15
H	花样翻新	huāyàng fānxīn	13
	哗辩	huábiàn	15
	皇遽	huángjù	15
	恚	huì	15
	伙同	huǒtóng	13
J	几何	jǐhé	12
	寄监	jìjiān	15
	奸	jiān	15
	拮据	jiéjū	12
	解验	jiěyàn	15
	介入	jièrù	14
	藉端	jièduān	15
	谨愿	jǐnyuàn	15
	进士	jìnshì	15
	精髓	jīngsuǐ	11
	就	jiù	15
	鞠	jū	15
	决	jué	15

第三单元 中国法律案例
阅读材料词汇表

K	攫取	juéqǔ	14
	控	kòng	15
	叩	kòu	15
	苦相抵	kǔ xiāngdǐ	15
L	力挺	lìtǐng	11
	隶人	lìrén	15
	"两高"行业	liǎng-gāo hángyè	14
	两无所私	liǎngwúsuǒsī	15
	临晋	Línjìn	15
	令	lìng	15
	虑	lǜ	15
M	楣	méi	15
	门户	ménhù	15
	猕猴	míhóu	14
	免责	miǎn zé	15
	面世	miànshì	13
N	能	néng	15
Q	奇货	qíhuò	15
	乞	qǐ	15
	讫	qì	15
	墙垣	qiángyuán	15
	侵吞	qīntūn	12
	清门	qīngmén	15
	清析	qīngxī	15
	逡巡	qūnxún	15
R	染薄	rǎn bó	15
S	丧葬费	sāngzàngfèi	12
	杀熟	shāshú	13
	山左	shān zuǒ	15

257

	擅自	shànzì	12
	涉外	shèwài	12
	失色	shīsè	15
	始	shǐ	15
	是	shì	15
	适	shì	15
	收益	shōuyì	12
	素	sù	15
T	淘汰	táotài	14
	提辖	tíxiá	11
	听用	tīngyòng	15
	通	tōng	15
	投缳	tóuhuán	15
	吐实	tǔshí	15
	推折狱才	tuī zhéyù cái	15
	臀	tún	15
	脱硫	tuō liú	14
	脱硝	tuō xiāo	14
W	伪卡	wěikǎ	13
	无赖	wúlài	15
X	悉	xī	15
	瑕疵	xiácī	11
	衔恨	xiánhèn	15
	宪院	xiànyuàn	15
	哓哓	xiāoxiāo	15
	械	xiè	15
	邂逅	xièhòu	15
	胸膺	xiōngyīng	15

	悬	xuán		15
Y	严梏	yángù		15
	要件	yàojiàn		12
	一过	yí guò		15
	移尸	yíshī		15
	遗产税	yíchǎnshuì		12
	遗孀	yíshuāng		12
	以贫故	yǐ pín gù		15
	益	yì		15
	舆情	yúqíng		14
	越权	yuè quán		11
Z	赃款	zāngkuǎn		13
	燥	zào		15
	彰显	zhāngxiǎn		13
	正儿八经	zhèng'erbājīng		11
	执	zhí		15
	旨	zhǐ		12
	质明	zhìmíng		15
	桎梏	zhìgù		15
	幢	zhuàng		12
	惴惴	zhuìzhuì		15
	淄邑	Zīyì		15
	趑趄	zījū		15
	自洁	zìjié		15
	自缢	zìyì		15
	自由裁量	zìyóu cáiliàng		11
	最后通牒	zuìhòu tōngdié		12

第四单元　中国经济贸易

配套资源

第四单元　中国经济贸易

第十六课　社会主义市场经济之路

第十六课　社会主义市场经济之路

【专题报告】

　　改革开放以来，中国特色社会主义政治经济学的一个重大理论贡献是提出了社会主义市场经济[1]理论，其精髓是：社会主义作为一种社会制度和市场经济作为一种资源配置机制，可以有机结合起来，同时发挥二者的优势。

　　社会主义市场经济理论的形成是一个不断突破、不断丰富、不断完善的过程。对社会主义认识的深化主要体现在邓小平的相关重要论断上。1985年，邓小平指出："贫穷不是社会主义，社会主义要消灭贫穷。"1992年，邓小平又指出："社会主义的本质，是解放生产力，发展生产力，消灭剥削（bōxuē），消除两极分化，最终达到共同富裕[2]。"如果从这种新的角度来认识社会主义，把解放和发展社会生产力、逐步实现共同富裕作为社会主义的本质，那么社会主义与市场经济就不存在矛盾。因为，从解放和发展社会生产力来看，市场经济通过调动人民的聪明才智来创造财富，就能够极大限度地推进经济发展。从逐步实现共同富裕来看，市场经济通过促进企业投资、激励创新，保障大多数人能够就业；同时通过更好发挥政府的作用，引导公平竞争，帮助处于不利地位的人。即使是西方的一些经济学家，也认为社会主义与市场经济并不矛盾，社会主义所追求的一些重要目标是可以通过市场机制来实现的。如麦克米兰就指出："市场并非天生与社会的目标背道而驰。"

机制：指组织或有机体内部组织和运行变化的规律。

论断：推论判断。

本质：指事物本身所固有的、决定事物性质、面貌和发展的根本属性。

生产力：指人类征服、改造自然的能力。

剥削：凭借财富和地位，无偿地占有别人的劳动或产品。

就业：找到工作。

对市场作用认识的不断深化也是一个逐步的过程。开启中国经济改革开放序幕的中共十一届三中全会[3]提出要"重视价值规律[4]的作用";中共十二届三中全会通过的《中共中央关于经济体制改革的决定》提出,社会主义经济是公有制[5]基础上有计划的商品经济;中共十四大报告明确提出"经济体制改革的目标是建立社会主义市场经济体制"。

　　市场的"基础性作用"是中国特色社会主义政治经济学对市场认识的一次质的飞跃,标志着社会主义市场经济理论开始形成。党的十八届三中全会又提出"市场在资源配置(zīyuán pèizhì)中起决定性作用和更好发挥政府作用"的新论断,这一论断是对我国改革开放以来实践经验的科学总结。

　　社会主义市场经济理论已总结出许多重要理论原则和观点,主要涉及政府与市场的关系、基本经济制度、收入分配制度、社会主义市场经济运行和对外开放等重大问题,而其中政府与市场的关系是关键。

　　政府与市场的关系是经济学中不断被讨论的问题。无论是马克思主义政治经济学的发展,还是西方主流经济思想的演变,其重要标志之一就是对政府与市场关系的重新认识以及对政府与市场角色的重新定位。我国改革开放是以高度集中的计划经济[6]为出发点的,处理好政府与市场的关系显得尤为(yóuwéi)重要。中共十四大报告指出,确定经济体制改革目标的核心是"正确认识和处理计划与市场的关系";十八大报告进一步指出,"经济体制改革的核心问题是处理好政府和市场的关系";十八届三中全会《中共中央关于全面深化改革若干重大问题的决定》重申

飞跃:事物从旧的水平到新水平的转化,比喻突飞猛进。

标志:表明特征的记号;表明某种特征。

资源配置:根据社会需求,组织安排物资、设备、资本、劳动力等生产要素。

实践:人们改造自然和改造社会的有意识的活动。

运行:周而复始地运转。

尤为:特别,十分。

第四单元　中国经济贸易

第十六课　社会主义市场经济之路

了这一理论和实践原则，勾画（gōuhuà）出了建立和完善社会主义市场经济体制的发展蓝图。

如何处理好政府与市场的关系？从改革初期的自觉运用经济学规律，到十二大报告的"计划经济**为主**，市场调节**为辅**"，到十四大的"市场在社会主义国家宏观调控下对资源配置起基础性作用"，再到十八届三中全会的"市场在资源配置中起决定性作用和更好发挥政府的作用"，我们对政府与市场关系的认识不断深化。

科学理解市场的决定性作用和如何更好发挥政府作用，是处理好政府与市场关系的关键。首先，需要认真理解"市场决定资源配置是市场经济的一般规律"。市场的决定性作用体现在绝大多数经济资源，无论是消费品（包括重要消费品）还是生产要素[7]，包括劳动力、资本、土地、技术、信息等等，都需要由市场机制配置到最有效率的领域和环节上去。市场的优势源自它能够将各种错综复杂的社会需求转化为简单的价格信号，引导企业、消费者做出合理的选择；能够有效地传递和利用无数分散而隐蔽的知识和信息，使资源的配置得到优化；能够充分利用人们的内在激励使资源不停地流动，使整个经济充满生机和活力；能够不断激励创新和创业，成为创造新经济和开拓（kāituò）新生产力的有机体。总之，市场经济的优势在于能够调动千百万人的智慧和力量，让一切创造社会财富的源泉充分发挥作用。

当然，市场不是万能的，更不能将市场的决定性作用和市场原则无限制地扩大到社会领域、政治领域和道德领域，"市场设计并不是要么市场、要么政府的问题，而是市场加上政府才能解决的问题"。

勾画：勾勒描绘；用简短的文字描写。
蓝图：比喻建设计划。
调控：调整控制。

资本：通常用来代表财富，特别是用于经商、兴办企业的资产。
源自：来自。
引导：带领。
激励：激发鼓励。

开拓：开辟；扩展。
有机体：具有生命的个体的统称，包括植物和动物。
源泉：水源，比喻事物的根源。

其次，科学界定政府作用。资源的配置活动基本交给市场，政府就应该从纷繁复杂的资源配置活动中退出来而专注于自己的应尽职能。政府的职能可以概括为构建四大框架：一是市场经济制度框架，包括良好的法治秩序、有效的产权[8]制度、公正透明的竞争规则和权威的监管制度；二是总体生产力框架，包括资源、能源、交通、通信、信息、数据、生态等领域的大型公共基础设施，形成社会生产发展和社会生活的基础；三是宏观经济稳定框架，通过创造均衡、平稳的经济运行环境，形成稳定的市场，让民众安心生活；四是社会福利[9]框架，通过养老、医疗、教育、失业等制度防范社会风险，保障基本民生。当然，政府在构建这四大框架的过程中，也可以引进和利用市场的力量，促进资源配置和效率提升。

（选自人民网 2016 年 9 月 2 日，有删改）

界定： 划定界限；确定所属范围。

防范： 防备；戒备。

民生： 人民的生计。

【专业词语】

1. **市场经济：** 一种社会资源分配的方式，又称为自由市场经济。在这种机制下产品的生产及销售完全由市场的价格引导，与由国家安排的计划经济不同，在市场经济里并没有一个国家的协调体制来引导市场的运行。理论上，市场将通过价格反映供给和需求的关系，从而达到自我组织的效果。

2. **共同富裕：** 指全体人民通过辛勤劳动和相互帮助最终达到丰衣足食的生活水平，是邓小平建设有中国特色社会主义理论的重要内容之一。中国人多地广，共同富裕不是同时富裕，而是一部分人一部分地区先富起来，先富的帮助后富的，逐步实现共同富裕。

第四单元　中国经济贸易

第十六课　社会主义市场经济之路

3. **十一届三中全会**：中国共产党第十一届中央委员会第三次全体会议，1978年12月18日至22日在北京举行。全会的中心议题是讨论把全党的工作重点转移到经济建设上来，被认为是中国改革开放的起点。

4. **价值规律**：商品生产和交换的基本规律。商品交换时，两个商品所包含的价值相等。价值规律在社会中的作用是自发地调节生产，刺激生产技术的改进。影响价格变动的最主要因素是商品的供求关系。

5. **公有制**：生产资料归国家或集体所有的制度。在中国存在两种公有制，即全民所有制和集体所有制。

6. **计划经济**：与市场经济相对，是指对生产、资源分配以及产品消费事先进行计划的经济体制。传统的政治经济学认为计划经济是社会主义制度的本质特征。通过国家对生产和消费进行管理，要求它们之间保持一定的比例关系，这样可以避免生产和消费中的浪费。

7. **生产要素**：生产物质产品和服务产品必须具备的条件或因素，主要包括劳动者和生产资料两个基本要素。任何社会要进行生产，必须把这两个要素结合起来。在现代化的大生产中，还包括科学技术、信息、经营管理等要素。

8. **产权**：即"财产权"，是指所有权人依法对自己的财产享有占有、使用、收益和处分的权力。

9. **社会福利**：指国家为所有公民普遍提供的社会保障制度，旨在保证民众拥有一定的生活水平并为民众提高生活质量尽可能地提供资金和服务。泛指国家和社会团体为民众提供的公共交通、文化、教育卫生等公共服务。

【常见句型】

一、对……的……，……

◎ 对社会主义认识的深化主要体现在邓小平的相关重要论断上。

▲ 说明：表示对某种抽象概念或事物的认识是怎样的。"的"后面通常加动词充当名词。

1. 对时间的控制他非常有经验，每次演讲都不超时。

2. 来中国三年了，他对中国的了解更深了。

3. 随着科学技术的发展，人们对环境污染的认识越来越清楚。

二、无论……，还是……，……

◎ 无论是马克思主义政治经济学的发展，还是西方主流经济思想的演变，其重要标志之一就是对政府与市场关系的重新认识以及对政府与市场角色的重新定位。

▲ 说明：指不论情况如何变化，其本质不会发生变化。通常"无论""还是"后的名词词组较长。

1. 无论是用书本学汉语，还是用电脑软件学汉语，掌握生词依然需要很长的时间。

2. 无论是拥有先进技术的发达国家，还是大力发展工业的发展中国家，环境污染始终难以完全解决。

3. 无论从专业知识的角度，还是个人对工作的态度，你都不比他差，你只是缺少自信。

三、……为主，……为辅

◎ 计划经济为主，市场调节为辅。

▲ 说明：表示两种情况中，第一种是主要的方面、方式，第二种是次要的方面、方式。

1. 我们的教学以老师上课为主，课后练习为辅。

2. 这次课外活动以休息放松为主，学习体验中国文化为辅。

3. 现代教育学理论提倡以学生自己学习为主，老师讲解为辅。

第四单元　中国经济贸易

第十六课　社会主义市场经济之路

【专业知识】

市场与政府的作用

中央计划经济运行的前提是计划者能正确地指导经济活动。这些计划者决定生产什么，生产多少，以及谁来消费。支撑中央计划的理论是，只有政府才能以促进整个社会经济福利的方式组织经济活动。

现在大部分曾经是中央计划经济的国家已经放弃了这种制度，并努力发展市场经济。在一个市场经济中，中央计划者的决策被千百万企业和家庭的决策所取代。企业决定雇佣（gùyōng）谁和生产什么，家庭决定为哪家企业工作，以及用自己的收入买什么。这些企业和家庭在市场上相互交易，价格和个人利益引导着他们的决策。

乍（zhà）一看，市场经济的成功是一个谜。千百万利己的家庭和企业分散做出决策似乎会引起混乱。但事实并非如此。事实已经证明，市场经济在组织经济活动方面非常成功。

经济学家亚当·斯密（Adam Smith）在他 1776 年的著作《国富论》中提出了全部经济学中最有名的观察结果：家庭和企业在市场上相互交易，他们仿佛被一只"看不见的手"所指引，引起了令人满意的市场结果。价格既反映了一种物品的社会价值，也反映了生产该物品的社会成本。

虽然市场通常是组织经济活动的一种好方法，但这个规律也有一些重要的例外。政府干预经济的原因有两类：促进效率和促进平等。这就是说，大多数政策的目标不是把经济蛋糕做大，就是改变蛋糕的分割比例。

"看不见的手"通常会使市场有效地配置资源。但是，由于各种原因，有时"看不见的手"不起作用。经济学家用市场失灵这个词来指市场本身不能有效配置资源的情况。污染是一个典型的例子。如果一家化工厂并不承担它排放污染物的全部成本，它就会大量排放。在这种情况下，政府就可以通过环境保护来增加经济福利。

"看不见的手"也不能确保公平地分配经济成果。市场经济根据人们生产其他人愿意买的东西的能力来给予报酬（bàochou）。"看不见的手"并没有保证每个人都有充足的食品、体面的衣服和充分的医疗保健。许多公共政策（例如所得税和福利制度）的目标就是要实现更平等的经济福利分配。

（选自《经济学原理》（第三版），[美]曼昆著，梁小民译，有删改）

【阅读材料】

吴敬琏谈完善社会主义市场经济

2013年12月23日，著名经济学家、国务院发展研究中心研究员吴敬琏在家中接受了凤凰财经的专访。吴敬琏回顾了中国自1978年改革开放后，社会主义市场经济体制建立的曲折道路。

吴敬琏认为在当前经济体制改革过程中，如果要"使市场在资源配置中发挥决定性作用"，应该向民众普及市场经济基本常识，同时要在法治的基础上，强化政府的权威，以推动改革突破旧的利益格局。

普及：普遍传播。

格局：结构和格式。

吴敬琏认为靠市场自身不能建立完美的道德秩序，但他认为政府不能打着道德的名义，限制市场的力量，而是要通过发挥市场的力量，让人的自利行为符合社会的利益。

名义：做某事时用来作为依据的名称或称号。

吴敬琏一直呼吁法治的市场经济，对于下一步的改革，他认为法治的作用不可或缺，无论是重塑（chóngsù）民营企业家信心，还是依靠党和政府的权威推动改革，都应该在法治的基础上进行。

重塑：重新塑造。

第四单元　中国经济贸易

第十六课　社会主义市场经济之路

建立道德秩序不能忽视市场的力量

凤凰财经：现在十八届三中全会提出"使市场在资源配置中起决定性作用"，但是对于什么是市场经济、如何真正理解市场经济，很多民众并没有清晰的概念，常常把改革中出现的问题说成是市场经济造成的，比如说高房价是市场造成的、食品安全问题是市场造成的、空气污染也是市场造成的。

吴敬琏：是的，这种事情已经说了10年了，这是过去10年出现的一种现象。最初是从医疗改革说起的，人们把"看病难、看病贵"归因于医疗的市场化。还有更严重的，后来就变成了打医生。

凤凰财经：医生这个职业被妖魔化了。

吴敬琏：实际上是医疗制度出了问题。国务院发展研究中心课题组的报告说是市场化出了问题，然后强调医疗是公益性的，应该由公立医院来为全社会服务。但是医院自身很难做到，又缺少相应的支持，于是在寻求解决办法时出现了"乱开药"等现象，最后造成"看病难、看病贵"。

凤凰财经：在社会保障问题上，民众希望政府大包大揽，比如呼唤免费医疗等，但是政府是不创造价值的，还是要纳税人来承担这些费用。长期以来民众怀念计划经济下的"公费医疗"，这种情况下怎么去引导公众，我们觉得是非常困难的。

吴敬琏：那当然了，但是顺应这种形势是行不通的。奥巴马的医疗改革完全陷入困境、俄罗斯的免费医疗、英国的医疗都说明了这一点。

凤凰财经：三月份的时候，财政部长楼继伟在国务院

归因于：把事情发生的原因解释为由某事引起或造成。
公益性：具有保障公共利益的性质。
公立：政府设立的。
大包大揽：把事情全部承担下来。
公费医疗：指国家通过医疗卫生部门按规定向享受人员提供免费医疗及预防服务的社会保障制度。
顺应：顺从、适应。
奥巴马：Barack Hussein Obama，美国第44任总统，美国历史上第一位非洲裔总统。

发展论坛上说,"要帮穷人,不能养懒人"。

吴敬琏:楼继伟的这些话我觉得是对的。我们要帮穷人,不能养懒人。作为财政部长他是深有体会的,财政部如果继续这么大包大揽,他没法儿搞下去的。

民众往往都是这样,希望政府能提供更多的福利,全世界都是这样的。你看欧洲债务危机,德国人为什么不愿意救助那些国家,因为德国人比他们勤劳辛苦,但是福利却比他们还低,然后当德国要求那些国家减少财政赤字的时候,马上就有一些民众开始示威了。

凤凰财经:您认为一个完全自由竞争的市场,可不可以起到道德规范的作用,比如通过优胜劣汰(yōushèng-liètài)的竞争,让重视个人利益的人必须满足社会需求才能获利?比如说食品安全问题、空气污染问题,是通过政府干预企业去解决问题,还是用市场化的方式来解决更合理呢?

吴敬琏:市场不能完全起到规范道德秩序的作用,但是提高效率要靠市场。

提高效率是解决大气污染问题的基础,而要提高效率首先是要由市场去解决的。没有市场就不能提高效率,所以一定会造成污染越来越严重。

但是对于市场上的人的行为,市场不能够保证有道德约束,所以要两手抓。贯穿古典经济学家亚当·斯密一生的就两本书:《国富论》和《道德情操论》。

《国富论》是说,面对有私心的人,这是无法改变的,一定要用市场使他个人牟利的行为符合社会的利益,不

财政赤字:也称"预算赤字",国家预算年度的支出超过收入的差额。

示威:针对抗议的内容而进行的显示自身威力的集体行动。

优胜劣汰:指竞争中适应力强的保存下来,适应力差的被淘汰。

情操:感情与道德操守。

第四单元　中国经济贸易

第十六课　社会主义市场经济之路

至于发生冲突。他必须服从社会的利益，否则他的东西是卖不掉的。至于他会不会造假，就需要由政府去管了。还有一个就是内心的力量，这就是道德情操。	冲突：矛盾表面化，发生激烈争斗。
有一些人说，《道德情操论》是亚当·斯密早期写的，《国富论》是后期写的，这话不对。他确实是先写的《道德情操论》，但是最后修订的也是《道德情操论》，所以他一直坚持这样的两只手，面对的就是有二重性的人，既有利己心，又有同情心。在这种情况下，首先要建立一个市场制度，就是"看不见的手"。"看不见的手"让利己的人要服从社会的领导，但是还要增强他自我的约束力（yuēshùlì），否则，他总是想办法搞歪门邪道（wāimén-xiédào），那么就需要用政治的力量去管。	修订：修改订正书籍、计划等。 约束力：比喻对自己或他人的控制能力。 歪门邪道：指不正当的门径，也比喻坏主意。
凤凰财经：也就是说，既要有法律和监管的规则，还要有他自己的约束，才能提高他的道德情操。	
吴敬琏：所以现在出了这么多问题，然后指责企业没有道德血液，这是不对的，忽视了市场的力量。	指责：指出过失并责备，指摘。
强化改革权威性，更要强化法治 　　凤凰财经：现在中共中央准备成立深化改革领导小组，继续加强改革的权威性，在推进改革过程中如何保证权力不被滥用（lànyòng）？ 　　吴敬琏：改革没有权威是不行的，就像某些国家那样，他们制定了很多不同的计划，结果都是白说，地方政府根本不执行。 　　凤凰财经：没有权威，执行不下去。	推进：推动前进。 滥用：胡乱地或过度地使用。

吴敬琏：要打破旧的利益格局，没有权威还真不行。但是强化权威这件事，跟政治改革的目标又是不同的。把什么事都集中在党中央，跟小平同志政治改革的出发点就有矛盾。

改革措施（cuòshī）要执行下去，确实需要很大的权威，强化权威又与政治改革目标相矛盾。我有一个想法，就是在强化法治的基础上树立政府的权威。

（选自《凤凰财经》2013年12月23日，有删改）

措施：针对某种情况而采取的处理办法。

树立：建立（多用于抽象的好的事情）。

【讨论题】

1. 市场经济和计划经济的主要差别是什么？
2. 简述中国确立社会主义市场经济的过程。
3. 请谈谈市场这个"看不见的手"的作用。
4. 在市场经济中政府有哪些作用？

第四单元　中国经济贸易

第十六课　社会主义市场经济之路

【综合练习】

一、词语搭配，并扩展成完整的句子

歪门——歪门邪道——否则的话，他老是想办法搞歪门邪道，那么就需要用政治的力量去管。

开拓	发展	权威	勾画	冲突	框架
修订	消灭	剥削	树立	宏观	蓝图
体会	防范	措施	风险	调控	论断

二、解释专业词语（任选4个词语）

价值规律　　计划经济　　共同富裕　　社会福利
市场经济　　生产要素　　生产力　　　公有制

三、选择合适的词语填空

就业　源自　引导　精髓　论断　福利　本质　开拓

1. 这篇文章的（　　　　）在于清楚地解释了社会发展的原因。
2. 他想当老师的想法（　　　　）小时候一堂让他记忆犹新的课。
3. 国家经济的发展需要政府的正确（　　　　）。
4. 小公司的发展出路在于不断（　　　　）新的市场，找到新的发展路径。
5. 今年的（　　　　）形势不太好，很多毕业生没有找到合适的工作。
6. "贫穷不是社会主义"这个著名（　　　　）是邓小平提出来的。

深有体会　公益性　推进　冲突　指责　优胜劣汰　财政赤字

1.（　　　　）过大，会产生通货膨胀，造成物价上涨，降低居民生活水平。

2. 当代社会是个（　　　　）的社会，所以我们需要不断提升自己，在各方面做好充分的准备。

3. 他当过十年的班主任，所以对班主任工作的辛苦（　　　　）。

4. 这次活动在资金方面出了点儿问题，相关部门为了推卸自己的责任就互相（　　　　）。

5. 今天早上的新闻报道了两家公司的销售人员因为业务问题发生言语（　　　　）而大打出手的事情。

四、句型练习

1. 对……的……
   - 经过多年的研究，科学家_____全球变暖危害_____了解已经更加充分。
   - 虽然已经毕业十年了，他对_____的渴望依然强烈。
   - 一个人能坚持做一项事业，靠的是对_____的_____。
   - 对_____的_____，_____。

2. 无论……，还是……，……
   - _____是现在_____未来，我们在国家统一的问题上都不会让步。
   - 2008年，国际上无论发达国家还是_____，都受到了金融危机的影响。
   - 那段时间无论_____还是_____，他都坚守在实验室里做实验，最终得到了理想的实验结果。
   - 无论_____还是_____，_____。

3. ……为主，……为辅
   - 以前中国的发展是以重工业发展_____，以农业和其他产业发展_____，这在当时是符合发展要求的，但是现在却不能这样做了。
   - 学生时代还是要以_____为主，以发展自身其他爱好为辅。

第四单元　中国经济贸易

第十六课　社会主义市场经济之路

- 最近几年中国和西方的交流还是以＿＿＿＿＿＿＿＿＿＿＿＿＿＿为主，以＿＿＿＿＿＿＿＿＿＿＿＿＿＿＿＿＿＿＿＿＿为辅。
- ＿＿＿＿＿＿＿＿，＿＿＿＿＿＿＿＿＿＿为主，＿＿＿＿＿＿＿＿为辅。

五、造句

背道而驰　　标志　　尤为　　防范　　归因于　　引导

六、写作

结合你自己国家的情况，请谈谈在现代社会中，政府和市场各自在哪些方面发挥着积极的作用。

要求：

（1）用书面语写作；

（2）逻辑清晰；

（3）400字以上。

第十七课　中国对外贸易结构的变化

【专题报告】

不同发展阶段中国对外贸易依存度[1]的变化

一、改革开放阶段。从1992年邓小平南方谈话[2]之后，改革开放进入快速发展阶段。与此同时，随着90年代全球经济一体化，大量外资企业来华投资，使中国对外贸易规模进入了一个高速发展的阶段。对外贸易从1978年改革开放以来的贸易逆差[3]为主逐渐转变为贸易顺差[4]为主并不断扩大，中国实现了**从**一个贸易进口为主的国家**向**贸易出口为主的国家的**转变**。中国对外贸易的快速发展也带动了国内经济的高速发展，对外贸易在国民经济中的比重也随之上升，对外贸易依存度逐年提高，中国经济的发展与全球其他经济体紧密联系在了一起。

二、加入世界贸易组织[5]（WTO）阶段。中国自2001年加入WTO以后进行了全面的改革开放，由于入世后进出口贸易壁垒的取消，外商直接投资带动加工贸易[6]快速发展，与此同时经济全球化趋势加速发展实现了中国2001至2007年对外贸易的飞速增长，成为了对外贸易依存度逐年递增的超高速增长期。这一阶段，中国对外贸易依存度远远高于世界平均水平，并且增长速度远远超过了中国国内生产总值[7]（GDP）的增速，使得这一时期中国的对外贸易蓬勃（péngbó）发展，带动国内经济持续增长，中国迅速成长为全球第三大经济体。但超高的对外贸

全球经济一体化：指世界各国经济之间彼此相互开放、相互联系、相互依赖。

比重：指某事物在整体中所占的分量。

入世：指中国加入世界贸易组织。

趋势：指事物或局势发展的方向。

递增：依次增加。

蓬勃：形容事物繁荣茂盛。

第四单元　中国经济贸易

第十七课　中国对外贸易结构的变化

易依存度也给中国经济发展带来不可控的外部风险，主要是由于中国经济发展的内需动力不足，过剩产能8只能通过出口贸易依靠他国市场来解决，导致了对外贸易依存度偏高，对外贸易在中国GDP的比重不断增加，受外部不利因素影响的风险加大。

三、2008年金融危机9阶段。2008年由于受到由美国次贷危机10（cìdài wēijī）而引发的全球金融危机的影响，中国的进出口贸易受到较大冲击，对外贸易依存度也出现了大幅回落。2009年中国的进出口总值同比下降了13.9%，贸易顺差减少，其中2009年1—9月份中国的进出口总值保持着平均-20%的增长。金融危机期间由于中国外贸出口对象国美、欧、日等发达国家经济都遭受重创（zhòngchuāng），出现了经济增长下滑，直接导致中国对美、欧、日等发达国家为主的出口呈现下降趋势。

2008年金融危机期间，由于对外贸易占中国GDP比重达到了58%，中国为了降低出口萎缩带来的经济风险，也随之采取了一系列扩大内需的应对措施。这些措施释放（shìfàng）了一部分风险，中国的经济结构也随之完成调整，摆脱了对外贸易的高度依赖，并且在今后数年内中国对外贸易依存度一直保持在40%—50%的区间内。

影响中国对外贸易的结构性问题

在对外贸易取得大发展的同时，中国的对外贸易结构性问题日益突出，成为了新常态11下制约我国对外贸易发展的障碍，这些结构性问题主要表现在以下几个方面：

一是以资源与劳动密集型12产业为主。作为全球制造业的世界工厂，中国缺乏核心技术及自有品牌，仅仅依赖于中国的廉价（liánjià）劳动力，以低价格占领市

内需：指国内的经济需求。

大幅：指幅度很大。
同比：指今年同期与去年同期相比。
重创：使受到重大伤亡、损害。
下滑：向低处移动。
释放：指把所含的东西或能量放出。
日益：表示程度一天比一天加深。
制约：指限制约束。
制造业：指将原材料制造转化为可供人们使用的工具、工业品与生活消费产品的行业。
品牌：产品的牌子，特指著名产品的牌子。
廉价：便宜的价格。

279

场。从其他国家的发展经验来看，美国以劳动密集型产业为主导的工业化阶段持续了110年，日本持续了80年，由此可见该阶段作为一个国家工业化发展的过渡阶段不可避免。但是，中国经过30多年的改革开放，成为了全球第二大经济体，依然以劳动密集型产业为主，服务业占比（zhànbǐ）偏低，距离发达国家服务业50%以上的占比，依然有较大差距。

二是对外服务贸易发展程度较低。中国的对外服务贸易长久以来一直处于贸易逆差状态，差额逐年扩大。产生这一情况的原因主要是中国对外服务贸易结构不合理，新兴行业少。中国对外服务贸易优势领域主要集中于旅游、海运等比较传统的行业，而金融、保险、计算机等现代服务业的国际竞争力不强。

三是对外贸易区域分布不均衡。中国对外贸易企业主要分布在东南沿海地区，如广东、上海等经济相对发达的地区，这些地区的对外依存度也高于全国平均水平，而中西部零星分布着一些对外贸易企业，对外贸易依存度普遍偏低。

四是处于制造业的低端，无法形成品牌效应[13]。多年来我国的外贸产品一直保持着高速增长的势头，但是出口产品依然以传统的纺织制造品和高污染、高耗能（gāohàonéng）的产品为主，整体技术层次较低、附加值[14]较小，缺少自主知识产权[15]和知名品牌，主要依靠我国相对廉价的劳动力，缺乏可持续发展的基础。

五是对国际市场依存度过高，抗风险能力不足。首先，中国对外贸易一直过度依赖于国际市场，一旦（yídàn）外部环境不利，中国的外贸企业将面临巨大的风险。其次，中国对外贸易进出口总额排名前三的国家和地区，主要集

主导：指引导全局并推动全局发展。

占比：所占据的百分比。

分布：指在一定地区或区域内散布。

零星：零碎、稀稀拉拉。

高耗能：指因技术设备落后等原因造成生产过程中需要耗费许多能源。

一旦：表示将来有一天。含有"万一""如果"等假设的意思。

第四单元　中国经济贸易

第十七课　中国对外贸易结构的变化

中在欧洲、美国、日本，这三者占到了我国进出口贸易总额的一半，极易受到他国政策、经济风险的<u>波及</u>。

波及：指牵连、影响或扩散到。

经济新常态下中国对外贸易的新变化

中国已经从经济高速发展的阶段，进入了以调整经济结构、稳定经济增长为主的经济新常态时期，GDP的增长速度也从2014年的7%逐渐向2015年的6%<u>回落</u>。这一时期中国的经济增长速度由超高速向中高速转换，产业结构由中低端水平向中高端水平转换。随着经济新常态对产业经济产生深刻影响，同时伴随着"一带一路"[16]等倡议的提出，中国的对外贸易进入了新的阶段。

回落：指水位、物价、速度等上涨后又下降。

GDP增速回落带动对外贸易产业<u>转型</u>升级。2014年开始，中国经济发展从<u>做大</u>经济总量向优化调整产业结构的目标转变，中国的对外贸易依存度也随之出现了一些结构性的调整。第一，中国劳动力成本上升，部分资本从中国投向了更具经济增长潜力的其他发展中国家，中国加工贸易的出口额随之下降。第二，在经济转型期，国家推出"大众创业，万众创新""<u>互联网+</u>"等一系列支持创业、创新、产业转型升级的政策，增加中国经济的内生动力，立足于做大国内市场，扩大内部需求。第三，"一带一路"倡议使对外合作领域更为广阔。"一带一路"地区覆盖总人口约46亿（超过世界人口60%），GDP总量达20万亿美元（约全球1/3），为中国外贸市场发展提供了广阔的空间。

转型：指事物或人们观念的根本性转变。

做大：指提高，使增加。

互联网+：指互联网与其他传统产业联合来完成经济转型和产业升级。

（选自《人民论坛》2015年第36期，肖璐璐，有删改）

【专业词语】

1. **对外贸易依存度**：又称对外贸易系数，指一国的进出口总额占该国国民生产总值或国内生产总值的比重。对外贸易依存度反映一国对国际市场的依赖程度，是衡量一国对外开放程度的重要指标。

2. **南方谈话**：指1992年1月18日到2月21日间，邓小平先后赴武昌、深圳、珠海和上海等地视察时发表的一系列重要讲话，讲话重申了改革开放的必要性和重要性。

3. **贸易逆差**：指一国在一定时期内（通常为一年）出口贸易总值小于进口贸易总值，即贸易逆差，又称"入超""贸易赤字"。

4. **贸易顺差**：指一国在一定时期内（通常为一年）出口贸易总额大于进口贸易总额，又称"出超"，表示该国当年对外贸易处于有利地位。

5. **世界贸易组织**：（World Trade Organization，简称WTO）简称世贸组织。1994年4月15日，在摩洛哥的马拉喀什市举行的关贸总协定乌拉圭回合部长会议决定成立更具全球性的世界贸易组织，以取代成立于1947年的关贸总协定。世界贸易组织是当代最重要的国际经济组织之一，成员贸易总额达到全球的98%，有"经济联合国"之称。

6. **加工贸易**：指经营企业进口全部或者部分原辅材料、零部件、元器件、包装材料等，经加工或装配后，将制成品再出口的经营活动。

7. **国内生产总值**：（Gross Domestic Product，简称GDP）是指一个国家（或地区）所有常住单位在一定时期内（通常为一年）的全部产品和服务价值的总和，是衡量国家（或地区）经济发展状况的重要指标。

8. **过剩产能**：指生产产品的能力饱和，生产出来的产品超出社会需要。

9. **金融危机**：指一个国家或几个国家与地区的全部或大部分金融指标（如短期利率、货币、证券、金融机构倒闭数等）的急剧、短暂的恶化。具体表现为金融资产价格大幅下跌、金融机构倒闭或濒临倒闭、某个金融市场（股市或债市）暴跌等。

10. **美国次贷危机**：2007年一场发生在美国，因次级抵押贷款机构破产、投资基金被迫关闭、股市剧烈震荡引起的全球性金融风暴。

第四单元　中国经济贸易

第十七课　中国对外贸易结构的变化

11. 新常态：指不同以往的、相对稳定的状态，是指中国经济已进入一个与过去三十多年高速增长期不同的新阶段。"新常态"首次是 2014 年 5 月习近平在考察河南的行程中提出的。

12. 劳动密集型：产业类型的一种，指进行生产时主要依靠大量使用劳动力，而对技术和设备的依赖程度较低，劳动投入的比例高于其他生产要素比例。

13. 品牌效应：指品牌为企业所带来的效益和影响。品牌意味着高质量、高信誉、高效益、低成本，会给商品生产者带来巨大的经济和社会效益。

14. 附加值：指通过劳动（其中包括技术、知识产权等）、加工、营销等整个环节形成的产品价值增值，即在产品的产值中扣去原材料、税金、设备和折旧费后，剩余部分的价值。

15. 知识产权：即"知识所属权"，指权利人对其智力劳动所创造的成果享有的财产权利，一般只在有限时间内有效。各种智力创造比如发明、外观设计、文学和艺术作品，以及在商业中使用的标志、名称、图像，都可被认为是某一个人或组织所拥有的知识产权。

16. 一带一路：是"丝绸之路经济带"和"21 世纪海上丝绸之路"的简称。2013 年 9 月和 10 月，中国国家主席习近平在出访中亚和东南亚国家期间，提出了"一带一路"的倡议。丝绸之路经济带覆盖东南亚和东北亚，并最终融合在一起通向欧洲，形成欧亚大陆经济融合的大趋势。"一带一路"旨在借用古代丝绸之路的历史符号，积极发展与沿线国家的经济合作伙伴关系，共同打造政治互信、经济融合、文化包容的共同体。

【常见句型】

一、从……向……转变

◎ 中国实现了从一个贸易进口为主的国家向贸易出口为主的国家的转变。

▲ 说明：表示事物经历了从一种状态向另外一种状态的变化。

1. 大学毕业之后,他用了半年时间实现了从学生向公司白领的转变。
2. 新常态是指中国经济在逐渐从追求数量向追求质量转变。
3. 从讨厌体育运动向喜欢健身转变很难,但是他最近做到了。

二、……,(也)随之……

◎ 中国对外贸易的快速发展也带动了国内经济的高速发展,对外贸易在国民经济中的比重也随之上升,对外贸易依存度逐年提高。

▲ 说明:表示两者之间的前后连带关系。某一原因导致前面事情的发生后,后者也伴随发生。

1. 学生在网上呼吁禁止电动车进入校园,学校同学和老师纷纷支持,学校领导也随之采取了相应的措施。
2. 2008年金融危机爆发,西方世界经济受到极大的冲击,在经济全球化的背景下,中国的经济也随之受到影响。
3. 中国入世以后出口量大大增加,与有关国家的贸易摩擦也随之增多。

三、由于……,导致……

◎ 主要是由于中国经济发展的内需动力不足,过剩产能只能通过出口贸易依靠他国市场来解决,导致了对外贸易依存度偏高,对外贸易在中国GDP的比重不断增加,受外部不利因素影响的风险加大

▲ 说明:表示由于前面提到的原因,产生了不良的后果。

1. 由于他最近总是熬夜玩儿游戏,导致他期中考试成绩很差。
2. 由于很多年轻人涌入北京、上海、广州等大城市发展,导致大城市房租不断上涨。
3. 由于中国大量出口低廉的商品,导致很多国家开始对中国进行反倾销调查。

第四单元　中国经济贸易

第十七课　中国对外贸易结构的变化

【专业知识】

自由贸易与贸易保护

自从有了国际贸易，贸易保护的幽灵就从未消失。一国贸易政策的选择就像在贸易保护与自由贸易之间"拔河"，时而偏左，时而偏右。经济低迷时，贸易保护主义占据优势；经济繁荣时，自由贸易主义又占上风，两者在经济发展过程中交替出现。一般说来，在国际贸易中竞争力强的国家倾向自由贸易，竞争力弱的国家倾向贸易保护。保护和自由都是相对的，没有绝对意义上的自由贸易和贸易保护。

在金融危机的压力之下，贸易保护主义的幽灵开始在世界各地四处游荡。全球经济处在一个艰难时刻，一些人以为拿起贸易保护主义，就能给本国创造就业机会、有效刺激消费。然而，抬高贸易壁垒来应对金融危机早就被证明是没有效果的。1929年华尔街股市崩盘后，欧美很多国家当时都纷纷采取保护主义政策，结果导致20世纪30年代的经济大萧条。

贸易保护主义向来就是一把"双刃（rèn）剑"。一国的贸易保护，势必引发其他国家的报复，各国贸易势必会陷入困局——抬高贸易壁垒、引发贸易摩擦和争端，贸易大战从此一发不可收拾，最终导致全世界范围的经济大萧条。

在整个全球经济贸易一体化过程当中，肯定会不断地有国家采取关税和非关税壁垒的贸易保护措施，但是无论倾向贸易保护还是自由贸易都是以国家在国际贸易中的综合竞争力为基础的。纵观整个贸易保护主义发展的历史，始终是处于国际贸易主导地位的国家，根据自己的利益，时而选择贸易保护，时而选择自由贸易。从最初西欧的重商主义，到资本主义自由竞争时期英国的自由贸易、美德保护弱势产业，到二战后美国主导的自由贸易，再到20世纪70年代以后美国推行的绿色壁垒、技术壁垒和劳工保护等非关税贸易壁垒的新贸易保护主义，直至金融危机后的今天，贸易保护主义再次抬头，无不是如此。今天坚定的自由贸易主义者，明天就有可能根据国家利益的需要而变成贸易保护主义的同盟军。

（选自《领导之友》2009年第3期，王迎波，有删改）

【阅读材料】

国际贸易摩擦或将成新常态

2014年9月29日,在2014(首届)新能源材料高峰论坛上,商务部相关官员提醒中国进出口企业,随着中国国际贸易的不断增长,未来该领域出现摩擦或将成为新常态,中国企业应更了解国际贸易规则,以维护自己的利益。

商务部贸易救济调查局副局长周大霖表示,不管是技术、产品还是服务,最终都得通过市场交换来实现价值,现在中国经济规模巨大,国际交往越来越多,随之而来的国际贸易摩擦也相应增多。

周大霖介绍,中国2013年经济总量占全球总额的12.3%,是全球第二大经济体;中国是2013年全球第一大货物出口国,份额占全球总额的11%;中国吸收外资仅次于美国,对外投资也位列全球第三。"如此大的贸易投资和频繁的人员交往,产生摩擦和贸易风险是必然现象。"

"自1995年以来,中国一直是遭受反倾销调查最多的国家,从2006年开始,连续8年,中国是遭受反补贴调查最多的国家。"周大霖说。

周大霖介绍,现在全球每年新发起的反倾销案件的30%以上直接针对中国,全球每年发起的反补贴调查中70%针对中国,"从这些数据就可以看到,中国出口产品遭遇贸易摩擦、反补贴调查风险和频率越来越高。"

"对此,我认为有很多原因,如中国现在出口量非常大,国际市场份额非常大,给别国市场和就业造成了压力。"周大霖称,"对方自然也会采取措施,保护自己的产业。"

摩擦:由于意见不同而产生的冲突。

份额:指整体中的一定比例。

反倾销:指对外国商品在本国市场上的大量销售所采取的抵制措施。

反补贴:指一国政府或国际社会为了保护本国经济健康发展、维护公平竞争,针对补贴行为采取的限制性措施。

频率:单位时间内事物周期性发生的次数。

第四单元　中国经济贸易

第十七课　中国对外贸易结构的变化

周大霖指出，中国自身在市场竞争当中也存在不规范的行为，也是造成贸易摩擦的原因，"这个我们也不用回避"。

周大霖同时指出，近年来，尤其是金融危机以来，各国的经济不景气，从全球来看保护主义在抬头，这也是导致贸易摩擦多发的一个重要原因。

"贸易摩擦虽然非常频繁，但只要应对得当，总体并不会对对外贸易产生大的、负面的影响。"周大霖称，"但还是应高度重视，如不积极应对，或应对不当，有可能就会丢失市场份额。"

周大霖表示，面对如此环境，出口企业要吸取教训，不要违反 WTO 的规则，不要恶意抢占市场，企业要拥有自己的核心技术，同时政府、协会和企业共同关注和应对国际市场风险，将贸易摩擦视为新常态，在战略上保持平常心，在战术上要高度重视，"运用国际贸易规则，维护自己合法权益"。

（选自中国新闻网 2014 年 9 月 29 日，有删改）

应对：采取措施、对策以应付出现的情况。

抢占：指抢先占有。

平常心：指一种从容淡定、自信的状态。

冷静看待贸易摩擦

2017 年 1 月 5 日，商务部新闻发言人表示，2016 年中国遭遇贸易救济案件数量达到历史高点。随着中国成为当今世界上的贸易大国，近些年来中国在国际市场上遇到的贸易摩擦也越来越多。

去年，我们曾经说过中国已经连续 21 年成为世界上最大的反倾销对象国，连续 10 年成为最大的反补贴对象

贸易救济：指在对外贸易过程中，国内产业由于受到冲击，政府给予他们帮助或救助。

国。从刚刚过去的2016年来看，中国遇到的贸易摩擦不仅有增无减，而且还创下历史新高。商务部公布的数据显示，2016年共有27个国家和地区对中国发起了119起贸易救济调查案件，其中反倾销91起、反补贴19起、保障措施9起，涉案（shè'àn）金额达143.4亿美元，案件数量和涉案金额分别上升36.8%和76%。

贸易摩擦创新高在很大程度上可以用中国的第一大贸易国地位加以解释。然而，从海关公布的2016年前11个月的统计数据来看，按照人民币计算，我国的进出口额比去年同期下降1.2%。其中，出口同比下降1.8%，进口同比下降0.3%。如果按照美元计算，对外贸易下降幅度更大，也就是说对外贸易规模萎缩的情况下贸易摩擦却创了新高。

应当指出的是，在2016年中国遇到的119起贸易救济案件当中，针对钢铁产品的调查为49起，涉案金额达78.95亿美元，占全年贸易摩擦的一半左右。在以往的对外贸易小国时代，我们可以通过调整出口商品，将贸易摩擦带来的冲击减弱到最小程度。但现在的情况不同了，中国已经成为当今世界第一大贸易国，中国在国际市场上的剩余市场空间并不太多。要想进一步抓住机会，会遇到比以往更为激烈的竞争，贸易摩擦的出现自然也在所难免。

公平地说，尽管国内企业在对外贸易上的做法还有不规范之处，但总体上看现在的企业比前些年守规矩多了。在这种情况下，我们自然也有更多底气为遇到贸易摩擦的国内企业主张合法权益。

在针对贸易摩擦案件的应诉过程中，不仅政府部门要为国内企业提供必要的帮助，相关协会更要组织企业进行集体应诉，以提高应诉效率，降低应诉成本。当然，国

公布：公开宣布。

涉案：与案件有关的。

加以：表示如何对待或处理所提到的事物。

在所难免：难以避免。

应诉：在诉讼中被告对原告提出的诉讼给予答辩。

第四单元 中国经济贸易

第十七课 中国对外贸易结构的变化

内出口企业在对方市场人生地不熟，不妨（bùfáng）委托当地进口商帮助应诉。如果对方政府部门在处理贸易摩擦中不公平、不公正，也不妨采用备用方案。一方面，要优先考虑向世贸组织上诉。另一方面，也要做好积极应对的准备。

（选自《中国经济信息》2017年第2期，白明，有删改）

不妨：表示可以这样做，没有害处。

【讨论题】

1. 改革开放以来，中国的对外贸易发生了怎样的变化？
2. 中国对外贸易的结构性问题是什么？
3. 什么是"保护主义"？"保护主义"存在的原因是什么？
4. 近年来中国为什么频频遭遇贸易摩擦？

【综合练习】

一、词语搭配，并扩展成完整的句子

逐年——逐年递增——与此同时经济全球化趋势加速发展实现了中国2001至2007年对外贸易的飞速增长，成为了对外贸易依存度逐年递增的超高速增长期。

比重	蓬勃	大幅	分布	重创
应对	波及	遭受	释放	转型
抢占	回落	摩擦	均衡	公布

二、解释专业词语（任选4个词语）

一带一路　　品牌效应　　加工贸易　　保护主义　　反倾销
金融危机　　世界贸易组织　国内生产总值　贸易顺差　附加值

三、选择合适的词语填空

下滑　蓬勃　内需　应对　分布　公布

1. 根据2017福布斯排行榜（　　　　）的数据，亚马逊总裁杰夫·贝索斯的资产超过微软的比尔·盖茨成为世界首富。

2. 受金融危机的影响，这家外贸公司的营业额今年严重（　　　　）。

3. 在中国经济发展新常态下，如何改变当前经济结构，转换经济发展方式，（　　　　）来自国内外的压力和挑战，是政府经济工作的重中之重。

4. 近几年南非的经济（　　　　）发展，并期望进一步拓宽国际市场，在其不懈的努力下终于顺利加入了金砖五国（BRICS）的行列。

5. 由于占地面积大、各类污染较严重，可能会影响居民的正常生活，因此城市中的工业区一般主要（　　　　）在城市的郊区。

加以　转型　覆盖　波及　在所难免　不妨　抢占

1. 新的一年才刚刚开始，各大国际品牌就已经来到中国大力宣传他们新一季的产品，以（　　　　）这个巨大的市场。

2. 在中国，火车票通常分网上售卖、窗口售卖和电话售卖三种方式，网上的票卖完了，你（　　　　）试试打电话订票。

3. 中国有三大移动通信运营商：中国移动、中国电信以及中国联通，其中中国移动的信号（　　　　）范围是最广的。

4. 小王是第一次接触金融领域的相关项目，犯这些错误也是（　　　　）的。

第四单元 中国经济贸易
第十七课 中国对外贸易结构的变化

5. 经济全球化确实能够为一国经济发展提供巨大的动力，但同时也会有一些负面的影响，比如说前几年的希腊债务危机就（　　　　）到了全球多个国家。

四、句型练习

1. 从……向……转变

- 随着经济实力的增长和国际地位的提高，中国已经实现了_____人口多、经济弱的农业国_____工业实力强、经济基础雄厚的工业国的_____。

- 在政府的带头努力下，这个村庄大力发展生态旅游业，从贫穷的小乡村向_____的转变只用了短短两年。

- 在金融危机的影响下，整个欧洲经济都陷入了瘫痪状态。为了携手走出危机，曾经是对手的德国和法国也实现了从_____向战友的转变。

- _____从_____向_____转变。

2. ……，（也）随之……

- 1972年，美国总统尼克松访问中国。这次访问加快了中美建立外交关系的进程，中国与其他西方国家的建交谈判也_____展开。

- 世界各国如今都将环境问题列为发展过程中的重要议题，_____也随之_____。

- 以前与欧洲的货物交易主要是通过海运，最近几年中欧铁路货运开通之后，_____也随之发生了改变。

- _____，_____也随之_____。

3. 由于……，导致……

- _____大城市私人汽车数量越来越多，_____大城市高峰时间堵车的情况也日趋严重。

- 由于_____，导致很多航班都取消了。

- 由于中国经济的对外依存度不断提高，导致＿＿＿＿＿＿＿＿＿＿。
- 由于＿＿＿＿＿＿＿＿＿，导致＿＿＿＿＿＿＿＿＿＿＿。

五、造句

大幅　　释放　　日益　　回落　　立足于　　制约

六、写作

结合本课所学的国际贸易知识，请谈谈你对中国商品遭遇贸易摩擦的看法。

要求：

（1）用书面语写作；

（2）逻辑清晰；

（3）400字以上。

第四单元　中国经济贸易

第十八课　中国经济的产业升级

第十八课　中国经济的产业升级

【专题报告】

中国经济增速放缓之后，面临的困难是多层次、多方位的。从外部环境看，国际主要经济体经济形势总体不景气，国际贸易纠纷增加；从内部看，国家面临汇率、金融稳定和增长等目标之间的平衡，地方层面面临经济增速下滑、产业结构调整难等困难。

本文着重从政府与企业层面探讨经济转型面临的三大问题：产业升级[1]、落后产业淘汰以及发展新兴产业。

产业升级

产业升级事实上是永恒的主题，在经济繁荣时存在，在经济不景气时显得更为迫切（pòqiè）。从产业升级的角度来说，无论是企业还是政府，一般都应有更多的策略，比如传统钢铁厂通过升级转型为特种钢厂等等。这样企业发展空间大幅提升，竞争力和附加值也得到了提升。围绕这类经济转型，政府主要是给企业适当的引导和支持，这种转型的主导力量还是来自企业内部。

从政府层面来看，这种产业升级毫无疑问是有益的，值得大力支持。企业层面，在产业升级过程中将面临优胜劣汰的残酷竞争，在市场经济体制下，企业的内在动力是较强的。但笔者观察到，在我国，企业对产业升级的重视程度似乎不够，相反，企业更愿意重视市场营销[2]。这背后的主要原因是国内的市场环境。中国虽然在部分产品和

景气：经济繁荣、兴旺。
层面：某一层次的范围；方面。

迫切：急迫、紧急。

服务方面是全球最大的市场，但市场的集中程度较低，国内贸易市场割裂、物流³成本较高，使得市场营销更为重要。

因此，在产业升级的层面上探讨经济转型，**对政府而言**，需要有更大的勇气和更强有力的政策打破国内市场割裂的情况，对企业而言则要更多地向华为等先进企业学习，加快推进企业自身的升级。

落后产业淘汰

任何行业都有其共同的发展规律，一般都会经历初创期、成长期、成熟期、衰退期，并最终不可避免地面临淘汰。面临淘汰的行业就是夕阳行业。对身处夕阳行业的企业而言，现实是很残酷的；对以夕阳行业为主的地方政府而言，经济增长的压力是巨大的。

市场机制强调资源的最优配置，因此对于夕阳行业，应该用最快的速度、最小的成本淘汰。我们可以列举出很多"公认"的夕阳行业，比如黑白电视机等。淘汰这些行业估计对企业和政府来说，都不会有太多疑问。困难往往存在于一些"相对"的夕阳行业中，比如传统的彩色电视——代表着远远落后于主流显示技术的电视行业，以及传统的非智能手机——代表着远远落后于主流智能手机功能的手机行业。身处这种行业的企业，有的会对市场需求复苏仍有幻想，有的会伸手向政府求援，很少有企业会干净利索（lìsuo）地甩掉包袱。笔者认为这种困难是企业家管理能力的缺乏所致。

从政府的角度，对夕阳行业是"伤口撒盐"式的加

割裂：指把不应当分割的东西分割开。

华为：世界500强企业，是一家生产销售通信设备的民营通信科技公司，于1987年正式成立。

夕阳行业：指趋向衰落的传统行业。

列举：一个一个地举出来。

主流：这里指事物发展的主要方面。

智能手机：可安装软件、可以上网的一类手机。

复苏：恢复。

求援：请求帮助。

利索：指言语、动作灵活敏捷。

伤口撒盐：指触碰到别人的痛处。

第四单元　中国经济贸易

第十八课　中国经济的产业升级

速淘汰，还是"雪中送炭"式的加以扶持，是一个更具挑战性的难题。因为政府需要平衡政策转换的节奏，需要平衡可能带来的失业[4]等问题的冲击。**具体到**地方政府，这个选择的困难显得更大，因为即使从宏观层面上确定的夕阳行业，也有可能还是地方政府的支柱产业[5]，所以从政府角度，这个问题会引发反复博弈（bóyì）。笔者认为，这种困境是无法完全避免的，但可以采取措施降低其负面影响，比如进一步减少政府的政策干预。无论在初创期的扶持政策，还是在衰退期的淘汰政策，政府都应尽量减少干预，让企业在市场中锻炼和选择。

发展新兴产业

回想20世纪90年代末美国互联网泡沫[6]破灭的时期，美国的IT行业也曾面临痛苦的抉择（juézé）。幸运**的是**，随着后来计算机的普及和新一代通讯技术的商用，互联网又重新焕发（huànfā）了生机，并且当前正扮演着改造甚至颠覆（diānfù）传统产业的角色。这个例子告诉我们，寻找下一个新兴产业的困难不亚于发现新大陆。那么，从企业角度和政府角度，应该如何寻找呢？

笔者认为，从中国当前的情况看，从企业角度寻找机会的条件较为成熟。这主要得益于日益开放的国际交流，还有互联网上知识的传播。中国多层次的资本市场[7]，为企业寻找新兴产业提供了强有力的资金支持，企业有更多更可靠的合作伙伴可以一起寻找。

从政府角度，不仅产业转型要找准新兴产业，还需要适合当地的产业特点。改革开放以来，不同区域间的产业基础和发展侧重点差别越来越大，只有符合当地条件的才有可能落地发展。此外，政府还要努力避免再次陷入盲

扶持：	帮助。
博弈：	比喻为谋取利益而争斗。
困境：	形容一件事进入难办的地步。
破灭：	多指希望或幻想等落空。
抉择：	做出正式的选择。
焕发：	光彩四射；振作。
颠覆：	推翻、摧毁。
不亚于：	不比……差。
新大陆：	比喻重大的新发现。
落地：	指计划落到实处。

目发展的陷阱。对地方政府而言，在制定产业政策时往往还需平衡产业对地方经济的综合带动。过去地方政府倾向于上马"大项目"，现在这种趋势似乎有一定程度的转变，但是类似的"互联网""金融产业"等仍然屡见不鲜（lǚjiàn-bùxiān）。这种困难源自政府自身多重（duōchóng）政策目标的考量（kǎoliáng），可能也只有政府自身内部的决策机制进一步完善后，才能有效应对。

上马：指工程启动。
屡见不鲜：常常见到，并不新奇。
多重：复杂、多种多样。
考量：思考衡量。

对政府的建议

以上从产业升级、落后产业淘汰、发展新兴产业三个层面，从企业和政府两个主要角度，分析了各自面临的困难。总的来说，政府还有较大的改进提升空间：（一）努力营造公平、开放的市场竞争环境，打破不必要的市场壁垒[8]，加速统一市场的形成，真正发挥价格作为市场经济资源配置的基础性作用；（二）保持产业政策的稳定性和持续性，不宜对新兴产业过多、过早地发布产业政策，更多地转向依赖市场，发挥企业的自主创新；（三）结合实际情况发展新兴产业，提高政府资源的使用效率，认清区域的比较优势[9]，特别是在人才储备（chǔbèi）、产业基础等核心要素方面，发挥比较优势，才能真正促进产业发展。

改进：改变旧的情况，使其进步。
营造：建造；构造，编造。

储备：指储存、备用的东西。
大有可为：比喻所做之事很有价值，很有发展前途。
研发：研究开发。指各种研究机构、企业为获得新的科学技术而持续进行的研究活动。

对于企业来说，笔者认为虽然宏观层面国内外经济不太景气，但是企业依然大有可为，其中可以重点考虑的做法包括：（一）加大力度引入战略投资者，无论是传统行业还是新兴行业，企业都应该加大引入各种投资机构，既能控制财务风险，又能联合新的股东[10]资源提高抵御风险的能力；（二）加快经营方式的转型，提高对核心技术、产品的研发投入，特别是过度依赖市场营销的企业，应加快转型节奏;(三)积极通过资本市场抓住新兴产业的发展机会,加快转型。

相信随着政府和企业的不断努力,中国的经济转型升级之路会越走越宽,越走越快。

(选自《21世纪经济报道》2017年5月12日,杨杰,有删改)

【专业词语】

1. **产业升级**:指使产品附加值提高的过程,包括生产要素改进、结构改变、生产效率与产品质量提高、产业链升级。从微观来看,产业升级指一个企业的产品附加值的提高。从宏观来看,产业升级指产业结构升级,即一个国家经济增长方式转变,如从劳动密集型增长方式向资本密集型、知识密集型增长方式转变。无论微观还是宏观,产品附加值提高都是产业升级的核心与灵魂。

2. **市场营销**:指在创造、沟通、传播和交换产品时,为顾客、客户、合作伙伴以及整个社会带来经济价值的活动和过程,主要是指营销人员针对市场开展经营活动、销售行为的过程。

3. **物流**:即货物配送,是指物品从供应地向接收地的实体流动过程中,根据实际需要,将运输、储存、装卸搬运、包装、流通加工、配送、信息处理等结合起来实现用户要求的过程。

4. **失业**:指达到就业年龄、具备工作能力,谋求工作但未得到就业机会的状态。对于就业年龄,不同国家往往有不同的规定,美国为16周岁,中国为18周岁。失业率是指劳动人口里符合"失业条件"者所占的比例。

5. **支柱产业：** 是指在国民经济中生产发展速度较快，对整个经济起引导和推动作用的先导性产业，其产业规模在国民经济中占有较大份额，并起着支撑作用。

6. **互联网泡沫：** 指自1995年至2001年间的投机泡沫，在欧美及亚洲多个国家的股票市场中，与科技及新兴的互联网相关企业股价快速上升的事件。到了2001年，泡沫破灭，大多数网络公司在把资金烧光后停止了交易。

7. **资本市场：** 又称长期资金市场，是金融市场的重要组成部分。作为与货币市场相对应的概念，资本市场通常是指由期限在1年以上的各种融资活动组成的市场，由于涉及资金期限长、风险大，具有长期较稳定收入，类似于资本投入，故称之为资本市场。

8. **市场壁垒：** 所有抑制投资主体自由地进入或退出某一市场、影响厂商经营管理的因素都被称为市场壁垒。这些因素主要包括不完善的生产要素市场、不完全竞争的市场结构、政府的调控与管制以及文化差异与冲突等。

9. **比较优势：** 是由英国著名经济学家大卫·李嘉图提出的。比较优势认为，国际贸易的基础是生产技术的相对差别（而非绝对差别），以及由此产生的相对成本的差别。每个国家都应集中生产并出口其具有"比较优势"的产品，进口其具有"比较劣势"的产品，双方均可节省劳动力，获得专业化分工提高劳动生产率的好处。

10. **股东：** 股份公司或有限责任公司中持有股份的人，有权出席股东大会并有表决权。以股东身份来分，可分为机构股东和个人股东。

【常见句型】

一、对……而言，……

◎ 对政府而言，需要有更大的勇气和更强有力的政策打破国内市场割裂的情况。

▲ 说明：表示以某一主体的角度来观察和分析问题。

1. 对大多数留学生而言，汉字是汉语学习中最难的部分。

第四单元 中国经济贸易
第十八课 中国经济的产业升级

2. 对中国出口企业而言，实现从劳动密集型向高端产业的转变压力很大。

3. 对个人而言，开私家车很方便。对社会而言，私家车太多会造成空气污染。

二、具体到……

◎ 从政府的角度，对夕阳行业是"伤口撒盐"式的加速淘汰，还是"雪中送炭"式的加以扶持，是一个更具挑战性的难题。具体到地方政府，这个选择的困难显得更大。

▲ 说明：从某一问题的宏观角度进行说明后，再就某一具体层面进行说明。

1. 很多留学生觉得学习汉语很难。具体到汉字，主要是写汉字非常难。

2. 这所大学的学生都非常爱读书。具体到个人，喜欢阅读的书的领域差别很大。

3. 改革开放以后，中国经济得到了很大的发展。具体到每个城市，发展程度并不一样，总体来说，东部比西部发展要快。

三、……的是，……

◎ 幸运的是，随着后来计算机的普及和新一代通讯技术的商用，互联网又重新焕发了生机，并且当前正扮演着改造甚至颠覆传统产业的角色。

▲ 说明：书面语的强调句式，强调"的"前面的部分。

1. 幸运的是，他在春节前抢到了回老家的火车票。

2. 有意思的是，这只小鸟自从飞到我家就再也不走了。

3. 虽然面临国际金融危机的压力，令人高兴的是，网上购物、快递等新兴行业还是创造了很多就业岗位。

【专业知识】

产业升级中的五种产业类型

产业不断升级,劳动生产率才会不断地提高。从新结构经济学的视角看,根据产业发展与国际前沿的差距,产业可以分成五种类型。

第一种是追赶型产业。中国的汽车、高端装备制造、高端材料产业即属于这种类型。追赶型产业可以通过三种方式来实现发展:一是到海外并购同类产业中拥有先进技术的企业,作为技术创新、产业升级的来源;二是到海外设立研发中心,直接利用国外的高端人才来推动技术创新;三是海外招商引资,将这些产品的生产企业吸引到国内来设厂生产,从而把先进技术、管理都带过来。

第二种是领先型产业。比如高铁、造船等,其产品和技术已经处于国际领先或接近国际最高水平的地位。领先型产业只有依靠自主研发新产品、新技术,才能继续保持国际领先地位。自主研发主要分两部分,一是研究,二是开发,这类活动理当由企业自己进行。但是,基础科研投入大、风险高,企业没有从事基础科研的积极性。所以在基础研究方面,实际上是要政府投入的。

第三种是退出型产业。这类产业可以分为两类,一类是丧失比较优势的产业,另一类是在国内还有比较优势但产能有富余的产业。劳动密集型的出口加工业是最典型的第一类产业,这类产业在我国失去比较优势是不可逆转的趋势。面对这种挑战,一部分企业可以升级;而多数企业只能像20世纪60年代以后日本和80年代以后"亚洲四小龙"的同类企业那样,利用优势,转移到工资水平较低的地方。

还有一部分产业其实中国还有优势,主要是在建材行业,如钢筋、水泥等。为什么会有富余产能?因为这些产业的生产能力是按满足过去高速增长的需要形成的。在国内是富余产能,但是这些产业的产品在非洲、南亚、中亚、拉丁美洲等发展中国家还是非常稀缺的。我们可以配合"一带一路"等倡议的实施,支持这些企业转移到需求大的发展中国家。

第四单元　中国经济贸易

第十八课　中国经济的产业升级

第四种是弯道超车型产业。中国现在有一种新兴产业，它在全世界是新的，但它的研发以人力资本为主，而且研发的周期特别短，例如移动通讯、手机、互联网产业等。这种以人力资本投资为主、研发周期非常短的新产业，确实可以跟发达国家站在同一条起跑线上。政府可以针对这类企业发展的需要，提供基地、加强知识产权保护、鼓励风险投资、制定优惠的政策，推动弯道超车型产业发展。

第五种是战略型产业。这类产业通常资本投入非常高，研发周期长。这类产业我国尚不具备比较优势，但其发展关系国家安全和长远发展，必须要有。大飞机、航天、超级计算机产业即属于这种类型。战略型产业有一个特性，即它不能完全依靠市场，需要政府的保护性补贴才能发展起来。对战略型产业的扶持是国家行为，应由中央财政来承担。但是，各地政府也可以做一些事情，鼓励支持配套产业发展，并改善基础设施、子女教育、生活环境等条件，争取战略型产业落户当地，以实现战略型产业发展和当地产业转型升级的双赢。

（选自《解放日报》2015年5月31日，有删改）

【阅读材料】

李克强报告："供给侧"与"需求侧"如何两端发力？

如何推动中国经济长期平稳健康发展？在2015年12月2日的经济工作专家座谈会上，李克强总理从"供给侧""需求侧"和"新动能""旧动能"两大方面做出论述。

总理说，面对当前错综复杂的国际国内经济形势，

供给侧：即生产供给方面的问题。
需求侧：即需求方面的问题。
新动能：指通过结构性改革以及新一代信息技术革命等新举措来培育发展经济社会的新动力。
旧动能：指与新动能相对的，对应传统产业和传统经济模式的经济发展动力。
论述：论证阐述。

要创新发展理念。从"供给侧"和"需求侧"两端发力，推进结构性改革，着力培育壮大"新动能"，下大决心提升改造"旧动能"。

"供给侧"如何改革？

简政放权（jiǎnzhèng-fàngquán），推动"大众创业，万众创新"和"互联网+"，都是供给侧改革，就是放手让企业家去创新。

当前到底应当更侧重于供给侧改革还是需求侧改革？这个问题在国际上也颇多争论。美国主流观点强调首先还是要扩大需求，而德国的主流观点则倾向于在供给侧发力。其实当前这两端改革并不存在谁先谁后或谁取代谁的问题，而应当在供给侧和需求侧两端共同发力，推进结构性改革。

这几年来，我们出台的政策重点是在供给侧加大改革力度。现在在供给侧方面，确实还需要在创新上多做文章。比如不少民众出国买东西，这反映了国内民众消费水平的提升。这是好事，反过来，也倒逼我们的供给升级。过去中国的许多企业主要靠给国外做代工起家，今天与当年的情况发生了不小的变化：我们的许多企业，特别是制造企业已经在相当程度上具备了国际竞争力，但轻工产品的竞争力仍亟待（jídài）提升。这就需要充分发挥供给侧方面体制机制的改革，激发新的活力。

"需求侧"如何改革？

抓住缺口和短板，进一步深化改革，尤其是投融资体制改革。

在加大供给侧改革的同时，我们也没有放松在需求

发力：指用力。
着力：尽力；用力。

简政放权：指精简政府机构，把经营管理权下放给企业。

轻工：即轻工业，是以生产生活资料为主的加工工业群体的总称。
亟待：迫切等待，急切需要。
短板：指短处、不擅长的地方。
投融资：经济主体通过各种途径筹措资金的活动。

第四单元 中国经济贸易

第十八课 中国经济的产业升级

侧方面发力。比如，中西部铁路、大型水利工程、棚户区改造（pénghùqū gǎizào）等方面，我们一直在加大力度推进。在这些政府公共服务方面，我们与发达国家还差得远，这是我们的缺口和短板。

我们加大在这些缺口和短板上投资，并不是靠政府用财政资金"单打独斗"，而是要深化改革，尤其是投融资体制改革。充分运用公私合营、特许经营等改革方式，要在这些投资方式上探索出一条新路。我赞成针对特许经营立法，使之更加规范化。

总而言之，当前要在供给侧和需求侧两端同时发力，两端都要找到办法，加大力度推进结构性改革。

"新动能"发展如何？

当前，我们正处在新旧动能转换过程中，不可能没有阵痛。但要看到，新动能正在快速成长。

今年，上海自贸区新增企业比去年又增加了50%，自贸区成立仅两年，新增企业已经是之前20年的2倍以上。而自贸区的主要措施就是简政放权，给企业松绑，释放活力，同时，政府把该自己管的坚决管起来。还有天津搞的"两随机一公开"，无论什么检查，检查对象和检查者都是随机抽查，流程全部公开，没有一个部门例外，一下就把老百姓的创业热情调动起来了。

一位地方同志汇报，他们的传统制造业下行（xiàxíng）压力很大，但通过大力推动"大众创业，万众创新"，结合当地实际，建立了很多与农产品加工相关的产业，目前整体经济正在稳步回升。

千军万马的新动能真是了不起啊！大家一定要对新动能抱有信心。

棚户区改造：是中国政府为改造城镇危旧住房、改善困难家庭住房条件而推出的一项民心工程。

单打独斗：指独自一个人奋斗、做事。

特许经营：指通过签订合同，特许人将其商标、经营模式等，授予被特许人使用。

阵痛：间歇性的剧烈疼痛。比喻社会变革中出现的阶段性困难。

上海自贸区：即中国（上海）自由贸易试验区，是中国政府设立在上海的区域性自由贸易园区。

松绑：把绑着的绳子解开。比喻在规章制度等方面减少约束。

流程：完整的步骤和过程。

下行：走下坡路。

千军万马：形容兵马很多或声势浩大。

303

为什么先培育"新动能"、再改造"旧动能"？

我们国家还在工业化进程之中，需要保证一定规模的传统动能，但传统动能必须改造升级。

本届政府前三年在改造升级旧动能的同时，重点放在了培育新动能上。为什么重点要放在新动能上？因为一方面，光提升改造旧动能，可能和市场需求衔接（xiánjiē）不上。另一方面，如果上来就大刀阔斧（dàdāo-kuòfǔ）去掉旧动能，可能会产生很多社会问题。那些被淘汰的产能企业，原来的工人就可能会大批失业。

我们这三年大力推动简政放权、推动"大众创业，万众创新"和"互联网+"，大大拓宽（tuòkuān）了就业门路。有人说，这些对GDP增速的影响可能比较慢，但对于保障就业，却不折不扣地发挥了积极作用。近三个月来有个经济数据令我们很欣慰，就是调查显示失业率在逐月递减。

要相信，新动能的空间很大，吸纳（xīnà）就业的能力也很大。有了这个空间，再改变"存量"，经济社会运行才会更加平稳。

"旧动能"怎么办？

现在确实有一些行业产能出现了严重过剩。我们要下大决心，选几个领域"下手"，争取用两年多时间，花更大力气对旧动能进行改造升级，对那些"僵尸企业"（jiāngshī qǐyè）"绝对过剩产能"企业，要狠下决心坚决淘汰。

当然，淘汰落后产能，我们要用市场化办法，政府只起引导作用，在安置下岗职工、保证社会保障底线等方面给予支持。

衔接：指事物相连接。

大刀阔斧：比喻像使大刀、用阔斧那样，形容办事果断而有魄力。

拓宽：指扩大，加宽。

门路：做事的诀窍、方法。

不折不扣：指没有折扣，表示完全、十足的意思。

吸纳：吸收、接纳。

僵尸企业：指已停产、半停产、连年亏损、资不抵债，主要靠政府补贴和银行贷款维持经营的企业。

安置：使人或事物有着落。

第四单元 中国经济贸易
第十八课 中国经济的产业升级

> 总而言之,我们要对新动能充满信心、精心培育,对旧动能要下决心淘汰一批,更多地改造、升级一批。
>
> (选自中国政府网 2015 年 12 月 4 日,有删改)

【讨论题】

1. 什么是"产业升级"?中国企业为什么对"产业升级"积极性不高?
2. 政府在"产业升级"中应该发挥什么作用?
3. 什么是"供给侧改革"?在中国目前的产业升级过程中,哪些产业是需要被淘汰的"夕阳产业"?
4. 李克强总理认为要如何实现新旧动能的转换?

【综合练习】

一、词语搭配,并扩展成完整的句子

利索——干净利索——身处这种行业的企业,有的会对市场需求复苏仍有幻想,有的会伸手向政府求援,很少有企业会干净利索地甩掉包袱。

景气	颠覆	复苏	焕发	拓宽
门路	困境	储备	破灭	屡见
随机	营造	扶持	抉择	改进

二、解释专业词语(任选 4 个词语)

| 比较优势 | 市场营销 | 产业升级 | 资本市场 | 物流 |
| 互联网泡沫 | 简政放权 | 市场壁垒 | 特许经营 | 股东 |

三、选择合适的词语填空

> 迫切　主流　复苏　救援　扶持　破灭　抉择　颠覆

1. 地震之后，政府各个部门立即开展了紧急（　　　）工作。
2. 儒家文化思想是中国传统文化的（　　　）。
3. 一个国家整体经济实力的提升离不开政府部门的正确引导，同时也离不开富裕地区对贫困地区的帮助和（　　　）。
4. 今年年初人民币在国际市场上有明显的（　　　）现象，与欧元的汇率也在不断回升。
5. 第二次世界大战后，国际形势发生了巨大的变化，一些国家希望建立霸权世界的梦想也随之（　　　）了。
6. 这个演员在新电影中出色的表演（　　　）了我以前对他的刻板印象。

> 亟待　发力　营造　考量　衔接　松绑　拓宽　不折不扣

1. 如何确定扶持的对象，政府会综合（　　　）后做出决定。
2. 工厂刚刚成立，目前（　　　）解决的主要是资金和厂房的问题，其他的可以以后再商量。
3. 他来中国工作、生活十多年了，是位（　　　）的"中国通"。
4. 促进中国企业的升级还是要从提高产品的档次和附加值（　　　）。
5. 如今中小学教育都非常重视学校教育和家庭的（　　　），希望教师和家长共同担负起教育的责任。

四、句型练习

1. 对……而言，……
   - _____中国人_____，春节的意义不仅在于美食、新衣服和红包，更重要的是一家人团聚。

第四单元　中国经济贸易

第十八课　中国经济的产业升级

- 对＿＿＿＿＿＿＿＿＿＿＿而言，成功不在于自己理解了多少前沿知识，而在于把这些知识传授给学生，让学生成才。
- 对父母而言，＿＿＿＿＿＿＿＿＿＿＿＿＿＿＿＿＿＿＿＿＿＿＿。
- 对＿＿＿＿＿＿＿＿＿而言，＿＿＿＿＿＿＿＿＿＿＿＿＿＿＿。

2. 具体到……

- 他是个"中国通"，对中国文化很熟悉，但＿＿＿＿＿＿＿＿＿某个节日的文化特点，他也可能不太清楚。
- 中国对大部分国家保持着贸易顺差。具体到＿＿＿＿＿＿＿＿＿，是否是贸易顺差却不一定。
- 虽然中国的人均收入已经进入了中等收入国家。具体到＿＿＿＿＿＿＿＿＿＿＿，＿＿＿＿＿＿＿＿＿＿＿＿＿＿＿＿。
- ＿＿＿＿＿＿＿＿＿。具体到＿＿＿＿＿＿，＿＿＿＿＿＿＿＿＿。

3. ……的是，……

- 值得庆幸＿＿＿＿＿＿，这次台风虽然威力很大，但并没有造成人员伤亡。
- ＿＿＿＿＿＿＿＿＿＿＿＿＿的是，这次考试我居然得了第一名。
- 让人不解的是，＿＿＿＿＿＿＿＿＿＿＿＿＿＿＿＿＿＿＿＿＿。
- ＿＿＿＿＿＿＿＿＿的是，＿＿＿＿＿＿＿＿＿＿＿＿＿＿＿＿。

五、造句

论述　　焕发　　着力　　安置　　大有可为　　大刀阔斧

六、写作

结合本课所学的"产业升级"的知识，请谈谈你自己国家的"比较优势"产业是什么，政府应该如何推动本国的产业升级？

要求：

（1）用书面语写作；

（2）逻辑清晰；

（3）400字以上。

第十九课　人民币汇率改革新政

【专题报告】

2015年8月11日，中国央行[1]宣布实施人民币汇率[2]中间价报价新机制，之后短短3天内，人民币兑美元的中间价已经连续贬值[3]近4%，创4年来新低，引起市场的担忧。而一些金融专家认为，实施新机制后的人民币贬值是短期性的而非趋势性的，随着人民币汇率形成机制改革进一步朝着市场化方向迈进，其对国际市场的积极影响将会逐步显现。

汇率改革指向形成机制

8月11日，央行推出了一项意在"完善人民币兑美元汇率中间价报价"的新政，之后人民币兑美元中间价历史性地连跌3日。这起引发国际金融市场动荡的重大事件，有人视之为一场全球货币战争的危险升级，另一些人则视之为人民币汇率改革的一块里程碑（lǐchéngbēi）。中国人民银行新闻发言人表示，这次中间价的大幅下调是对实际的市场汇率差的"一次性校正（jiàozhèng）"，而且是朝着汇率市场化方向迈进的一部分。

理论上说，这项新政有助于减少行政干预，使人民币对市场做出更灵敏的反应。

此前，央行每天上午发布一个人民币汇率中间价的"指导价格"，市场当日被允许在该价格上下各2%的范围内交易。而在2005年汇改以来的10年间，每日超过

报价： 提出商品、股票或债券的价格的行为。

新低： 数量、水平等下降到最新的低点。

意在： 指意图、目的所在。

里程碑： 比喻历史上具有重大意义的事件。

校正： 校对改正。

第四单元 中国经济贸易

第十九课 人民币汇率改革新政

0.2% 的涨跌幅度都是屈指可数（qūzhǐ-kěshǔ）的。自8月11日起实行的新的中间价报价方式是，在每日银行间外汇市场开盘⁴前，参考前一日银行间外汇市场收盘⁵汇率，综合考虑外汇供求情况以及国际主要货币汇率变化，做市商⁶向位于上海的中国外汇交易中心提供中间价报价。 　　**换言之**，旧的中间价主要是政府指定的，新的中间价基本是市场自发形成的。 　　中国人民银行副行长、国家外汇管理局局长易纲在8月13日的新闻发布会上确认了这一点："（这次改革的）目的是市场决定汇率，央行已经退出日常的干预。"他同时指出，通过人民币大幅度贬值来实现经济增长目标是"无稽之谈"（wújīzhītán），"我们不需要调整汇率来促进出口，中国的出口不错，有很大的顺差。这次完善汇率的机制基本上是**从**建立一个更加有效的市场化机制**出发**的"。 　　**人民币贬值无关货币战** 　　对于新机制实施后人民币的一次性大幅度贬值，在一些人士看来，这不是行政力量的作用，而恰恰是央行奉行（fèngxíng）自由不干预政策的结果。自2014年11月以来，人民币汇率每天都低于央行发布的中间价。这表明人民币有很强的贬值压力，但半年多来央行一直在阻止人民币贬值。这导致了国际货币基金组织⁷（IMF）在2015年8月初的特别提款权⁸（SDR）初评报告中所指出的结果：目前的人民币汇率并非基于实际的市场交易，并可能偏离达2个百分点之多。 　　一位分析师的评论代表了当下国际投资市场的普遍	屈指可数：形容数量很少。 无稽之谈：指毫无根据的说法。 人士：有身份、名望或地位的人。 奉行：履行（诺言等）。

309

观点:"目前状况下,在确定汇率时赋予(fùyǔ)市场更多发言权,不可避免地意味着允许人民币出现一定程度的贬值。"确实,为推进改革而顺从市场下行压力,与人为干预的贬值有着本质的不同。况且,在全世界几乎所有货币都在对美元大幅度贬值——亚洲新兴市场[9]货币尤甚(yóushèn)的情况下,中国政府完全没有必要冒着遭到全世界批评的风险,去参与一场得不偿失(débùchángshī)的货币战。

正因为如此,中国央行的行动得到了IMF的积极回应。在8月11日发表的一则简短声明中称,这"似乎是一个值得欢迎的举措,(中国央行)应该允许市场力量在决定汇率中起更大的作用"。不过,声明补充说:"具体会产生怎样的影响,还取决于新的机制在实践中如何落实。"IMF希望中国在两到三年内开始实施浮动汇率制度[10]。

甚至长期以来一直批评中国人为压低人民币汇率以谋求不正当出口优势的美国政府,也罕见地以一种审慎(shěnshèn)的姿态(zītài)对新机制实施后出现的人民币贬值做出回应。针对当天的人民币汇率变动,美国政府认为,"目前判断此举的全面影响仍为时尚早。"同时表示,会持续关注这些变化如何展开,持续敦促(dūncù)中国加快改革步伐,由政府管制转变为汇率自由浮动机制。

事实上,这也是中国承诺(chéngnuò)的最终目标。如果10年前的汇改是人民币放弃盯住美元的第一步,那么,现在则是朝这一最终目标迈出的又一步。

持续推进改革才能说服世界

自2005年7月汇改以来,人民币的国际化进程取

赋予:交给重任、使命等。

尤甚:尤其严重。

得不偿失:所得的利益抵偿不了所受的损失。

声明:公开表态或说明。

谋求:力求得到。

审慎:谨慎;慎重。

姿态:呈现的样子。

回应:回答,响应。

为时尚早:还早了点儿。

敦促:以诚恳或迫切的态度催促。

承诺:应允同意,按要求照做。

第四单元　中国经济贸易

第十九课　人民币汇率改革新政

得了长足发展。到 2014 年，人民币占全球贸易结算的比例上升至 1.0%，20% 的中国对外商品贸易以人民币结算；而在贸易融资[11]领域，人民币的占比更是快速上升到 3.9%；拥有人民币作为外汇储备的国家也增至 38 个……

考虑到中国目前是世界第一贸易大国，进出口总量超过全球的 10%，人民币加入 SDR 货币篮子应该说是实至名归。

然而，IMF 除了想看到人民币在中国境外（jìngwài）更多使用外，更看重的可能依然是人民币的全面自由兑换（duìhuàn）。多年来，中国政府已明显减少了干预，外汇交易远比以往自由，但在全球外汇交易中，人民币的规模还不如加拿大元和墨西哥比索，这与中国作为世界第二大经济体的地位十分不相称（xiāngchèn）。

可以预期的是，中国将继续坚定而又谨慎地推进金融改革。

在外汇领域，用央行新闻发言人的话来说，"未来人民币汇率形成机制改革会继续朝着市场化方向迈进，更大程度地发挥市场供求在汇率形成机制中的决定性作用。增强人民币汇率双向浮动弹性（tánxìng），完善以市场供求为基础、有管理的浮动汇率制度"，预计央行下一步将拓宽外汇交易波动幅度。

此外，央行还承诺，将加快外汇市场对外开放，延长外汇交易时间，考虑在伦敦甚至在纽约开市，引入合格境外主体……

但正如改革开放以来中国在每一个领域里主动推进的所有改革一样，外汇改革的步伐（bùfá）也需要稳步推进。

在 13 日的发布会上，央行副行长易纲在强调让市场

长足：形容进步很大或发展很快。
结算：指把某一时期内的所有收支情况进行总结、核算。

实至名归：有了真正的学识、本领或成就，自然就有声誉。
境外：国外。
兑换：不同货币的交换。

相称：相符；相配。

弹性：比喻事物的收缩性。

开市：指新公司开业。

步伐：比喻事物进行的速度。

机制发挥更大作用时提醒道:"但同时我们也不要忘了,要更好地发挥政府的作用。"事实上,央行还明确表示,虽然它将放松汇率管制,但不会完全放开。而且,实际上放松的程度并不会很大。

就任何一项改革而言,长远地看,改革往前推进的步伐大小和快慢并不是最根本的问题,最令人担心的是改革的停滞。因此,中国未来只有持续不断地推进汇率市场化改革,才会让这种"人民币被操纵(cāozòng)"的无稽之谈越来越失去说服力。

（选自《京华时报》2015 年 8 月 17 日,陈季冰,有删改）

停滞:停止,不能继续发展。
操纵:控制,支配。

【专业词语】

1. 央行:即中央银行,是国家最高的货币金融管理组织机构。主要负责制定和执行货币政策,对国民经济进行宏观调控,对其他金融机构进行监督管理。
2. 汇率:指一国货币与另一国货币的比率或比价。
3. 贬值:本国货币对外币的比价下降,本国货币的购买力降低。
4. 开盘:指每天股市或外汇市场开始交易。
5. 收盘:与"开盘"相对,指证券、外汇等交易市场每天营业终了时最后一次报告行情。
6. 做市商:即"坐市商",是指在证券市场上,由具备一定实力和信誉的独立证券经营法人作为特许交易商。做市商不断向公众投资者报出某些特定证

第四单元　中国经济贸易

第十九课　人民币汇率改革新政

券的买卖价格，并在该价位上接受公众投资者的买卖要求，以其自有资金和证券与投资者进行证券交易。买卖双方不需要等待交易对手出现，只要有做市商出面承担交易即可达成交易。做市商通过做市制度来维持市场的流动性，满足公众投资者的投资需求。

7. 国际货币基金组织：（International Monetary Fund，简称IMF）是根据1944年7月在布雷顿森林会议签订的《国际货币基金协定》，于1945年12月27日在华盛顿成立的。与世界银行同时成立，为世界两大金融机构之一，其职责是监察货币汇率和各国贸易情况，提供技术和资金协助，确保全球金融制度正常运作。

8. 特别提款权：（Special Drawing Right，简称SDR）亦称"纸黄金"（Paper Gold），是国际货币基金组织提出设立的一种补充性的国际储备资产，作为对美国以外美元供给的补充。最早发行于1969年，是国际货币基金组织根据会员国认缴的份额分配的，可用于偿还国际货币基金组织债务、弥补会员国政府之间国际收支逆差的一种账面资产。其价值目前由美元、欧元、人民币、日元和英镑组成的一篮子储备货币决定。

9. 新兴市场：泛指相对于成熟或发达市场而言目前正处于发展中的国家、地区或某一经济体，如被称为"金砖五国"的中国、印度、俄罗斯、巴西和南非以及后来兴起的"薄荷四国"印尼、尼日利亚、土耳其和墨西哥等。

10. 浮动汇率制度：指汇率完全由市场的供求决定，政府不加任何干预的汇率制度。由于各国对浮动汇率的管理方式和宽松程度不一样，该制度又有诸多分类：按政府是否干预，可以分为自由浮动和管理浮动；按浮动形式，可分为单独浮动和联合浮动；按被盯住的货币不同，可分为盯住单一货币浮动和盯住合成货币浮动。

11. 融资：从狭义上讲，融资即是一个企业的资金筹集的行为与过程，也就是说公司从一定的渠道向公司的投资者和债权人去筹集资金，以保证公司正常生产需要的行为。从广义上讲，融资也叫金融，就是当事人通过各种方式到金融市场上借钱或放贷的行为。

【常见句型】

一、……视之为……

◎ 这起引发国际金融市场动荡的重大事件，有人视之为一场全球货币战争的危险升级，另一些人则视之为人民币汇率改革的一块里程碑。

▲ 说明：用于表达人们对某一事件的看法，意思是"把它看作……"。

1. 国内生产总值（GDP）是反映一定时间内某一个国家生产的全部最终产品和服务价值的总和，经济学家视之为衡量某一个国家经济实力的重要数据。

2. 近年来，淘宝、京东等电商成为主流，深刻影响了中国商品销售的发展方式，不少人视之为中国商业模式的一场革命。

3. 近几年，西方的一些节日如圣诞节、情人节等在中国备受欢迎，有人视之为一种文化渗透的危险信号，另一些人则视之为不同文化交流的正常现象。

二、换言之，……

◎ 换言之，旧的中间价主要是政府指定的，新的中间价基本是市场自发形成的。

▲ 说明：换一种说法表达。

1. 要学好一门语言就必须扎扎实实地从语音、词汇、语法这些最基本的内容开始学起。换言之，在语言学习这条路上没有捷径可走。

2. 投资这件事我们公司还需要内部再开一次会。换言之，签不签合同还是个未知数。

3. 一国货币贬值意味着该国货币购买力下降。换言之，该国商品在外国更便宜，外国商品在该国更贵。

三、从……出发

◎ 这次完善汇率的机制基本上是从建立一个更加有效的市场化机制

第四单元 中国经济贸易

第十九课 人民币汇率改革新政

出发的。

▲ 说明：表示开展某项工作或某个项目的目的和初衷。

1. 学校这次的考试评分改革是从与国际大学评分标准接轨出发的。
2. 政府要做好社会的服务管理工作还是要从老百姓的根本利益出发。
3. 公立医院的改革应该从减少医疗费用、提高服务质量出发。

【专业知识】

外汇市场与汇率

一种货币用另一种货币表示的价格称作汇率。如果某种货币能兑换更多的外币，则该货币升值；如果某种货币能兑换的外币减少，则该货币贬值。汇率之所以重要，是因为它影响着国内生产的商品在外国销售的价格和本国购买外国商品的成本。当一国货币升值时，则该国商品在外国变得更贵，而外国商品在本国则变得更便宜；相反，一国货币贬值，则该国商品在外国变得更便宜，而外国商品在本国则变得更贵。

两国之间汇率的长期变动是由相对价格水平、关税和限额、相对外国商品的偏好以及生产率四个因素决定的。长期情况下，一国价格水平相对于外国价格水平的上升，将导致该国货币贬值；而一国相对价格水平的下降，将导致该国货币升值。关税和限额这些自由贸易的壁垒，将使得一国货币在长期趋于升值。对一国出口商品需求的增加导致该国货币升值，相反，对进口商品需求的增加导致该国货币的贬值。在长期情况下，如果一国生产率较其他国家提高，则该国货币趋于升值。

短期汇率由利率平价条件决定，即本国货币存款的预期回报率等于外币存款的预期回报率。

任何改变本国货币和外币预期回报率的因素都将导致汇率的变动。这些因素包括本币和外币存款利率的变动以及货币供给量的变动。本币真实利率上升时，本币升值。本币利率上升是源于存在通货膨胀的可能时，本币贬值。

当本国货币供给量增加时，将导致本币贬值，而且将使汇率在短期内变动的幅度大于长期中的幅度。

(选自《货币金融学》(第四版)，中国人民大学出版社，1998年)

【阅读材料】

总理为人民币汇率改革"站台"的深层含义

在夏季达沃斯(Dáwòsī)论坛上，国务院总理李克强用数据和事实就人民币汇率有关政策做出权威解读。对外经济贸易大学校长助理丁志杰在接受《第一财经日报》专访时，解读了总理为汇率改革"站台"背后包含的深层含义。

丁志杰表示，这次汇改的核心是汇率形成机制的进一步市场化。总理为人民币汇率"站台"，给市场答疑解惑，以正视听，展示了中国负责任大国的形象，有助于消除市场的误读。人民币汇率最终将回归理性的轨道(guǐdào)。

他表示，人民币小幅贬值是释放前期累积的贬值压力，贬值压力主要来自美元走强这一外因。去年下半年以来，由于美联储加息预期，美元强劲反弹。

丁志杰认为，这次汇改首先是从根本上解决汇率价格扭曲(niǔqū)问题，同时让市场在短期内校正汇率水平。因此，一些市场人士把一次性快速调整认作趋势，甚至得出人民币会大幅贬值的结论，其实是犯了向后看的严重错误。正如李克强总理所言，"人民币不存在持续贬值的基础"。

站台：表示支持。

达沃斯论坛：世界经济论坛之一，是以研究和探讨世界经济领域存在的问题、促进国际经济合作与交流为宗旨的非官方国际性机构。

权威：使人信从的力量和威望。

以正视听：保证事实被正确理解。

轨道：比喻应遵循的规则或发展的方向。

走强：指价格逐步上升，且有继续上涨的趋势。

美联储：美国联邦储备系统，1913年成立，是美国中央银行。

加息：提高利息。

反弹：比喻价格、行情回升。

扭曲：因外力作用而扭转变形。

第四单元　中国经济贸易

第十九课　人民币汇率改革新政

丁志杰说，美联储加息后，美元进入升值通道是<u>大概率</u>（dàgàilǜ）事件，如果人民币对美元汇率继续保持以往的稳定状态，势必将承受更大的经济压力。因此，这次汇改也可以看作中国应对美联储加息的提前反应，并为未来灵活应对各种可能的情况预留了空间。

丁志杰说，未来美联储加息的时点、节奏和幅度，会使得新兴市场国家的汇率及经济发展存在不确定性。只有将前期积累的问题解决，进一步加强国际货币合作，才能灵活应对。从一定程度上讲，中国这次汇改有助于新兴市场国家应对美联储加息，有益于未来新兴市场国家的经济金融稳定。

他指出，长期看，人民币依然是<u>强势货币</u>。过去20年人民币是全球少有的强势货币，这<u>得益于</u>中国经济的持续快速增长。1994年以来，人民币对美元升值最高超过40%，尤其是2005年以来，人民币对美元升值超过30%。未来10年，从汇率的角度看，只要中国经济能保持6%以上的增长，人民币<u>前景</u>依然看好。

（选自新华网2015年9月13日，有删改）

大概率：比较可能发生的。

强势货币：在世界上流通范围广的货币。

得益于：指在……方面获得好处。

前景：将要出现的情形。

加入SDR，对人民币和中国意味着什么？

当地时间2015年11月30日，IMF总裁拉加德召开新闻发布会，宣布IMF同意将人民币<u>纳入</u>（nàrù）"特别提款权"篮子，并于2016年10月1日生效。外界甚至将此次人民币纳入SDR与2001年中国加入WTO<u>相提并论</u>。上一次，中国站上国际贸易的舞台，不仅成为了这一体系

纳入：归入（多为抽象事物）。

相提并论：把不同的人或事放在一起谈论或看待。

的最大受益者，还成为了全球经济增长的动力；这一次，中国站上国际资本市场的舞台，又会带来哪些改变？

　　人民币进入后 SDR 时代，全球资本市场都在翘首以待（qiáoshǒu-yǐdài），开启更多的想象空间。

　　人民币进入 SDR 货币篮子，自然会引起现有货币权重的调整。在人民币加入之后，SDR 货币篮子中的各种货币权重均出现了变化。美元从 41.9% 降至 41.7%，欧元从 37.4% 降至 30.9%，日元从 9.4% 降至 8.3%，英镑从 11.3% 降至 8.1%。

　　而经 IMF 确认后的人民币在 SDR 货币篮子中的权重为 10.92%，高于日元和英镑，位列第三。但是，10.92% 的权重还是低于市场预期。在今年 7 月的初步评估报告中，IMF 工作人员曾估计人民币的权重将在 14%—16%。

　　无论对于中国还是世界而言，人民币纳入 SDR 都具有重要的象征意义。外界认为人民币纳入 SDR 将加速中国资本账户开放，这将给全球经济带来变革。

　　2010 年时，IMF 执行董事会（dǒngshìhuì）曾在评估后否决了将人民币纳入 SDR 的申请，当时称人民币不符合可自由使用的条件。IMF 在 2015 年 8 月初发布的报告称，在上一次评估中，中国满足了"出口"这一入门要求，但人民币并没有被纳入 SDR 是因为"它并不被判定为能够自由使用，这是货币选择的第二个要求"。

　　而这一次人民币能够被纳入 SDR 货币篮子，主要是因为已经满足了第二个要求。按照 IMF 条款定义，"可自由使用"是指一国货币在国际交易中作为支付货币被广泛使用，即直接用于国际进出口或债务支付，同时也在国际汇率市场上可以广泛兑换并直接使用。

　　而 IMF 最新的评估报告认为，自从 2010 年以来，人民币已经在国际交易中越来越被广泛使用。多数指标显示，人民币在国际交易中的使用已经显著上升。报告还指出，

翘首以待：形容殷切盼望。

权重：指该指标在整体中的相对重要程度。

评估：评价估量。

外界：泛指任意范围之外。
资本账户：是反映资本流动的一种账户，包括资本转移和非生产、非金融资产的买卖。
董事会：是由董事组成的、进行公司决策和管理的机构。

指标：指预期中打算达到的指数、规格、标准。

第四单元 中国经济贸易

第十九课 人民币汇率改革新政

人民币在外汇市场上也得到了频繁交易，已经满足IMF操作的要求。

人民币国际地位提高，在外汇储备、国际债券、国际外汇市场现汇交易等方面表现不凡。人民币在国际外汇市场上的现汇交易量在迅速增长。今年9月，人民币日均现汇交易量为4180亿美元，比8月份上涨18%。而且，越来越多的国家开始考虑或者已经将人民币作为国际储备货币之一。目前，央行已与31个国家或地区签署货币互换协议，协议总金额达3.1万亿元人民币。

当然，除了提升人民币的国际地位之外，境内外人士更看重的则是，人民币纳入SDR货币篮子后对中国进一步金融改革的推动作用。

对于中国的金融改革开放以及人民币的国际化进程而言，人民币纳入SDR货币篮子无疑是具有战略意义的。但是，对于国内外的投资者而言，人民币成为SDR货币篮子中的第五种货币究竟会带来哪些变化？

中国人民银行副行长易纲表示，"在短期内，人民币加入SDR更多地具有象征性意义，它真正的意义要经过较长时间才能显现出来，是长期利好。加入SDR以后，人民币成为SDR的篮子货币，成为国际货币基金组织官方储备货币之一，这意味着国际市场对人民币有更高的期许和更严格的要求，国内国际多方面市场环境的监督、制约、观察、研究，都加强了对人民币的要求。"

整体来看，人民币的形象和市场对人民币的预期提升，人民币将成为更加稳定和更被广泛接受的货币，人们也将更有信心持有人民币资产。

（选自《国际金融报》2015年12月7日，付碧莲，有删改）

现汇交易：外汇买卖成立时，于当日或两个营业日内办理收付的外汇业务。

不凡：不平凡，不一般。

利好：即利多，指消息有积极的影响。

期许：期望，期盼。

持有：拥有，保有。

【讨论题】

1. 2015年人民币汇率改革新政的内容是什么？目的是什么？
2. 2015年人民币汇率改革实施后为什么出现了连续3天的贬值？
3. 影响汇率的因素有哪些？
4. 世界货币组织为什么同意将人民币纳入SDR？

【综合练习】

一、词语搭配，并扩展成完整的句子

翘首——翘首以待——人民币进入后SDR时代，全球资本市场都在翘首以待，开启更多的想象空间。

审慎	赋予	不凡	长足	相提
步伐	解读	干预	纳入	尚早
声明	持有	轨道	兑换	屈指

二、解释专业词语（任选4个词语）

| 新兴市场 | 浮动汇率制度 | 汇率 | 贬值 | 现汇交易 |
| 做市商 | 达沃斯论坛 | 央行 | 融资 | 特别提款权 |

三、选择合适的词语填空

得益于　评估　纳入　持有　压低　谋求　敦促　期许

1. 在国际贸易中，每个国家都想（　　）自己国家的利益最大化。
2. 由于数学工具在社会科学研究中逐渐被广泛使用，目前很多大学已经把数学（　　）了法律、新闻、国关、社会学等专业的必修课。
3. （　　）国家统计局公布的GDP增长的数据，近期人民币汇率升值了。

第四单元 中国经济贸易

第十九课 人民币汇率改革新政

4. 公司将于2018年下半年采用新的工作（　　　）体系。在新体系下，员工的工资将直接与他的工作业绩挂钩。

5. 在美国，（　　　）绿卡的外国人可以享受在住房、医疗等方面同当地人一样的福利待遇。

6. 他从小就很聪明，家长对他有很高的（　　　）。

> 意在　校正　解读　干预　结算　承诺　前景　反弹

1. 面对频繁发生的恐怖袭击事件，东盟十国的国防部长（　　　）对恐怖组织实施严厉的打击政策。

2. 我的体重有这么重吗？你的体重秤需要（　　　）一下。

3. 在机场的免税店购物通常可以用美元（　　　）。

4. 自由主义经济学家总是告诉人们，政府对经济的（　　　）越少越好。

5. 由于世界石油产量减少，石油价格（　　　）了。

四、句型练习

1. ……视之为……
   - 两国政府都非常重视经贸方面的合作，_____两国外交关系最重要的部分。
   - 对于人民币近期的贬值，_____视之为货币战争。
   - SDR有"纸黄金"之称，人民币被正式纳入SDR，有人视之为_____
     _____。
   - _____，_____视之为_____。

2. 换言之，……
   - 现在人们时时刻刻都离不开智能手机。_____，我们现在处于全民手机时代。
   - 一个国家的经济发展水平是与该国的教育质量紧密相关的，换言之，_____。

- _____。换言之，中国央行正在积极推动人民币汇率机制的改革。
- _____。换言之，_____。

3. 从……出发
- 要解决城市交通问题，当地政府要_____人们的出行需求_____，重新规划公共交通路线。
- 《诗经》是中国第一部诗歌总集，由于时间久远，要想更深入地理解诗歌的含义，还应该_____当时的_____出发。
- 央行进行汇率形成机制改革主要是从_____出发。
- _____从_____出发。

五、造句

敦促　　操纵　　相称　　得益于　　以正视听　　相提并论

六、写作

观察你自己国家的货币近半年来与美元及人民币的汇率变化情况，请谈谈有哪些因素在影响你自己国家货币的汇率。

要求：

（1）用书面语写作；

（2）逻辑清晰；

（3）400字以上。

第四单元 中国经济贸易
第二十课 中国经济发展与环境污染

第二十课　中国经济发展与环境污染

【专题报告】

春节假期刚刚结束，雾霾天气再次侵袭京津冀（Jīng-Jīn-Jì）地区。中央气象台 2017 年 2 月 4 日 8 时发布的"每日天气提示"称，华北中南部、黄淮（Huánghuái）以及陕西等地空气重污染扩散条件转差。

环保部根据相关数据分析，春节期间，京津冀地区大型企业，特别是钢铁企业仍然保持高负荷（fùhè）生产。实际上，自从进入冬天之后，由于全国雾霾天数大幅上升，民众多有抱怨。那么，治理好空气污染究竟还需要多少年呢？

成为世界工厂必然导致环境污染

从经济增长模式看，中国仍是比较典型的投资拉动型经济，尽管投资的增速在放缓，但固定资产[1]投资总额占 GDP 的比重却不断上升，如今已经超过 80%。2016 年，基建[2]投资增速接近 20%，房地产投资增速也出现反弹，这意味着钢材、水泥等产品的生产规模仍在扩张，治理环境污染的难度很大。以 2015 年的数据为例，中国的水泥、煤炭、钢铁、铝等很多大宗商品的产量均占全球产量的 50% 左右甚至更高。

从产业结构看，中国的第二产业[3]比重远超发达国家，作为全球制造业增长值第一的大国，中国已成为名副其实的世界工厂。因此，中国要摆脱污染困局，恐怕

京津冀：中国的"首都经济圈"，包括北京、天津以及河北保定等 11 个地级市。

黄淮：指黄河以南、淮河以北之间的所有地区。

负荷：机器设备在单位时间承担的工作量。

拉动：指帮助使起作用或变化。

房地产：从事土地和房产开发、经营、管理和服务的行业。

大宗商品：指可交易、被广泛作为工业基础原材料的商品。

需要改变其世界工厂的角色，把部分低端制造业向海外转移。

20世纪60年代开始，欧美的部分制造业向日本转移，使得日本在成为制造业大国的同时，包括空气污染在内的环境污染也非常严重。70—80年代，"亚洲四小龙"[4]又成为全球制造业转移的目的地。90年代以后，我国引进外资规模不断增大，成为全球制造业转移的目的地，海外直接投资规模达到全球第一。那么，中国今后能否也像20世纪的发达国家和地区那样，将中低端制造业转移出去呢？

笔者认为，从20世纪60年代开始的全球制造业转移，从日本、"亚洲四小龙"至中国内地之后，再往后看10年至20年，估计很难大规模向外转移了。因为中国不仅是全球劳动力人口最多的国家，也是基础设施最完备、产业配套最健全、市场容量最大的国家。而印度、印尼、巴基斯坦等人口大国，在基础设施、产业配套和熟练工人数量等方面至少在今后十年内还不具备大规模承接中国制造业转移的能力。

既然中国作为世界工厂的地位仍将维持一二十年，便意味着治理环境污染是一项长期且艰巨的任务。发达国家的产业结构决定了他们的空气质量一定很好，因为这些国家第二产业的比重较低，且第二产业中低污染的高端制造业占比很高。而其他发展中国家，第二产业的占比大部分只有30%左右，加之经济总量不大，故环境污染问题也没有像中国这样突出。

环境污染程度与人均GDP水平和增长速度都有很大相关性，低收入国家环境污染不严重是因为工业不发达，高收入国家则是因为居民对生活质量有更高的追求，高污染的产业早就转移了。中国作为经济高增长的中等收入国

配套： 指把多种相关事物组合在一起成为一个整体。

承接： 承前接后。

第四单元 中国经济贸易

第二十课 中国经济发展与环境污染

家[5]，低收入群体还在为奔小康而奋斗，尚（shàng）顾不上环保问题，但中等收入群体已经觉醒，开始重视环境污染对自身的伤害。但在经济仍在高速增长的情况下，污染源至少会保持中速增长，**这是**空气污染问题挥之不去的根本**原因所在**。

不能为了经济增长而不惜代价

当大家纷纷抱怨大气环境污染问题的时候，是否想过污染与经济增长之间的关系、污染与消费模式变化及投资方式变化之间的关系？如 20 世纪 80 年代，人们对乱砍乱伐森林的谴责非常普遍，这些年来似乎很少听到"乱砍乱伐"这个词了。因为砍伐森林一般有三个目的：木材加工、作为燃料（ránliào）、增加耕地。如今，木材的替代品大大增加了，煤取代木材作为燃料，粮食可以大量进口，不需要更多的耕地，于是这个词慢慢淡出人们的视野。

但由于煤是中国最主要的燃料之一，我国发电和大量的工业生产主要是靠煤。而美国以前主要是用油作为燃料，油的污染要比煤少得多，如今美国发电主要用天然气，空气污染进一步减少。即便用油作为燃料，我国油品也存在含硫（liú）量过高的问题。总体上全国绝大多数城市的油的硫含量是现在欧美地区 10 年前的水平。

2016 年，在小排量汽车车辆购置税[6]减半征收的政策刺激下，汽车总销量已突破 2800 万辆，再次出现两位数增长。这对于拉动消费和稳增长[7]是好事，但对于空气质量而言却不是件好事，这意味着今后的污染源将越来越多。

2016 年，为了稳增长，国家还采取了降低购房首付[8]

小康： 指可以维持中等生活水平的家庭经济状况。

尚： 还（hái），仍然。

乱砍乱伐： 指无节制、无计划和不合理的采伐林木的行为。

燃料： 燃烧用以产生热或能量的东西。

替代品： 指能带给消费者近似满足度的几种商品，这些商品互为替代品。

天然气： 产生于地表之下的可燃气体混合物。

硫： 化学元素S，与空气燃烧后形成二氧化硫，是空气污染和酸雨的主要成因。

排量： 指汽车发动机每次循环吸入或排出的流体体积。

325

比例的举措，这也使得2016年的商品房销售面积创下历史新高。同时，基建投资的规模也非常大，钢铁、水泥等大宗商品的库存大幅下降，价格出现回升，但污染问题变得更加严峻（yánjùn）。

所以，实现经济增长目标采取哪些手段很重要。稳增长、提高老百姓的生活质量、走向共同富裕并没有错，但我们不能为了达到经济增长目标而不惜代价。

库存：储存的货物或物资。
严峻：严厉，严格或苛刻。

治理污染，中国需要通盘考虑

据世界卫生组织[9]评估报告提供的数据，这些年来，全球空气污染最严重的20大城市中，中国城市的数量在不断减少，而印度的城市最多。印度还不是一个制造业大国，但污染却如此严重，这与政府、企业及居民不重视环保有关。

通盘：全面地。

有人整理了美国大使馆的统计数据，发现北京自2008年至今，PM2.5[10]的浓度在不断下降，如PM2.5超过100的天数，从2008年占全年比重的66%，降至2016年的51%，这说明加大环保投入还是有显著效果的。

我国在制定经济与社会发展目标的时候，往往涉及的方面太多太广，而在执行的过程中又会伴随出现一些问题。因此，通盘考虑、制定更加周全的目标才能健康发展。有些目标定得太高，就难以实现。有些时候，同时提出很多必须实现的目标，且多个目标之间彼此制约，最终也难以实现。

如今看来，我国的空气污染问题已经比较严重，举国上下对空气污染深恶痛绝，那么该如何平衡防雾霾和稳增长之间的关系？我们或许可以尝试找到解决的办法，不要为了实现GDP的目标而大兴土木，而是把重点放在改

举国上下：指全国上上下下的人。
深恶痛绝：指对某人或某事物极度厌恶痛恨。

第四单元 中国经济贸易
第二十课 中国经济发展与环境污染

善社会福利上。如当前中国每公里高速公路对应的汽车<u>保有量</u>几乎是美国的两倍,说明中国的高速公路已经相对过剩,不如把这些基建财政支出[11]用在社会福利的增加上,既可以改善老百姓的生活质量,还可以减少环境污染。

> **保有量:** 指某地某个时间点已登记在册的或处于在用状态的某种物品的数量。

同样,中国何时能走出雾霾,也取决于经济增长模式与现有的产业结构何时能得到改变,如果改变不了,环境污染的难题则会一直拖下去。

(选自《每日经济新闻》2017年2月8日,李迅雷,有删改)

【专业词语】

1. **固定资产:** 指企业为生产产品、提供劳务、出租或者经营管理而持有的、使用时间超过12个月的、价值达到一定标准的非货币性资产,包括房屋、建筑物、机器、机械、运输工具以及其他与生产经营活动有关的设备、工具等。

2. **基建:** 指国民经济各个部门增添固定资产的建设,如建设矿井、铁路、公路、桥梁、农田水利等。

3. **第二产业:** 一般指工业和建筑业。根据中国国家统计局对三次产业的划分规定,第一产业指农业、林业、牧业、渔业等;第三产业指商业、金融业、信托业、提供各种劳务的服务性行业等为生产和消费服务的部门。

4. **亚洲四小龙:** 包括亚洲的中国香港、中国台湾、新加坡和韩国。从20世纪60年代开始,这些国家和地区推行出口导向型战略,重点发展劳动密集型的加工产业,在短时间内实现了经济的腾飞,一跃成为全亚洲发达富裕的地区。

5. **中等收入国家**：中等偏下收入国家和中等偏上收入国家合称为中等收入国家。世界银行2015年的收入分组标准为：人均国民总收入低于1045美元为低收入国家，在1045至4125美元之间为中等偏下收入国家，在4126至12735美元之间为中等偏上收入国家，高于12736美元为高收入国家。

6. **车辆购置税**：对在中国境内购置规定车辆的单位和个人征收的一种税。

7. **稳增长**：即保持经济持续稳定的增长，指在经济新常态时代，中国政府需要坚持扩大内需、稳定外需，大力发展实体经济，努力克服各种不稳定不确定因素的影响，及时解决倾向性问题，保持经济平稳运行。

8. **首付**：购买房子、汽车等大件商品时按国家要求第一次支付的最低比例款项。当然支付也可以高于这个额度，但是不能低于它，剩余部分从银行贷款。

9. **世界卫生组织**：（World Health Organization，简称WHO）简称世卫组织，是联合国下属的一个专门机构，总部设在瑞士日内瓦，是国际上最大的政府间卫生组织。

10. **PM2.5**：即细颗粒物（又称细粒、细颗粒），指空气中直径小于等于2.5微米的颗粒物，能较长时间悬浮于空气中。除了气象条件，工业生产、机动车尾气排放、冬季取暖烧煤等是雾霾产生的重要因素，这些因素导致大气中的颗粒物（包括粗颗粒物PM10和细颗粒物PM2.5）浓度增加。

11. **财政支出**：也称公共支出或政府支出，是指政府为提供公共产品和服务，满足社会共同需要而进行的财政资金的支付。

第四单元 中国经济贸易

第二十课 中国经济发展与环境污染

【常见句型】

一、……意味着……

◎ 2016年，基建投资增速接近20%，房地产投资增速也出现反弹，这意味着钢材、水泥等产品的生产规模仍在扩张，治理环境污染的难度很大。

▲说明：多用于阐释前面的事件或现象深层的含义。

1. 获得HSK四级证书意味着可以和中国学生一起进行专业性学习。
2. 有学者认为考试成绩高并不意味着学生能力很强。
3. 最近这两国领导人的互访意味着两国关系逐步缓和。

二、……，加之……

◎ 而其他发展中国家，第二产业的占比大部分只有30%左右，加之经济总量不大，故环境污染问题没有像中国这样突出。

▲说明：追加提出进一步的原因或条件。

1. 他家庭贫困，加之健康状况不佳，因此很小就不再上学了。
2. 他从小喜欢文学作品，加之数学成绩也不好，最后选择了中文系。
3. 中国经济发展带来的工业污染增加，加之私人汽车保有量的增加，中国城市的空气污染治理问题非常严峻。

三、……，这是……的原因/问题/关键所在。

◎ 但在经济仍在高速增长的情况下，污染源至少会保持中速增长，这是空气污染问题挥之不去的根本原因所在。

▲说明：强调前面的一句话是问题的原因或关键。

1. 现在人们生活节奏快、压力大，同时又缺少及时的心理调节，这是现代社会很多人出现心理疾病的原因所在。
2. 不适应所在国家的风俗习惯，这是很多留学生很难适应留学生活的原因所在。

3. 此次政府提出的措施并没有解决民众最关心的医疗费用问题，这是导致改革最终失败的关键所在。

【专业知识】

绿色经济、循环经济与低碳经济

绿色经济

绿色经济思想的产生缘于人类对人与自然关系的反思。20世纪中叶，遭遇了黑烟滚滚的黑色文明之后，人类开始进行绿色反思。先驱者是美国生物学家雷切尔·卡逊。她在1962年出版的《寂静的春天》一书中，揭示了工业发展带来的环境污染对自然生态系统的巨大破坏作用，倡导工业发展要注重减少对生态环境的污染和破坏。

1989年，英国环境经济学家戴维·皮尔斯等在其著作《绿色经济的蓝图》中，首次提出绿色经济一词，将绿色经济等同为可持续发展经济，并从环境经济角度深入探讨了实现可持续发展的途径。

绿色经济以人与自然和谐（héxié）为核心，以可持续发展为目的，其内涵（nèihán）包括以下要点：经济增长要建立在生态环境容量和资源承载力的约束条件下，将环境资源作为经济发展的内在要素，将环境保护作为实现可持续发展的重要支柱；要把实现经济、社会和环境的可持续发展作为绿色经济的发展目标。

循环经济

循环经济思想是美国经济学家肯尼思·波尔丁在《未来宇宙飞船的地球经济学》（1966年）一文中首先提出的。波尔丁从物质不灭定律出发，把地球比作宇宙飞船，旨在说明地球是一个物质上封闭的系统，系统中经济与环境的关系是循环的关系。

第四单元　中国经济贸易

第二十课　中国经济发展与环境污染

1990年，戴维·皮尔斯和凯利·特纳根据波尔丁的循环经济思想，建立了第一个正式以循环经济命名的循环经济理论模型。在这个模型中，经济系统与自然生态系统共同组成生态经济大系统，把反映经济系统内部的均衡，与反映经济系统与生态系统的外部均衡结合起来。从大系统整体再循环的角度出发，把握人类经济的可持续性问题。

低碳经济

低碳经济作为一个正式概念提出，起源于2003年英国的能源白皮书《我们能源的未来：创建低碳经济》。国际金融危机爆发后，随着美国奥巴马政府将低碳经济与经济拯救（zhěngjiù）联系起来，发达国家纷纷部署（bùshǔ）和实施低碳经济战略，从而使低碳经济在全球范围内得到广泛关注。

低碳经济是指在可持续发展理念指导下，通过技术创新、制度创新、产业转型、新能源开发等手段，尽可能地减少煤炭、石油等高碳能源消耗，减少温室气体排放，达到经济社会发展与生态环境保护"双赢"的一种经济发展模式。低碳经济以低能耗、低排放、低污染为特征，以应对气候变暖，实现经济社会的可持续发展为目的。

（选自中国碳排放交易网2017年10月9日）

【阅读材料】

从发达国家发展历程看环保与经济关系

如何处理环保与经济两者之间的关系，是许多国家在发展过程中都必须<u>直面</u>的一个问题。回顾西方发达国家走过的发展历程，总体而言，它们所采取的环境保护措施，不仅有效改善了环境质量，而且优化了本国的经济发

直面：面对、不逃避。

展方式，对其经济发展起到了促进作用。对于我国来说，西方发达国家的经验有着积极的借鉴（jièjiàn）意义。

发达国家环境治理历程及取得的成效

从1970年开始，美国政府开始治理环境污染，成立了国家环境保护局，并颁布（bānbù）了一系列环保法律法规。通过采取一系列强有力的环保举措，美国环境质量得以好转。

欧洲环境问题一度相当严重。以大气污染为例，欧洲大气污染治理始于1952年发生在英国的伦敦烟雾事件。此后针对煤烟型污染以及酸雨等问题，欧洲采取了能源替代、总量削减（xuējiǎn）控制等策略。直到20世纪80年代，大气污染才基本得到治理。多年来，欧盟一直推行一系列的环境行动指南和规划，全面应对突出的环境问题。随着环境政策体系的改革和完善，欧盟在环境保护方面取得了明显成果。值得注意的是，这些环境保护行动并未引起欧盟经济的倒退，反而在一定程度上促进了欧盟经济和贸易的发展，尤其是欧盟环保产业的发展。据统计，自2000年以来，欧盟环保产业每年的营业额增长约为7%。

日本在战后20世纪50年代至60年代期间，一味追求经济增长，由此引发了严重的环境污染，并危害到人们的健康。为治理环境污染，日本先后制定了一系列环境法律。随着各项相关法令的制定、环境管理体制的不断完善，以及企业大规模环保设备投资等的努力，环境治理初见成效。到20世纪70年代后期，污染问题基本解决。20世纪80年代以来，日本单位GDP污染物排放量下降到了发达国家中的最低水平。与此同时，日本的环保产业也得到

借鉴： 把别的人或事当镜子，对照自己，以便吸取经验或教训。

颁布： 公布（法令、条例等）。

伦敦烟雾事件： 1952年12月5日至9日，伦敦上空大量工厂生产和居民燃煤取暖排出的废气积聚。城市被浓厚的烟雾笼罩，有4000多人死于这次事件。

酸雨： 指含有一定数量酸性物质的自然降水。

削减： 指从原定的数目中减去。

指南： 为人们提供指导性资料或情况的东西。

一味： 单纯地（通常不顾客观条件）。

第四单元　中国经济贸易

第二十课　中国经济发展与环境污染

了蓬勃发展。到2001年日本环保产业产值已占GDP的8%以上。在日本经济整体低迷的情况下，环保产业对经济发展起到了较大的拉动作用。

加强环境保护可以促进经济发展

纵观发达国家在环境保护方面采取的措施，从长远的角度来看，是可以促进经济发展的，环境保护和经济发展两者之间并非对立的关系。

从环境治理成本角度来看，环境保护本身需要投入相应的成本，无论是大气污染治理、水污染治理还是固体废物处理等，都要进行一定的投入。经济合作与发展组织（Organization for Economic Co-operation and Development，简称OECD）于1990年发布的一份报告，评估了多个国家在环境保护方面所支出的费用。根据这份报告，美国支出的环境保护费用占本国GDP的1.5%，法国占本国GDP的1.2%，英国占本国GDP的1.4%，德国占本国GDP的1.6%，荷兰占本国GDP的1.7%。从这些数据可以看出，发达国家在环境保护方面确实支付了一定的费用，但是这些费用占国内生产总值的比例并不是很高。而且据美国统计，1997年美国在医疗上所花的费用是GDP的10.6%，国防费用占GDP的4.3%，环境保护费用占GDP的2.6%。对于人们来说，环境保护和医疗、国防相比有着同等的重要性，相比花在医疗和国防上的费用，其在环境保护方面的成本支出并不高。

对于环境治理可能导致的工厂关闭和工人失业问题，美国人口普查局的数据显示，在生产企业中，防治污染的费用仅仅占企业总支出的1.72%，这种规模的成本大多数情况下并不足以导致裁员或者工厂关闭。即使有工厂因为

低迷： 形容经济萧条、不景气。

纵观： 全面考虑；纵览（形势等）。

经济合作与发展组织： 简称经合组织，是由36个市场经济国家组成的政府间国际经济组织，旨在共同应对全球化带来的经济、社会和政府治理等方面的挑战，并把握全球化带来的机遇。

人口普查： 指在国家统一规定的时间内，按照统一的方法、项目等，对全国人口普遍地、逐户逐人地进行的调查登记。

裁员： 指裁减人员。

不符合环保要求而关闭，大多数的失业工人也是转移到了其他符合要求的工厂去工作。据统计，在美国《清洁空气法》实施后的15年间，大约有50万工人从不符合环保要求的工厂转移到了其他工厂去工作，这说明环境治理只会鼓励工厂之间的人员流动，并不会导致失业人数的总体增加。

事实上，环境保护会创造更多的就业机会。污染治理行业相比其他行业是一个相对劳动密集型的行业，因此在污染治理的过程中需要大量的劳动力。更为重要的是，通过环保治理政策的实施，会刺激鼓励新型环保行业的兴起。根据欧盟的统计，欧盟的生态环保行业在近几年迅速发展，已经成为欧盟经济的重要行业之一。在2004年至2008年期间，环保行业创造了大约60万个就业岗位，超过了汽车制造、化学品、纺织品等行业所提供的就业机会。

更值得注意的是，相比环境治理成本而言，环境治理所带来的健康效益远远超过其成本。通过环境治理，可以避免环境污染给人类健康带来的负面影响，在经济上也就节省了一大笔费用。据估计，美国《清洁空气法》实施后所带来的健康收益比环保治理所需要的就业成本大两倍。换算成货币的话，在过去的10年间（2006—2016），美国通过环境保护政策所创造的效益高达6400亿美元，而环境保护和治理所消耗的成本只有450亿美元，并且这种获得的金钱效益与环保政策所带来的健康福利是不能相比较的。

从发达国家走过的历程来看，环境保护与经济发展并不是"鱼与熊掌不可兼得"的对立关系。相反，环境保护在一定程度上是可以促进国家经济发展的。发达国家虽然花费了一定成本去保护环境和治理污染，但总体而言，其获得的综合效益是大于其付出的成本的，长远来看有利

鱼与熊掌不可兼得：意思是说两个都是想要的东西，但不可能都得到。

第四单元 中国经济贸易
第二十课 中国经济发展与环境污染

于促进本国经济发展。而就短期而言，虽然国家可能要承受一定的环境治理成本，但是通过环境保护和治理，可以纠正资源错误配置的现象，刺激鼓励新型环保行业的兴起。可以肯定的是，环境保护在短期内对经济增长也是有相当的正面影响的。 目前，我国正在迎来绿色发展的时代，如何科学认识环境保护与经济发展之间的关系，对于我国更好地推进环境保护与经济协调发展是至关重要的。我们可以看到，我国的环境保护和经济发展之间同样可以像发达国家一样做到协调发展。 （选自《中国环境报》2017年11月9日，吴青、张帆，有删改）	至关重要：相当重要。

【讨论题】

1. 中国空气污染问题为什么很严重？
2. 中国是否可以通过产业转移减少污染？
3. 美国、欧洲、日本等发达国家治理污染的经验是什么？
4. 怎么解决环境保护与经济发展之间的矛盾？

【综合练习】

一、词语搭配，并扩展成完整的句子。

小康——奔小康——中国作为经济高增长的中等收入国家，低收入群体还在为奔小康而奋斗。

拉动	严峻	直面	通盘	深恶
颁布	规模	库存	拉动	兴起
替代	低迷	削减	谴责	指南

二、解释专业词语（任选4个词语）

| 第二产业 | 中等收入国家 | 财政支出 | 首付 | 固定资产 |
| 循环经济 | "亚洲四小龙" | 人口普查 | 基建 | 替代品 |

三、选择合适的词语填空

> 拉动　承接　尚　谴责　严峻　深恶痛绝　颁布

1. 近几年中国政府和民众开始关注环境污染的问题，污染也开始得到了控制，但与发达国家相比（　　　）有较大的差距。
2. 这座城市交通便利、体育场馆众多，加之公共基础设施条件优越，具备（　　　）大型运动会的能力。
3. 为了减少空气污染，政府（　　　）了更严格的汽车排放标准。
4. 2008年北京奥运会的成功举办不仅拉近了中国同世界各国的友好关系，与此同时也有效（　　　）了北京乃至全国的经济发展。
5. 这起针对普通民众的恐怖袭击受到世界各国的强烈（　　　）。

> 纵观　兴起　一味　低迷　削减　直面　通盘

1. 21世纪各种电子产业开始（　　　），电子产品凭借其自身的各种优点迅速发展起来，拥有了极为广阔的市场。

第四单元　中国经济贸易

第二十课　中国经济发展与环境污染

2. 人们不应（　　　　）关心 GDP 的发展，也要注意人与自然的平衡发展。

3. 作为公司的 CEO，王总的工作任务非常重。要想管理好公司，每个方面都不能疏忽，需要（　　　　）考虑。

4.《寂静的春天》是一本人类（　　　　）环境污染问题、进而引发人们关注环境保护的书。

5.（　　　　）近几年中国的环境保护，虽然污染问题依然存在，但已经引起了全社会的关注。

四、句型练习

1. ……意味着……

- 天上布满乌云，风也开始刮起来了，这_____一场暴雨马上就要来了。

- 从 1978 年改革开放到现在，中国的经济实现了超越式的发展。目前中国已经成为世界第二大经济体，这意味着_____。

- _____，这意味着要想实现城乡教育的均衡发展，还是要先着重解决乡村儿童的教育问题。

- _____意味着_____。

2. ……，加之……

- 享有"世界公园"之称的瑞士，自然风景优美，_____位于欧洲中心地带，经济发达，交通便利，因此每年都有大量国外游客赴瑞士旅游。

- 今年，北京环境管理部门加大了空气监控和治理力度，加之_____，北京的雾霾天少了很多，空气质量有了很大的提升。

- 每到期末_____，加之天气寒冷，流感再次爆发，很多同学一下子就病倒了。

- _____，加之_____。

337

3. ……，这是……的原因/问题/关键所在。

- 几十年前，中国劳动力价格低廉，＿＿＿＿＿＿＿＿＿＿＿很多发达国家的公司在中国投资建厂的＿＿＿＿＿＿＿＿＿＿＿＿＿＿。

- 中国人过年都讲究团圆，加之人口众多，这是＿＿＿＿＿＿＿＿＿＿的关键所在。

- 中国＿＿＿＿＿＿＿＿＿＿＿，这是中国环境污染压力大的原因所在。

- ＿＿＿＿＿＿＿＿＿＿，这是＿＿＿＿＿＿＿＿的原因/问题/关键所在。

五、造句

颁布　一味　谴责　深恶痛绝　至关重要　鱼与熊掌不可兼得

六、写作

结合你自己国家的环境保护现状，请谈谈如何在经济发展的同时又能保护好环境。

要求：

（1）用书面语写作；

（2）逻辑清晰；

（3）400字以上。

专题报告词汇表

音序	词	拼音	所在课序号
B	保有量	bǎoyǒuliàng	20
	报价	bào jià	19
	本质	běnzhì	16
	比重	bǐzhòng	17
	标志	biāozhì	16
	波及	bōjí	17
	剥削	bōxuē	16
	博弈	bóyì	18
	不亚于	búyàyú	18
	步伐	bùfá	19
C	操纵	cāozòng	19
	层面	céngmiàn	18
	长足	chángzú	19
	承接	chéngjiē	20
	承诺	chéngnuò	19
	储备	chǔbèi	18
D	大幅	dàfú	17
	大有可为	dàyǒu-kěwéi	18
	大宗商品	dàzōng shāngpǐn	20
	得不偿失	débùchángshī	19
	递增	dìzēng	17
	颠覆	diānfù	18
	兑换	duìhuàn	19

	敦促	dūncù	19
	多重	duōchóng	18
F	防范	fángfàn	16
	房地产	fángdìchǎn	20
	飞跃	fēiyuè	16
	分布	fēnbù	17
	奉行	fèngxíng	19
	扶持	fúchí	18
	负荷	fùhè	20
	复苏	fùsū	18
	赋予	fùyǔ	19
G	改进	gǎijìn	18
	高耗能	gāohàonéng	17
	割裂	gēliè	18
	勾画	gōuhuà	16
H	互联网+	hùliánwǎng jiā	17
	华为	Huáwéi	18
	焕发	huànfā	18
	黄淮	Huánghuái	20
	回落	huíluò	17
	回应	huíyìng	19
J	机制	jīzhì	16
	激励	jīlì	16
	校正	jiàozhèng	19
	结算	jiésuàn	19
	界定	jièdìng	16
	京津冀	Jīng-Jīn-Jì	20

	景气	jǐngqì	18
	境外	jìngwài	19
	就业	jiùyè	16
	举国上下	jǔguó-shàngxià	20
	抉择	juézé	18
K	开市	kāi shì	19
	开拓	kāituò	16
	考量	kǎoliáng	18
	库存	kùcún	20
	困境	kùnjìng	18
L	拉动	lādòng	20
	蓝图	lántú	16
	里程碑	lǐchéngbēi	19
	利索	lìsuo	18
	廉价	liánjià	17
	列举	lièjǔ	18
	零星	língxīng	17
	硫	liú	20
	乱砍乱伐	luàn kǎn luàn fá	20
	论断	lùnduàn	16
	落地	luò dì	18
	屡见不鲜	lǚjiàn-bùxiān	18
M	民生	mínshēng	16
	谋求	móuqiú	19
N	内需	nèixū	17
P	排量	páiliàng	20
	配套	pèitào	20

	蓬勃	péngbó	17
	品牌	pǐnpái	17
	迫切	pòqiè	18
	破灭	pòmiè	18
Q	求援	qiúyuán	18
	屈指可数	qūzhǐ-kěshǔ	19
	趋势	qūshì	17
	全球经济一体化	quánqiú jīngjì yìtǐhuà	17
R	燃料	ránliào	20
	人士	rénshì	19
	日益	rìyì	17
	入世	rùshì	17
S	伤口撒盐	shāngkǒu sǎ yán	18
	上马	shàng mǎ	18
	尚	shàng	20
	深恶痛绝	shēnwù-tòngjué	20
	审慎	shěnshèn	19
	生产力	shēngchǎnlì	16
	声明	shēngmíng	19
	实践	shíjiàn	16
	实至名归	shízhì-míngguī	19
	释放	shìfàng	17
T	弹性	tánxìng	19
	替代品	tìdàipǐn	20
	天然气	tiānránqì	20
	调控	tiáokòng	16
	停滞	tíngzhì	19

W	通盘	tōngpán	20
	同比	tóngbǐ	17
	为时尚早	wéishí shàng zǎo	19
	无稽之谈	wújīzhītán	19
X	夕阳行业	xīyáng hángyè	18
	下滑	xiàhuá	17
	相称	xiāngchèn	19
	小康	xiǎokāng	20
	新大陆	Xīn Dàlù	18
	新低	xīndī	19
Y	严峻	yánjùn	20
	研发	yánfā	18
	一旦	yídàn	17
	意在	yì zài	19
	引导	yǐndǎo	16
	营造	yíngzào	18
	尤甚	yóushèn	19
	尤为	yóuwéi	16
	有机体	yǒujītǐ	16
	运行	yùnxíng	16
	源泉	yuánquán	16
	源自	yuánzì	16
Z	占比	zhànbǐ	17
	制约	zhìyuē	17
	制造业	zhìzàoyè	17
	智能手机	zhìnéng shǒujī	18
	重创	zhòngchuāng	17

主导	zhǔdǎo	17
主流	zhǔliú	18
转型	zhuǎnxíng	17
姿态	zītài	19
资本	zīběn	16
资源配置	zīyuán pèizhì	16
做大	zuòdà	17

专业词汇表

音序	词	拼音	所在课序号
B	比较优势	bǐjiào yōushì	18
	贬值	biǎnzhí	19
C	财政支出	cáizhèng zhīchū	20
	产权	chǎnquán	16
	产业升级	chǎnyè shēngjí	18
	车辆购置税	chēliàng gòuzhìshuì	20
D	第二产业	dì-èr chǎnyè	20
	对外贸易依存度	duìwài màoyì yīcúndù	17
F	浮动汇率制度	fúdòng huìlǜ zhìdù	19
	附加值	fùjiāzhí	17
G	公有制	gōngyǒuzhì	16
	共同富裕	gòngtóng fùyù	16
	股东	gǔdōng	18
	固定资产	gùdìng zīchǎn	20
	国际货币基金组织	Guójì Huòbì Jījīn Zǔzhī	19
	国内生产总值（GDP）	guónèi shēngchǎn zǒngzhí	17
	过剩产能	guòshèng chǎnnéng	17
H	互联网泡沫	hùliánwǎng pàomò	18
	汇率	huìlǜ	19
J	基建	jījiàn	20
	计划经济	jìhuà jīngjì	16
	加工贸易	jiāgōng màoyì	17
	价值规律	jiàzhí guīlǜ	16

	金融危机	jīnróng wēijī	17
K	开盘	kāi pán	19
L	劳动密集型	láodòng mìjíxíng	17
M	贸易逆差	màoyì nìchā	17
	贸易顺差	màoyì shùnchā	17
	美国次贷危机	Měiguó Cìdài Wēijī	17
N	南方谈话	Nánfāng Tánhuà	17
P	品牌效应	pǐnpái xiàoyìng	17
R	融资	róng zī	19
S	社会福利	shèhuì fúlì	16
	生产要素	shēngchǎn yàosù	16
	失业	shīyè	18
	十一届三中全会	Shíyījiè Sānzhōng Quánhuì	16
	市场壁垒	shìchǎng bìlěi	18
	市场经济	shìchǎng jīngjì	16
	市场营销	shìchǎng yíngxiāo	18
	世界贸易组织（WTO）	Shìjiè Màoyì Zǔzhī	17
	世界卫生组织（WHO）	Shìjiè Wèishēng Zǔzhī	20
	收盘	shōu pán	19
	首付	shǒufù	20
T	特别提款权（SDR）	tèbié tíkuǎnquán	19
W	稳增长	wěnzēngzhǎng	20
	物流	wùliú	18
X	细颗粒物（PM2.5）	xìkēlìwù	20
	新常态	xīnchángtài	17
	新兴市场	xīnxīng shìchǎng	19
Y	亚洲四小龙	Yàzhōu Sìxiǎolóng	20

Z	央行	Yāngháng	19
	一带一路	yí dài yí lù	17
	支柱产业	zhīzhù chǎnyè	18
	知识产权	zhīshi chǎnquán	17
	中等收入国家	zhōngděng shōurù guójiā	20
	资本市场	zīběn shìchǎng	18
	做市商	zuòshìshāng	19

阅读材料词汇表

音序	词	拼音	所在课序号
A	安置	ànzhì	18
	奥巴马	Àobāmǎ	16
B	颁布	bānbù	20
	不凡	bùfán	19
	不妨	bùfáng	17
	不折不扣	bùzhé-búkòu	18
C	财政赤字	cáizhèng chìzì	16
	裁员	cáiyuán	20
	持有	chíyǒu	19
	冲突	chōngtū	16
	重塑	chóngsù	16
	措施	cuòshī	16
D	达沃斯论坛	Dáwòsī Lùntán	19
	大包大揽	dàbāo-dàlǎn	16
	大刀阔斧	dàdāo-kuòfǔ	18
	大概率	dàgàilǜ	19
	单打独斗	dāndǎ-dúdòu	18
	得益于	déyì yú	19
	低迷	dīmí	20
	董事会	dǒngshìhuì	19
F	发力	fā lì	18
	反补贴	fǎnbǔtiē	17
	反倾销	fǎnqīngxiāo	17

	反弹	fǎntán	19
	份额	fèn'é	17
G	格局	géjú	16
	公布	gōngbù	17
	公费医疗	gōngfèi yīliáo	16
	公立	gōnglì	16
	公益性	gōngyìxìng	16
	供给侧	gōngjǐcè	18
	归因于	guīyīn yú	16
	轨道	guǐdào	19
J	亟待	jídài	18
	加息	jiā xī	19
	加以	jiāyǐ	17
	简政放权	jiǎnzhèng-fàngquán	18
	僵尸企业	jiāngshī qǐyè	18
	借鉴	jièjiàn	20
	经济合作与发展组织	Jīngjì Hézuò yǔ Fāzhǎn Zǔzhī	20
	旧动能	jiùdòngnéng	18
L	滥用	lànyòng	16
	利好	lìhǎo	19
	流程	liúchéng	18
	伦敦烟雾事件	Lúndūn yānwù shìjiàn	20
	论述	lùnshù	18
M	贸易救济	màoyì jiùjì	17
	美联储	Měiliánchǔ	19
	门路	ménlu	18
	名义	míngyì	16

	摩擦	mócā	17
N	纳入	nàrù	19
	扭曲	niǔqū	19
P	棚户区改造	pénghùqū gǎizào	18
	频率	pínlǜ	17
	平常心	píngchángxīn	17
	评估	pínggū	19
	普及	pǔjí	16
Q	期许	qīxǔ	19
	千军万马	qiānjūn-wànmǎ	18
	前景	qiánjǐng	19
	强势货币	qiángshì huòbì	19
	抢占	qiǎngzhàn	17
	翘首以待	qiáoshǒu-yǐdài	19
	轻工	qīnggōng	18
	情操	qíngcāo	16
	权威	quánwēi	19
	权重	quánzhòng	19
R	人口普查	rénkǒu pǔchā	20
S	上海自贸区	Shànghǎi Zìmàoqū	18
	涉案	shè'àn	17
	示威	shìwēi	16
	树立	shùlì	16
	顺应	shùnyìng	16
	松绑	sōng bǎng	18
	酸雨	suānyǔ	20
T	特许经营	tèxǔ jīngyíng	18

第四单元　中国经济贸易
阅读材料词汇表

	投融资	tóu-róng zī	18
	推进	tuījìn	16
	拓宽	tuòkuān	18
W	歪门邪道	wāimén-xiédào	16
	外界	wàijiè	19
X	吸纳	xīnà	18
	下行	xiàxíng	18
	衔接	xiánjiē	18
	现汇交易	xiànhuì jiāoyì	19
	相提并论	xiāngtí-bìnglùn	19
	新动能	xīndòngnéng	18
	修订	xiūdìng	16
	需求侧	xūqiúcè	18
	削减	xuējiǎn	20
Y	一味	yíwèi	20
	以正视听	yǐ zhèng shìtīng	19
	应对	yìngduì	17
	应诉	yìngsù	17
	优胜劣汰	yōushèng-liètài	16
	鱼与熊掌不可兼得	yú yǔ xióngzhǎng bù kě jiāndé	20
	约束力	yuēshùlì	16
Z	在所难免	zàisuǒ-nánmiǎn	17
	站台	zhàn tái	19
	阵痛	zhèntòng	18
	直面	zhímiàn	20
	指标	zhǐbiāo	19
	指南	zhǐnán	20

351

指责	zhǐzé	16
至关重要	zhìguān-zhòngyào	20
着力	zhuólì	18
资本账户	zīběn zhànghù	19
纵观	zòngguān	20
走强	zǒuqiáng	19

常见句型一览表

音序	句型	所在课序号
B	标志着	4
	……不发生（法律）效力	12
C	称之为	4
	承担责任/承担……责任	11
	出具……证明	12
	除了……外，还……	2
	……触犯了《……法》……之规定，犯罪事实清楚，证据确实充分，应当以……罪追究其刑事责任。	14
	从……出发	19
	从……向……转变	17
	从……来说、从……上（来）说、从……的角度（来）说	5
	……，从而……	9
D	（但）……则……	2
	但……（只义）	15
	……的是，……	18
	对……的……，……	16
	对……而言，……	18
E	……，而……则……	6
F	非……不……	15
G	根据……第……条第……款规定，……	12

H		换言之，……	19
J		……，即……	9
		……，加之……	20
		鉴于……，（建议）予以……处罚。	14
		介于……和/与……之间	3
		具体到……	18
		……具有……效力	12
L		……隶属于……	14
		另外	10
M		莫过于	4
N		乃至	8
		N_1 + 所 + V + 的 + N_2	8
Q		……，其中……	6
		取得了/享有/具有/有着……的地位	5
S		……使……得以……	9
		……视之为……	19
		……，（也）随之……	17
		所谓	1
		所谓的……（不承认义）	13
		所以……（者）	15
T		通过……抒发/表达……	3
W		围绕……（来）展开	3
		为……所 + V	7
		……为主，……为辅	16
		……未必……	15

常见句型一览表

X	无论……，还是……，……	16
	先行……以防（预防）……	13
	向……提起/提出……请求	11
Y	以……	7
	以……为主、以……为主要特色	5
	……意味着……	20
	……因涉嫌……罪，……（被）批准逮捕。	14
	用/以+（……的语言/语句/词藻/意象……），描写……的景色/表达……的感情/寄托……的感情/抒发……的感情/烘托……的气氛	5
	由……构成	1
	由+N+V	10
	由于……，导致……	17
	由此可见，……	8
	……有……行为，判定/判为……	11
	有助于……	1
	……，与此同时……	6
Z	在……的恐吓之下……	13
	在……上	10
	……，这是……的原因/问题/关键所在。	20
	……自称……	13
	致使	2
	总之	7

355